Sophie Scholl

et la Rose blanche

Conseiller éditorial : Alexandre Maujean
Relecture-correction : Marie-Odile Mauchamp et Gaëlle Fontaine
Maquette : Patrick Leleux PAO
Maquette de couverture : Primo et Primo
Photo de couverture © Privé/Reproduction : Mémorial de la Résistance allemande

76, boulevard Pasteur
75015 Paris – France
ISBN : 978-2-37935-431-1

Annette Dumbach et Jud Newborn

Sophie Scholl

et la Rose blanche

Un groupe d'étudiants devenu symbole de la résistance allemande contre le nazisme

Préface de Virginie Girod

Traduit de l'anglais (États-Unis)
par Richard Robert

ALISIO
HISTOIRE

« Ce n'est pas dans la fuite des pensées,
c'est dans l'action seule que se trouve la liberté. »
Dietrich Bonhoeffer, exécuté par pendaison au camp
de concentration de Flossenbürg, en avril 1945.

« Nous devons toujours prendre parti. La neutralité
aide l'oppresseur, jamais la victime. Le silence encourage
le persécuteur, jamais le persécuté. »
Élie Wiesel, discours pour la réception du prix Nobel de la paix,
10 décembre 1986.

« Déchirez le manteau d'indifférence que vous avez revêtu.
Décidez-vous avant qu'il ne soit trop tard ! »
Tract de la Rose blanche, janvier 1943.

*Ce livre est dédié aux Allemands et aux Allemandes
qui ont résisté, et à tous ceux qui se battent aujourd'hui
pour la liberté et la démocratie.*

Il est des roses éternelles…

À l'été 2023, j'ai eu le plaisir de visiter l'appartement de la famille Moulin situé au 6 rue d'Alsace, à Béziers. C'est là que notre héros national, Jean Moulin, symbole à lui seul de la résistance tout entière, a passé son enfance.

Après la visite, je traversai la place du 14 Juillet que j'avais aperçue depuis les fenêtres du salon. Je m'approchai du monument que j'avais deviné à travers la dentelle verte des arbres. Sous le soleil éclatant du Sud, se dressait, blanc et bronze, une statue dédiée à Jean Moulin et un monument aux morts en l'honneur des dix-huit résistants du maquis de Fontjun fusillés le 7 juin 1944 par les Allemands sous les yeux des Biterrois rassemblés là contre leur gré.

Le souvenir de ces gens morts pour la patrie et nos valeurs m'émut. Nous leur sommes redevables ; nous avons hérité de la France qu'ils ont défendue. Un sentiment inattendu me tira bientôt de mon recueillement : la curiosité ! Il y avait de l'autre côté de la place, un buste monumental en bronze. Je voulus savoir qui il représentait et pourquoi il n'était pas avec les autres. Quelle ne fut pas ma surprise en découvrant Sophie Scholl, les yeux clos, la tête baissée, une mèche au vent immobile découvrant le côté gauche de son visage.

Pourquoi cette jeune résistante Allemande était-elle en face de Jean Moulin et des résistants de l'Hérault, elle qui n'avait jamais mis les pieds dans notre belle Occitanie et que si peu de Français connaissaient ?

J'eus la réponse à mes questions dans un article du *Midi libre* daté du 28 mai 2019. Le maire de Béziers, M. Robert Ménard, avait voulu rendre hommage à « cette lointaine petite sœur de Jean Moulin [pour qu'elle] soit désormais connue de tous ». Le sculpteur Olivier Delobel avait ainsi été chargé d'immortaliser ses traits juvéniles et sa mèche rebelle qui donne mieux à voir son caractère que la rondeur poupine de ses joues.

La présence de Sophie Scholl en ces lieux de mémoire me fit sourire. J'avais l'impression de retrouver une vieille connaissance. Quelques mois plus tôt, je lui avais consacré un portrait dans mon émission *Au cœur de l'histoire* sur Europe 1. J'avais adoré écrire ce récit. Son destin tragique, sa force de conviction, m'avaient bouleversée.

Imaginez un instant, vous qui lisez ces lignes dans le confort de notre société postmoderne à la fois insouciante et convaincue de vivre une répétition des années 1930, ce qu'on peut ressentir quand on est une adolescente sous le IIIe Reich. Comme tous les jeunes, Sophie avait participé aux Jeunesses hitlériennes. Très vite, elle s'en était désintéressée même si son petit ami Fritz Hartnagel était un officier prometteur de la Wehrmacht.

La jeune fille avait saisi que la Gestapo ambitionnait de brimer les jeunes Allemands, de les empêcher de s'ouvrir l'esprit en lisant ou en écoutant de la variété étrangère. Avec deux de ses frères, elle avait même passé quelques jours en prison avant la guerre pour avoir mis le nez dans des livres interdits écrits par des juifs.

Lorsque la guerre éclata, Sophie, son *Abitur* en poche – l'équivalent du bac – avait dû différer son entrée à l'université pour participer à l'effort de guerre. Elle avait découvert des sortes de casernes pour jeunes filles destinées aux travaux des champs. Elle n'avait pas le droit de lire le soir mais elle avait déjà en elle le courage de désobéir aux ordres iniques.

En 1942, une fois à l'université, elle s'aperçut par hasard que son frère Hans faisait partie d'un groupe d'étudiants antinazis poétiquement nommé la Rose blanche. Elle les rejoint sans état d'âme.

Le groupe publiait des tracts pour faire réagir les Allemands aux exactions nazies. Ces documents reproduits dans les annexes du présent ouvrage donnent à voir la qualité littéraire de ces lettres ouvertes et clandestines. Il s'y mêle de hautes considérations philosophiques et politiques. La coloration catholique des réflexions de la Rose blanche ne fait aucun doute. Le petit groupuscule invite les intellectuels, les étudiants et le peuple à lutter contre « le mal » et à refuser les sacrifices vains de leurs frères et de leurs amis à Stalingrad. La Rose blanche entendait s'adresser à l'intelligence de ses lecteurs. La teneur des tracts est à l'opposé du langage populiste qui simplifie tous les concepts pour mieux les tordre et abuser le quidam crédule. Imaginez notre jeunesse engagée prendre la parole sur les réseaux sociaux en citant La Boétie, Corneille ou Lamartine !

Évidemment, la Rose blanche fut coupée par les nazis. Elle devint rouge du sang de ses membres mais non sans avoir mis la Gestapo sur les dents pendant plusieurs mois. Après la guerre, Sophie Scholl fut érigée en martyre de la résistance outre-Rhin à l'heure où nous pleurions Jean Moulin et son terrible cortège. Nous avions nos morts, nos héros, nos querelles de mémoire. Nous n'avions aucunement besoin d'importer celle de Sophie Scholl.

Cependant au cœur des bibliothèques universitaires d'Europe et d'Amérique, les spécialistes du IIIe Reich se penchaient sur son histoire hors norme. Parmi eux, se trouvait le docteur en anthropologie et en histoire Jud Newborn. Son apport à la connaissance de l'Holocauste est exceptionnel. Il fait notamment partie des fondateurs du New York Museum of Jewish Heritage. En 1986, il s'associe à l'historienne et journaliste Annette Dumbach pour écrire cette biographie de référence de Sophie Scholl. Ensemble, ils ont fouillé les archives. Les comptes rendus du procès de notre héroïne figurent dans les annexes du présent ouvrage ainsi qu'une photo de la petite ronéo à manivelle utilisée pour imprimer les tracts de la Rose blanche, émouvante relique d'un groupe de jeunes gens engagés qui ont préféré la mort à la compromission.

Jud Newborn et Annette Dumbach narrent le combat de Sophie Scholl avec une virtuosité propre aux auteurs Anglo-Saxons. Cette biographie se lit comme un roman même si, hélas, elle n'a rien d'une fiction.

Cet ouvrage maintes fois réédité est pour la première fois traduit dans la langue de Molière. Puisse la lointaine petite sœur de Jean Moulin trouver bon accueil sur notre terre dont elle aurait apprécié la devise défendue par nos résistants : liberté, égalité, fraternité.

Virginie Girod
Paris, le 8 juillet 2024

Préface à l'édition du 80e anniversaire

Lorsque, dans son exil, le grand écrivain allemand Thomas Mann, prix Nobel de littérature, découvrit les mots, les gestes et le destin des premiers membres de la Rose blanche qui furent exécutés, il fit à la radio, le 27 juin 1943, une déclaration presque extatique. Ces jeunes gens en Allemagne « savaient et disaient haut et fort » la vérité sur les maux du régime hitlérien. Ils avaient mené une lutte sans merci contre la cécité volontaire, la complaisance et la lâcheté morale de leurs compatriotes.

Au cours des cinq années qui ont suivi l'édition de ce livre commémorant le 75e anniversaire de leur exécution, les principes de vérité et de décence pour lesquels se sont battus les membres de la Rose blanche ont été de plus en plus malmenés. En Europe et aux États-Unis, la démocratie a été attaquée, parfois de façon effrontée, parfois au moyen de manœuvres furtives. La nécessité de « savoir et dire haut et fort » est devenue une ardente obligation pour tout citoyen épris de vérité.

Nous sommes confrontés aujourd'hui à une normalisation de l'extrême droite. Des membres de partis politiques ayant des affinités, et parfois des origines, nazies ou fascistes, sont élus dans les parlements européens et au Congrès américain, avec un soutien populaire de plus en plus massif. Les démagogues, dictateurs et ceux qui aspirent à le devenir promeuvent leur agenda et cherchent à s'emparer du pouvoir en suscitant le ressentiment et l'agressivité de leurs partisans, en propageant de dangereuses théories du complot, tout en dénonçant, comme jadis les nazis, les mensonges de la presse (*die Lügenpresse*, la « presse menteuse ») pour détourner l'attention de toute critique légitime et rationnelle de leurs propres erreurs, de leurs mensonges ou de leurs crimes. En Iran, des jeunes femmes révoltées, soutenues par de jeunes hommes, risquent leur vie en luttant contre l'oppression d'un régime religieux, tandis que l'atroce invasion de l'Ukraine par Vladimir Poutine se déroule sous nos yeux, alimentée en Russie par une propagande ridicule.

Ces développements inquiétants confèrent une actualité brûlante au message solitaire de la Rose blanche. Contrairement aux Allemands sous le nazisme, nous sommes nombreux à vivre dans des pays où nous sommes encore libres et capables, sans risquer notre vie, de nous dresser ensemble contre les forces de la tromperie dans nos pays, et en solidarité avec les pays du monde où des jeunes et des moins jeunes se battent pour la liberté et pour leur vie.

Saurons-nous trouver les moyens d'imiter la Rose blanche ? Aurons-nous la force d'âme et la perspicacité nécessaires pour « savoir et dire haut et fort », afin de défendre et renforcer les principes de liberté que les mouvements antidémocratiques tentent aujourd'hui de détruire ?

Nous, les auteurs, espérons fermement que cette édition du 80e anniversaire apportera une petite pierre à cet édifice.

Prologue

Le 25 février 1943

Il faisait de plus en plus sombre, une nuit froide tombait sur Berlin. Un jeune homme mince, vêtu d'un uniforme *feldgrau* de la Wehrmacht un peu râpé, faisait les cent pas à côté de l'église du Souvenir de l'empereur Guillaume, cette structure massive et solennelle qui domine les quartiers élégants de l'ouest de la ville.

Le militaire marchait de long en large, comme s'il attendait quelqu'un. Il était 18 heures. Les gens sortaient encore du travail à cette heure-là, et certains se rendaient dans les quelques magasins encore ouverts.

Le jeune homme en uniforme, Falk Harnack, avait passé son enfance à Berlin, mais il en était parti depuis quelques années, d'abord pour étudier à Munich, puis appelé sous les drapeaux, quand il avait été affecté dans une ville proche de l'ancienne frontière tchèque. Il avait un visage sensible, les traits fins, les cheveux clairs et les yeux pâles – un visage d'artiste. Et c'était bien un artiste : avant la guerre, il avait exercé la fonction de dramaturge au Théâtre national de Weimar.

La ville lui semblait assurément déprimante. L'Allemagne était en guerre depuis bientôt trois ans et demi, et chaque semaine de combat sur des fronts lointains creusait des lignes de plus en plus profondes sur le visage fatigué de Berlin. Chaque fois que Harnack revenait dans la capitale, quelques boutiques chics de la Tauentzienstrasse et du Kurfürstendamm avaient fermé leurs portes. À chaque visite, les lumières étaient un peu moins vives.

Falk Harnack n'avait probablement pas le droit de se trouver à Berlin ce jour-là : il n'avait peut-être pas de laissez-passer, ni la permission de quitter son unité à Chemnitz. Mais comme de nombreux autres, il avait sans doute espéré passer à travers les divers contrôles d'identité dans le train et ailleurs. Les hommes en uniforme étaient si nombreux sous le Troisième Reich qu'il était impossible de les contrôler tous.

Harnack avait rendez-vous avec Hans Scholl à 18 heures, à l'église du Souvenir. Les minutes passaient. Il dut sans doute étudier les passants, peut-être alluma-t-il une cigarette pour essayer de se détendre. Dans les rues alentour, des hommes portaient des uniformes semblables au sien, mais les leurs étaient poussiéreux ou tachés. Certains avaient les bras et les jambes bandés, d'autres marchaient avec des béquilles ou en s'aidant d'une canne. Berlin était un important point de transit pour les troupes revenant du front russe ; même ceux qui avaient du mal à se déplacer profitaient de cette escale de quelques heures pour visiter la capitale. Il y avait des soldats partout : personne ne semblait les remarquer, entre les élégants uniformes bleus de l'armée de l'air – l'élite de Göring, l'aristocratie du ciel – et les hommes du parti, qui respiraient la santé et l'importance dans leur uniforme brun bien repassé avec leur brassard rouge.

Il était temps de partir. Hans Scholl, l'étudiant munichois qu'il attendait, n'était toujours pas là. Un second rendez-vous avait été fixé à 19 heures en cas de problème. Harnack dut se demander où il allait passer les trois quarts d'heure restants. Peut-être même envisagea-t-il de pénétrer dans l'église, bien qu'il ne fût pas très croyant. Mais la présence même de l'édifice, sa sombre puissance, aurait pu déclencher des souvenirs tout frais qu'il aurait été impossible à un homme dans sa situation de réprimer totalement.

La veille de Noël, deux mois auparavant, la famille Harnack s'était réunie pour chanter un hymne, *Ich bete an die Macht der Liebe* (« Je prie pour le pouvoir de l'amour »). Arvid, le frère aîné de Falk, leur avait demandé de le chanter après sa mort. Il avait été exécuté par la

Gestapo quelques jours plus tôt à Plötzensee, une prison aux allures de forteresse dans la banlieue de Berlin.

Harnack décida peut-être de se promener dans les rues sans lumière, plutôt que d'entrer dans l'église. Il se fondrait ainsi facilement parmi les passants pâles et sans expression du *Ku'damm*, sans éveiller les soupçons. Mais les pensées qui tournaient dans sa tête ne pouvaient pas être anodines. Son frère, un éminent fonctionnaire du ministère de l'Économie, avait été arrêté, torturé et exécuté pour son appartenance à la résistance allemande et, il y a dix jours à peine, sa belle-sœur Mildred, l'épouse américaine d'Arvid, avait été exécutée dans les mêmes conditions. Mildred Fish-Harnack avait rencontré Arvid à l'université du Wisconsin à Madison des années auparavant. Elle avait abandonné sa patrie et sa famille pour partager les défis et les dangers de la vie dans un pays étranger qui devenait, année après année, de plus en plus froid et implacable. À présent, elle aussi avait disparu.

Mais le jeune homme ne s'abandonna probablement pas à la mélancolie. Il était à Berlin pour rencontrer Hans Scholl et le présenter, ainsi que ses amis de Munich – le groupe qui signait ses tracts clandestins « La Rose blanche » –, au « centre » de la résistance allemande ; en tout cas, c'étaient ces termes que Hans Scholl avait utilisés quand ils s'étaient rencontrés à Munich quelques semaines plus tôt.

Scholl était un Allemand du Sud, pas du tout le type prussien, ni dans son allure ni dans sa mentalité. C'était un homme grand et sombre, aux yeux bruns, qui donnait l'impression d'une grande intensité. Il avait un peu plus de 25 ans, cinq de moins que Falk, mais Harnack avait l'impression d'avoir plusieurs dizaines d'années de plus que lui en termes d'expérience et de vision des choses. Lorsqu'il avait rencontré Hans Scholl et son ami Alex Schmorell pour la première fois et qu'ils avaient parlé de l'organisation de la résistance, tous deux lui avaient fait l'impression d'être des innocents enragés – un mélange explosif. Ils semblaient presque inconscients des dangers auxquels ils s'exposaient. Mais Mildred et Arvid connaissaient les dangers, ils n'avaient aucune illusion sur l'ennemi auquel ils avaient affaire, et à quoi cette connaissance leur avait-elle servi ?

Les cheveux de Mildred étaient devenus complètement blancs au cours des quelques mois passés dans la cellule de la Gestapo, son visage s'était renfrogné, mais ses traits étaient encore plus vivants et alertes. Lors du procès secret, elle avait écopé d'une peine de six à dix ans de prison, une sanction presque clémente alors que les hommes du réseau avaient été condamnés à mort. Mais Hitler en personne avait commué la sentence et Mildred avait dû mourir, comme Arvid et les autres, étranglée au bout d'une corde attachée à un crochet à viande. Le pasteur de la prison avait rapporté qu'au moment où ils l'avaient emmenée, ses derniers mots avaient été : « Et moi qui aimais tellement l'Allemagne. »

Hans Scholl et Alex Schmorell. Harnack confondait ces deux patronymes, bien que les deux jeunes gens fussent extrêmement différents. Alex était grand, maigre, les cheveux brun-fauve ; il y avait une lueur ironique dans ses yeux gris et son aisance décontractée donnait envie de sourire quand on était avec lui. On sentait en lui cette espèce rare sous le Troisième Reich, un homme qui cultivait une forme de légèreté, qui ne prenait pas la vie trop au sérieux et était prêt à s'engager sur de nouveaux chemins. Il avait besoin du piment de l'aventure ou du risque pour rendre supportable la routine quotidienne sans humour. Alex était à moitié russe et ses amis l'appelaient Shurik, l'un des surnoms d'Alexander en russe. Il était l'homme à part, le beau Slave rêveur en uniforme *feldgrau*. Il voulait devenir sculpteur, même s'il était étudiant en médecine – une âme sœur de Falk, l'artiste de la phalange grise. Falk et Alex s'étaient tout de suite entendus : si les temps avaient été différents, ils seraient peut-être devenus amis ; en fait, ils se ressemblaient presque comme des frères.

Harnack avait rencontré pour la première fois Hans et Alex à sa base militaire de Chemnitz, où ils s'étaient rendus illégalement pour faire sa connaissance. Il lui semblait que cela remontait à plusieurs années, mais en réalité, c'était seulement quatre mois plus tôt.

Pourquoi d'ailleurs avait-il accepté cette rencontre ? Son amie Lilo, une sculptrice munichoise, le lui avait demandé, peut-être était-ce la raison principale, mais peut-être aussi était-il curieux de savoir qui ils étaient, ces étudiants de Munich, une ville qui n'était pas exactement un haut lieu de la résistance.

Harnack lui aussi avait été étudiant à Munich ; en 1933, il avait vu les chemises brunes s'emparer de l'université et de la ville. Lui et ses amis s'étaient défendus, mais c'était dix ans plus tôt, au début du règne de la terreur. Eux aussi, avec Günther Groll et les autres, ils avaient distribué des tracts appelant le peuple à résister à Hitler ; ils avaient tenté de saboter les bâtiments nazis à Munich, s'étaient battus à coups de poing avec des étudiants en chemises brunes. Ils n'avaient pas cru alors, ils n'auraient jamais pu croire qu'Hitler resterait au pouvoir, que le pays regarderait dans un silence passif les hommes et les femmes qui s'exprimaient ou se battaient être détruits, balayés à mort, comme si un géant fou était agacé par d'insignifiants petits moucherons.

En 1938, Harnack et ses amis avaient appelé les étudiants à la grève – un fiasco. Peu après, il avait quitté Munich pour Weimar, après avoir obtenu un doctorat en sciences théâtrales.

Hans et Alex étaient passés le voir un samedi matin de novembre. Ils s'étaient rencontrés devant la caserne avant de se rendre au *Sächsischer Hof*, une auberge non loin de Chemnitz, où Arvid et Mildred avaient passé la nuit lorsqu'ils étaient venus le voir.

Tous trois avaient discuté toute la journée et une bonne partie de la nuit, dans la petite taverne du rez-de-chaussée puis dans la chambre des étudiants. Il n'était pas nécessaire de se donner des airs de conspirateurs ; entre eux, la confiance était – et devait être – absolue. Ils avaient remis à Harnack des copies des tracts de la Rose blanche rédigés, dupliqués et postés à Munich depuis l'été 1942 ; il y en avait quatre, tapés à simple interligne et avec une typographie hasardeuse, sur du papier bon marché ; quatre tracts pleins de rage condensée.

Ils attendaient sa réaction avec impatience. Il ne mâcha pas ses mots : le ton des tracts était académique, collet monté, et leur langage était beaucoup trop châtié pour avoir un impact sur les masses. On voyait tout de suite qu'ils avaient été écrits par des intellectuels qui vivaient dans un monde de littérature et de philosophie et ne parlaient pas la langue des travailleurs.

Ils étaient d'accord avec lui. Ils étaient décidés à apprendre, à développer les compétences de la clandestinité ; ils se rendaient compte que les tracts ne suffisaient pas, que ce n'était qu'un point de départ, et ils voulaient rejoindre les réseaux de la résistance allemande. À Munich, ils étaient isolés, une poignée d'étudiants, et quelques-uns d'entre eux avaient été brièvement envoyés sur le front russe ; cette expérience avait redoublé leur détermination. Il fallait mettre fin à la guerre et se débarrasser d'Hitler : c'était le seul moyen de sauver l'Allemagne et de lui redonner sa place dans la communauté des nations.

Harnack les avertit que la résistance ne se fondait pas sur l'indignation d'intellectuels bien intentionnés, mais sur des prémisses froidement rationnelles. Elle devait se déployer en un large front antifasciste dans toutes les villes de l'Allemagne nazie, des communistes à l'opposition conservatrice et militaire, en passant par les sociaux-démocrates et les libéraux. Des gens qui s'étaient détestés sous la république de Weimar devaient oublier le passé et travailler ensemble dans un seul but : tuer Hitler, renverser le gouvernement et négocier la paix avec les Alliés.

Alex et Hans avaient les yeux brillants ; sans doute ne s'étaient-ils pas imaginé entendre des plans aussi ambitieux. Les trois hommes discutèrent pendant des heures, explorant même à quoi ressemblerait le monde une fois leurs projets menés à bien. Après la guerre, Hans voulait abandonner la médecine et se lancer en politique. Les conspirateurs ont souvent besoin d'être des visionnaires.

Les plans de Harnack pour Hans Scholl à Berlin ne sont pas tout à fait clairs, mais on sait qu'au moins un rendez-vous avait été fixé : il devait immédiatement conduire Scholl chez les Bonhoeffer.

Harnack avait déjà rendu visite à Dietrich et Klaus Bonhoeffer dans leur appartement, le jour même, à 16 heures. Il avait appris à mieux connaître l'éminent pasteur et son frère après sa courte dernière visite au siège de la Gestapo, avant l'exécution de son frère : Arvid l'avait chargé de rester en contact avec la résistance. Dietrich Bonhoeffer, que l'on fût ou non un protestant convaincu, était un homme qui inspirait l'admiration. Son apparence même, avec son visage chaleureux derrière les lunettes rondes d'un érudit, invitait à la confiance. On éprouvait presque un sentiment de soulagement qu'un tel homme pût exister en ce temps et en ce lieu. Bonhoeffer avait étudié la théologie avec l'oncle de Harnack à l'université de Berlin. Il était l'un des membres fondateurs et des dirigeants de l'Église confessante, un segment de l'Église luthérienne d'Allemagne qui refusait de s'accommoder d'Hitler, de la persécution des juifs, des conquêtes étrangères et du meurtre.

Bonhoeffer *était* la résistance. Son exécution en 1945 dans le camp de concentration de Flossenbürg, quelques jours avant sa libération par les Alliés, avait quelque chose de sombre et d'inévitable – le destin d'un homme qui représentait tout ce que sa nation avait produit de décent et de créatif et qu'à présent elle rejetait. Un détenu emprisonné avec lui dans les dernières années de la guerre a rapporté plus tard que « lorsqu'il entrait dans une pièce, on ne pouvait plus être un lâche ». Il croyait en un engagement direct avec et pour son prochain ; il croyait que la piété seule n'était pas le christianisme, mais une excuse creuse pour soulager la conscience. En février 1943, Bonhoeffer entretenait des liens avec les officiers, les fonctionnaires et les aristocrates qui, en 1944, participeraient au complot visant à ôter la vie à Hitler, mais aussi avec des militants de gauche comme Arvid Harnack et son cercle. Bonhoeffer militait pour une résistance unie, dont les racines idéologiques et religieuses étaient secondaires, voire sans importance.

Lors de la visite de Harnack cet après-midi-là, Bonhoeffer exprima sans doute ses sincères condoléances pour la perte d'Arvid et de Mildred ; ce qui, probablement, ne fut pas évoqué, c'est que Bonhoeffer et le couple Harnack avaient en commun d'avoir eu la possibilité de fuir l'Allemagne, et d'avoir refusé. À plusieurs reprises, à la fin des années 1930, ils s'étaient rendus aux États-Unis. Des amis les avaient suppliés de ne pas retourner en Allemagne. Ils avaient décliné ces offres. Bonhoeffer avait écrit à Reinhold Niebuhr, de l'Union Theological Seminary de New York, qu'il ne pouvait pas rester en Amérique : il devait partager les épreuves du peuple allemand pour avoir le droit, après la guerre, de participer à la reconstruction d'une société allemande morale et juste.

À 19 heures, Harnack revint au point de rendez-vous. Scholl n'était toujours pas là. Les minutes passaient une à une. À peine trois semaines plus tôt, au début du mois de février, Harnack s'était rendu à Munich. Il avait rencontré le groupe pendant deux jours dans la chambre que Scholl louait sur la Franz-Joseph-Strasse à Schwabing, le quartier bohème de la ville, non loin de l'université. Hans Scholl vivait dans une chambre d'étudiant typique : aux murs étaient punaisées des reproductions de tableaux impressionnistes français, par terre gisaient des piles de livres et des manuscrits. C'était un chaos provisoire, le genre de chaos qui n'était peut-être permis qu'aux étudiants – et encore – dans la société bien rangée et organisée du Troisième Reich.

Alex avait informé Harnack que les tracts *avaient eu* un impact à Munich. Les étudiants avaient improvisé une manifestation lorsque le *Gauleiter* (dirigeant du parti nazi) de Bavière avait prononcé un discours grossier et agressif lors d'une cérémonie universitaire, en janvier. Les tracts avaient certainement contribué à leur donner du courage. Schmorell, Scholl et leur ami Willi Graf étaient allés encore plus loin : ils peignaient désormais des graffitis antinazis sur les murs de l'université et d'autres bâtiments publics, la nuit, en portant des armes à feu pour se protéger. Les nazis faisaient appel à des travailleuses forcées venues de l'Est pour effacer les mots « À bas Hitler » et « Liberté », mais les traces étaient encore visibles.

Harnack ressentit la tension intense qui régnait dans la pièce ; ces jeunes gens semblaient ne pas avoir dormi depuis des jours. Divers objets témoignaient d'une négligence qui l'inquiéta : des essais manuscrits qui auraient pu être des ébauches de nouveaux tracts, des listes de noms et d'adresses.

Le lendemain, Hans insista pour que Harnack l'accompagne à l'université afin de persuader le professeur Kurt Huber de se joindre à eux pour une réunion du groupe dans la chambre de Hans cet après-midi-là. Huber était le seul membre du corps professoral qui partageât leurs convictions, et il était allé jusqu'à les aider à rédiger les tracts. Ils l'accostèrent après son séminaire. Il avait des réticences et se méfiait manifestement de Harnack et de ses vues politiques très à gauche. Mais Hans insista et Huber vint.

À l'exception de Christoph Probst, le noyau dur du groupe était réuni, vêtu de gros manteaux et de cache-nez ; il n'y avait plus de fioul pour chauffer le bâtiment.

Sophie Scholl, la sœur de Hans, était sombre, sérieuse et silencieuse. Elle écoutait attentivement, mais ne contribua pas à la discussion. Willi Graf, un jeune homme aux yeux d'un bleu profond qui commençait à perdre ses cheveux blonds, était déterminé et silencieux, c'était sans doute la personnalité la moins accessible du groupe. Le professeur Huber était blême et avait l'air contrarié ; Harnack, qui avait assisté à ses cours des années auparavant, connaissait très bien ses positions politiques et sociales, profondément conservatrices.

La discussion s'envenima rapidement, Harnack s'exprimant peu, même si à l'évidence il était le point focal du conflit. Schmorell se disputait avec Huber, mais le désaccord le plus amer opposait Huber et Hans Scholl, l'étudiant qu'il avait encouragé, soutenu et inspiré. Le moment de la rupture idéologique était arrivé : il ne s'agissait plus seulement d'une question de résistance. Huber refusait de s'allier aux communistes, à quelque niveau que ce soit. Pour lui, les nazis étaient une variété locale du bolchevisme, et c'était pour cette raison qu'il les détestait.

Harnack finit par partir ; l'atmosphère était irrespirable. Mais ils avaient convenu d'une date pour une rencontre à Berlin – aujourd'hui même, le jeudi 25 février 1943 : le groupe était bien décidé à continuer.

Il était maintenant presque 19 h 20. L'heure du deuxième rendez-vous était passée depuis un certain temps.

Hans Scholl ne viendrait pas.

Harnack ne savait pas pourquoi, mais il sentait que probablement quelque chose n'allait pas. Il ne pouvait pas savoir à quel point. La nouvelle n'était pas encore parvenue à la population berlinoise.

Trois jours plus tôt, le lundi 22 février 1943, Hans Scholl, sa sœur Sophie et leur ami Christoph Probst avaient été jugés pour trahison par le tribunal du peuple à Munich. Le même jour, à 17 heures, on leur avait coupé la tête.

Falk Harnack ne pouvait pas non plus savoir qu'à la fin de l'année, de toutes les personnes présentes à cette dernière réunion à Munich, il serait le seul à être encore en vie.

1

Première semaine de mai 1942

Comme le train quittait la gare d'Ulm, Sophie Scholl se carra dans son siège. La journée était particulièrement chaude pour un début de mois de mai et elle était seule dans le compartiment. Le voyage promettait d'être agréable. Le train était à destination de Munich, à quelque 150 kilomètres au sud-est. Sur le porte-bagages au-dessus de sa tête se trouvait sa valise ; à côté d'elle, sur le siège, un petit sac contenant une bouteille de vin et un gâteau.

Il n'y avait rien d'exceptionnel dans l'apparence de la jeune femme : elle était mince, ses cheveux bruns lui arrivaient aux épaules, elle avait les yeux marron. Elle était habillée simplement, avec une jupe plissée couleur chocolat et un pull-over rose ; peut-être la marguerite fraîchement coupée qu'elle portait derrière l'oreille était-elle inhabituelle, et elle la faisait paraître plus jeune que ses 21 ans. Elle était d'apparence soignée, mais ne se maquillait pas et n'accordait pas beaucoup d'importance à son physique.

Le train commençait à prendre de la vitesse, traversant avec fracas les faubourgs de la ville. De sa fenêtre, la jeune femme pouvait voir la flèche de la cathédrale d'Ulm, qui s'élevait à plus de 160 mètres au-dessus du centre historique de la ville, au nord-est ; juste en dessous, dans un immeuble qui donnait sur le parvis de la cathédrale, vivaient ses parents.

Cela ne se lisait peut-être pas sur son visage, mais son départ du foyer familial était un grand moment pour elle. À quelques jours de là, elle célébrerait son vingt et unième anniversaire, et ce voyage à Munich marquait un tournant. Elle allait étudier à l'université, son objectif depuis qu'à l'âge de 18 ans elle avait obtenu son *Abitur*, l'équivalent allemand du baccalauréat.

Le train mugissant franchit le Danube, dont la surface scintillait au soleil, puis laissa le fleuve derrière lui. Déjà, les faubourgs s'éclaircissaient et laissaient place à des champs saupoudrés du jaune d'or des pissenlits. Tout excitée qu'elle fût, elle notait mentalement ces images pour les consigner plus tard dans son journal.

Le monde naturel avait beaucoup d'importance pour elle. La vue d'un torrent ou les flancs arrondis des collines lui procuraient un sentiment de paix qui lui donnait accès à un havre de calme intérieur ; ses journaux intimes, ses lettres et les rédactions qu'elle écrivait jadis à l'école étaient pleins de descriptions de la nature.

> Tout comme je ne peux pas voir un ruisseau limpide sans y tremper les pieds, je ne peux pas passer à côté d'une prairie en mai sans m'y arrêter. Il n'y a rien de plus séduisant que cette terre odorante, le trèfle en fleurs qui se balance au-dessus d'elle comme une écume légère, et les branches fleuries des arbres fruitiers se dressant vers le ciel, comme si elles voulaient s'arracher à cette mer tranquille. Non, je dois me détourner de mon chemin et me fondre dans cette abondance...
> Lorsque je tourne la tête, ma joue effleure le tronc rugueux du pommier à côté de moi. Il étend ses bonnes branches, comme pour me protéger. Sans discontinuer, la sève monte de ses racines, nourrissant jusqu'à la plus petite des feuilles. Est-ce que j'entends, peut-être, un secret battement de cœur ? J'appuie mon visage contre son écorce sombre et chaude et je me dis : patrie, et en cet instant mon bonheur est indescriptible.

Les pensées lyriques de Sophie Scholl n'étaient peut-être pas celles de toutes les jeunes Allemandes en ce printemps 1942, au cœur d'une guerre totale, mais elles n'étaient pas non plus extraordinaires. Depuis la fin du XIXe siècle, les jeunes d'Allemagne s'étaient tournés vers la nature pour échapper aux contraintes de la société. Les *Wandervögel* (« oiseaux de passage ») étaient des groupes de jeunes, souvent des étudiants et principalement des garçons, qui gravissaient les montagnes et les collines, campaient au bord des lacs et des rivières, chantaient des chansons folkloriques et récitaient des poèmes jusque tard dans la nuit. Ces randonnées étaient devenues une tradition et un mode de vie en Allemagne. Communier avec les êtres vivants, se déplacer au rythme du soleil, de l'eau et des créatures de la Terre, c'était une façon de trouver la liberté, de protester contre les règles et restrictions de la société bourgeoise, de rejeter l'affreuse salissure des usines et des cités minières qui rongeaient les prairies et les forêts, d'affirmer la jeunesse et la pureté.

Une littérature et une philosophie, des chansons et des poèmes étaient nés de cette tradition et, jusqu'au moment où la guerre y avait mis un terme au tout début des années 1940, de nombreux jeunes gens, en un flot incessant, passaient leurs vacances d'été et d'hiver à escalader les montagnes et à parcourir ensemble les vallées de leur pays, certains partant même à l'étranger pour découvrir à pied la Finlande, la Yougoslavie ou l'Italie. Nulle part ailleurs dans le monde, peut-être, la nature – son existence, mais aussi l'idée de s'y confronter au sein d'un groupe, d'essayer d'en faire partie, de relever ses défis les plus hauts et de rechercher ses vérités les plus profondes – ne faisait plus intimement partie de la vie que chez les jeunes Allemands éduqués du premier XXe siècle.

Leur aspiration à la liberté, pour autant, ne se traduisait pas par une activité politique ou par un engagement pour le changement social. Leur fervente admiration pour les cultures populaires « exotiques » du monde entier n'allait pas forcément de pair avec l'acceptation des minorités ethniques dans leur propre pays. Et leur détachement des choses de ce monde les préparait finalement très mal à affronter ceux qui allaient abuser de leurs espoirs et s'approprier les formes de leurs refus.

Après l'instauration du Troisième Reich en 1933, certains aspects de ce mouvement de jeunesse furent intégrés à l'idéologie national-socialiste et aux programmes et excursions de la *Hitlerjugend*, les Jeunesses hitlériennes. Rebutés par cette entreprise, certains jeunes formèrent des groupes clandestins, qu'ils tentèrent de maintenir au mépris du parti, et parfois en en payant le prix.

Au printemps 1942, cependant, les jeunes Allemands avaient d'autres préoccupations. La plupart étaient sous les drapeaux – dont beaucoup sur le front russe – ou participaient à des activités obligatoires liées à l'effort de guerre. Après avoir suivi une formation d'institutrice de maternelle, Sophie Scholl avait passé six mois dans un camp de travail géré comme une caserne ; puis elle avait été envoyée dans les champs pour aider les agriculteurs qui manquaient de main-d'œuvre depuis la mobilisation générale. Elle avait ensuite travaillé un semestre au *Kindergarten* rattaché à une usine de munitions de Blumberg.

Mais tout cela était derrière elle ; à présent, elle voyait défiler le paysage chatoyant dans une lumière dorée. D'ici quelques heures, elle fêterait son anniversaire avec Hans, son grand frère, qui l'attendrait à l'arrivée du train à Munich.

Sophie Scholl était une jeune femme d'un tempérament exceptionnellement réfléchi. Son journal et ses lettres à son fiancé officieux, Fritz Hartnagel, officier sur le front en Russie, témoignent d'un profond souci des réalités de la guerre et d'un refus farouche, quelles que soient les difficultés qui se dressaient sur sa route, de s'apitoyer sur son sort ou de se laisser aller à l'égoïsme, quand des hommes et des femmes souffraient et mouraient dans cette guerre sauvage qui n'avait aucun sens. Même la profonde satisfaction qu'elle éprouvait à atteindre enfin l'objectif qu'elle s'était fixé depuis longtemps – et entrer à l'université n'était pas une mince affaire dans un pays où le nombre d'étudiantes ne pouvait dépasser 10 % du corps estudiantin – se mêlait probablement à un brin de culpabilité, et à son inquiétude pour Fritz et tous ses autres amis sur le front. Ces sentiments ambivalents à l'égard du plaisir, du droit de s'amuser quand d'autres souffrent, étaient devenus une caractéristique de toute la famille Scholl.

Pour les cinq frères et sœurs, la vie sous le Troisième Reich s'était avérée une expérience complexe et ambivalente. Sophie, quatrième enfant et la plus jeune des filles, avait toujours vécu dans une certaine sécurité économique et affective. Ses parents s'aimaient et s'entendaient bien. Son père, Robert Scholl, avait été maire de plusieurs petites villes de Souabe, une région du sud-ouest de l'Allemagne connue pour le charme de ses campagnes, la légère pingrerie de ses habitants, et son esprit d'indépendance. Il s'était ensuite installé à Ulm, où il avait ouvert un cabinet de conseil fiscal et commercial. C'était un homme grand et bien en chair, avec des opinions tranchées et une certaine difficulté, pour ne pas dire une incapacité, à les garder pour lui. Or, ses opinions n'étaient jamais celles de la majorité : par conviction pacifiste, il avait été infirmier pendant la Première Guerre mondiale et c'est à cette occasion qu'il avait rencontré Magdalena, une infirmière protestante qui deviendrait son épouse.

Mme Scholl était une femme aimable, à la voix douce, dont toute la vie tournait autour de son mari, de son foyer et de ses enfants. À la manière traditionnelle, elle était le contrepoids serein de ce mari dynamique et volontaire. Robert Scholl n'était pas homme à adopter les préjugés ou les valeurs des gens de la campagne et des petites villes qu'il côtoyait au quotidien. Même lorsqu'il était *Bürgermeister* dans les années 1920, il n'avait pas jugé utile de fréquenter les bistrots locaux pour discuter avec les paysans et les commerçants autour d'un verre de vin ou d'une chope de bière. Lorsqu'à la fin de la décennie le climat politique s'était fait de plus en plus conservateur, ses positions trop libérales lui avaient coûté son poste. Plus tard, à Ulm, en dépit des pressions qui montaient autour de lui, il maintiendrait quelques contacts avec des amis et partenaires juifs, ainsi qu'avec de jeunes artistes qui, comme lui, méprisaient le nouveau régime.

Les Allemands ont un mot pour désigner le type de personnalité de Robert Scholl : c'était un « *Einzelgänger* », un homme qui suit son propre chemin, seul. Il avait élevé ses enfants dans le même esprit : la vie était dure, mais pleine et riche. Le prix qu'il lui en coûta fut le plus lourd qu'un père pût payer.

Sophie éprouvait probablement quelques doutes à l'idée de se séparer de sa famille, qui au fil des ans était devenue un véritable îlot de sécurité dans une société devenue folle. Cela n'avait pas toujours été le cas. Quand quelques années plus tôt son frère Hans avait pris des responsabilités au sein des Jeunesses hitlériennes – chacun des cinq enfants avait été membre du mouvement –, leur vie avait été scandée par les conflits que cela avait suscités avec leur père. Mais tout cela était du passé. Les enfants Scholl avaient perdu leurs illusions sur le national-socialisme et, après quelques années pleines de tension, la famille s'était réconciliée. Alors qu'auparavant les enfants semblaient avoir pris le parti de la jeunesse contre leurs propres parents, leurs positions politiques et sociales étaient à nouveau au diapason. Avec un réseau informel d'amis qui partageaient ses idées, la famille s'opposait à un régime qui s'immisçait de plus en plus dans leur existence, menaçant leur tranquillité et leur autonomie.

Le train roulait lentement vers l'est, à travers la Bavière. Par la fenêtre de son compartiment, Sophie avait sous les yeux une campagne qui ressemblait beaucoup à la Souabe, avec ses champs bruns et verts qui formaient des motifs aux contours nets. À l'approche des faubourgs d'Augsbourg, la voie ferrée longeait des petits jardins bien tenus. Il s'agissait de parcelles louées aux employés de la Reichsbahn, la société des chemins de fer allemands. Elles étaient soigneusement clôturées de piquets blancs et, au centre de la parcelle, on trouvait souvent une cabane à outils aux allures de petite maison, avec des bacs à fleurs sous les fenêtres. Avoir son propre lopin de terre était un idéal allemand ; et même si on n'en était pas vraiment propriétaire, cela permettait aux gens de passer d'agréables week-ends dans la nature et leur donnait le sentiment d'être enracinés dans le paysage, tout comme les fleurs et les légumes qu'ils cultivaient.

Au printemps 1942, ces jardins avaient pris une importance nouvelle : ils faisaient désormais partie des efforts de production déployés sur le front intérieur pour nourrir la population et les troupes sur le front, à un moment où les pénuries alimentaires s'aggravaient et où le rationnement se durcissait. Le peuple allemand venait d'endurer un hiver difficile, aggravé par une campagne contre l'Union soviétique annoncée comme une nouvelle victoire de la *Blitzkrieg*, la guerre éclair, mais qui s'était enlisée. Hitler avait été irrité par l'effondrement du moral de la population cet hiver-là : « Si le *Volk* allemand n'est pas prêt à lutter pour sa propre survie, avait-il déclaré, qu'il disparaisse. » Au printemps, cependant, un changement se fit ; on avait passé l'hiver, et le moral de la population se raffermissait. On ne décelait aucun signe d'opposition. Les gens étaient particulièrement enthousiastes à propos de la campagne réussie des sous-marins contre les navires alliés, et Hitler avait promis en mars que les « hordes bolcheviques », qui n'avaient pas été vaincues au cours de l'hiver précédent, seraient anéanties durant l'été. Même la nouvelle technique de bombardement intensif déployée par les Alliés semblait renforcer la détermination du front intérieur allemand, bien qu'elle eût fait naître une terrible peur de l'inattendu. Trois semaines seulement avant le passage de Sophie à Augsbourg, cette ville aux façades Renaissance avait été victime d'un raid aérien massif, en plein jour, qui avait pris ses habitants par surprise.

L'hiver 1941-1942 avait été une période difficile pour Sophie Scholl. Plus de deux ans auparavant, elle avait passé son *Abitur* et obtenu son diplôme, malgré les avertissements du directeur de son lycée, qui avait été informé de son manque d'enthousiasme pour le national-socialisme. Mais une série de retards l'avaient empêchée de rejoindre Hans à l'université. Elle avait d'abord suivi une formation d'institutrice de maternelle, dont elle avait tenté de se prévaloir pour éviter le Service du travail du Reich. Mais cette tentative avait échoué et elle avait dû se plier aux six mois réglementaires de travaux pénibles et d'endoctrinement sous la férule de cheffes nazies fanatiques. Après cela, elle pensait être libre d'étudier. Mais un ordre de conscription était venu d'une autre agence gouvernementale, le Programme d'aide à la guerre, qui exigeait d'elle six mois supplémentaires comme auxiliaire dans un *Kindergarten* rattaché à une usine de munitions à Blumberg, près de la frontière suisse. Il fallut se résigner ; elle n'avait aucun moyen d'y échapper.

Les mères des enfants dont elle s'occupait travaillaient dans un bâtiment en briques où l'on produisait des pièces métalliques pour l'armée. Blumberg était une petite ville industrielle sans grand intérêt. Sophie avait du mal à lui trouver du charme, même si elle se prit d'affection pour les enfants. Mais elle était confinée à des tâches subalternes, épuisantes, et lorsqu'elle travaillait, elle était toujours consciente que son travail contribuait indirectement à perpétuer une guerre qu'elle rejetait, menée par un régime qu'elle en était venue peu à peu à considérer comme criminel.

À Blumberg, elle n'avait personne avec qui parler, personne qui partageât ses vues. Ce fut une période sombre. « Beaucoup de gens pensent que notre époque est la dernière avant la fin du monde », écrirait-elle plus tard dans son journal.

> Les témoignages de l'horreur qui nous entoure rendent cette idée plausible. Mais a-t-elle vraiment une grande importance, cette idée ? Chaque être humain, quelle que soit l'époque à laquelle il vit, ne doit-il pas toujours être en mesure de rendre des comptes à Dieu à tout moment ? Puis-je savoir si je serai encore en vie demain matin ? Une bombe pourrait tous nous détruire ce soir. Et ma culpabilité ne serait pas moins grande que si je périssais avec la terre et les étoiles.

Lors de son séjour à Blumberg, Fritz Hartnagel fut rappelé quelque temps de Russie pour former de nouveaux soldats destinés à partir au front d'Afrique du Nord. Plusieurs week-ends, Sophie put s'échapper du *Kindergarten* et le rejoindre dans la ville voisine de Fribourg. Ils s'étaient rencontrés lors d'un bal à Ulm, quand Sophie avait 16 ans et Fritz 20 ; ses manières courtoises et la douceur de son caractère lui avaient beaucoup plu. Mais elle s'était vite rendu compte qu'il y avait entre eux des différences politiques sur lesquelles il était difficile de passer. Fritz avait été élevé dans un milieu conservateur, sans être national-socialiste, et il avait fait carrière dans l'armée. Pour lui, la loyauté envers la Wehrmacht avait été une tradition honorable bien avant l'avènement d'Adolf Hitler ; Fritz semblait penser qu'il pouvait isoler ces deux aspects de l'Allemagne.

Dans les lettres qu'elle lui adressait, Sophie partageait honnêtement ses sentiments sur leur relation à mesure qu'elle se développait, mais elle le faisait à la manière interrogative et contradictoire d'une adolescente entêtée et sensible. « C'est vrai, n'est-ce pas, lui écrivit-elle, que parfois, le soir, tu penses à moi ? Tu rêves parfois de nos vacances ensemble. Mais ne pense pas seulement à moi telle que je suis, pense aussi à moi telle que je voudrais devenir. Ce n'est qu'à ce moment-là, si tu te soucies encore de moi, que nous nous comprendrons vraiment. »

Le jeune officier avait besoin de savoir que Sophie l'attendait. Mais, comme la guerre progressait et qu'elle ressentait une horreur croissante, Sophie finit par juger urgent que Fritz comprît sa passion politique, qui n'était pas un simple caprice féminin, mais une partie fondamentale de sa vie. « J'ai toujours su, dans mon subconscient, ce que signifiait la carrière dans laquelle tu t'es engagé, lui écrivit-elle. Je n'arrive pas à imaginer comment deux personnes ayant des points de vue aussi différents pourraient vivre ensemble. » Néanmoins, ils continuèrent à correspondre ; il commençait progressivement à changer d'attitude, et les sentiments profonds qu'elle éprouvait pour lui n'avaient pas disparu. « Quand j'ai pu rentrer chez moi », écrivit-elle à Fritz en février 1941, peu après qu'il fut reparti après un congé à Ulm,

> j'ai compris d'un seul coup que tu étais parti et que je ne pouvais rien y faire. Auparavant, chaque jour, après l'école, une soirée avec toi m'attendait, mais ce n'est plus le cas – étrange sentiment. Je m'étais trop habituée à la chaleur de ta présence. C'est aussi un danger. À la maison, j'ai regardé les carnets que tu as achetés et j'ai eu l'espoir stupide d'y trouver quelque chose de toi, quelque chose qui m'était spécialement destiné. J'aimerais tellement avoir quelque chose de toi que je pourrais toujours garder près de moi, que personne d'autre ne remarquerait.

Après Augsbourg, on voyait par la fenêtre les plaines qui menaient à Munich. Dans vingt minutes, le train entrerait dans la gare centrale, avec ses plafonds voûtés et sa grande horloge. Sur ses quais animés se bousculeraient des jeunes gens arrivant et d'autres venus les accueillir, beaucoup de jeunes hommes portant des uniformes de soldats. Quelque part se tiendrait Hans, qui l'attendrait.

Au cours de ses derniers mois à Blumberg, quelqu'un avait dénoncé son père ; elle en avait été profondément choquée. L'informatrice – la propre secrétaire de Robert – était une femme que la famille Scholl croyait bien disposée à son égard. Un jour, elle avait entendu son employeur dire, dans un moment de colère, qu'Hitler était un « fléau pour l'humanité ». Apparemment, elle avait jugé de son devoir, en tant que loyale citoyenne allemande, de rapporter ces propos à la Gestapo ; celle-ci avait débarqué peu après chez les Scholl et elle avait emmené Robert pour l'interroger. Il fut remis en liberté presque aussitôt, son procès renvoyé à une date indéterminée. La raison invoquée était que sa société de conseil était au cœur d'un projet crucial et de long terme pour le département des finances de la ville d'Ulm, un projet qui ne pouvait pas souffrir d'interruption.

Depuis ce jour, Robert Scholl et sa famille vivaient dans la crainte d'un procès imminent. Ils ne pouvaient jamais être sûrs qu'un jour la Gestapo ne se manifesterait pas à nouveau ; et une fois Robert Scholl entre ses mains, tout était possible.

Sophie avait trouvé un peu de réconfort dans la petite chapelle de Blumberg, où elle pouvait s'exercer à l'orgue. Pendant ces moments privilégiés, ses pensées tournaient autour de questions profondes, mêlées de l'angoisse qu'elle ressentait face aux conditions dans lesquelles elle vivait. Les derniers mois, et toutes les années depuis qu'elle avait rejeté le national-socialisme, avaient été difficiles pour elle, mais aussi importants. « N'est-ce pas un mystère, écrirait-elle à une amie restée au pays,

> et une source d'inspiration aussi, que tout soit si beau ? Malgré l'horreur. Dernièrement, j'ai remarqué que quelque chose de grand et de mystérieux transparaissait à travers la joie pure que je ressens devant tout ce qui est beau, tout ce qui manifeste le sens de son Créateur...
> Seul l'homme peut être vraiment laid, parce qu'il a le libre arbitre de s'éloigner de ce chant de louange.
> Il semble souvent qu'il parviendra à faire taire cet hymne sous le tonnerre de ses canons, de ses malédictions et de ses blasphèmes. Mais au cours du printemps dernier, je me suis rendu compte qu'il n'y parviendrait pas. C'est pourquoi je veux essayer de me ranger du côté du vainqueur. »

Mais les jours sombres de Blumberg étaient maintenant derrière elle et Sophie serait bientôt à Munich, elle allait retrouver son frère et mener avec lui une vie libre et cosmopolite. Elle laissait derrière elle tous les retards, elle n'avait aucun regret. Les expériences de ces dernières années l'avaient endurcie, avaient renforcé son autonomie, avaient nourri sa recherche d'une vie spirituelle. La formule préférée de son père, tirée de Goethe, avait pris une signification personnelle : « *Allen Gewalten zum Trotz sich erhalten*, se tenir debout en dépit de toutes les forces. »

Le train avait ralenti et traversait à présent la banlieue industrielle de Munich. D'ici peu, elle apercevrait Hans sur le quai de la gare, un grand et bel homme qui, sans aucun doute, regarderait attentivement chaque fenêtre du train qui passerait devant lui. Elle descendrait avec sa valise et son sac d'anniversaire et se dirigerait vers lui.

Ses traits intenses s'adouciraient, son visage s'illuminerait d'un large sourire de bienvenue ; il serait accompagné, comme souvent, d'une jeune femme séduisante, Traute Lafrenz.

Ils s'embrasseraient. La retenue et la patience de Sophie seraient enfin récompensées. Elle était arrivée, elle était avec Hans, c'était le printemps, sa nouvelle vie commençait.

2

Lorsque Sophie arriva à Munich, en mai 1942, Hans Scholl avait déjà pris en secret la décision qui allait précipiter leur destin. Le jeune homme qui attendait sur le quai de gare avait franchi la ligne invisible qui marquait l'entrée dans une zone périlleuse. Quand, exactement, on ne le sait pas ; mais c'est au cours du printemps 1942 que Hans et son ami Alexander Schmorell avaient décidé de passer à l'action, de quitter le domaine de la « résistance spirituelle » ou de l'« émigration intérieure » pour s'engager dans une opposition ouverte au régime nazi.

Le moment où l'on franchit cette ligne, celle qui sépare le rejet intérieur du nazisme et l'entrée en résistance, est difficile à saisir, et cela aussi bien pour les membres de la Rose blanche que pour les innombrables cas recensés d'ouvriers, de femmes au foyer et d'autres Allemands « ordinaires » qui ont résisté au Troisième Reich. Il ne faut pas se représenter un instant précis, décisif, où quelqu'un se dirait en toute conscience : « Oui, je vais agir. » Imaginez plutôt un volcan de rage, d'incrédulité, de désespoir qui couve pendant des mois et des années jusqu'à exploser, emportant la peur et les doutes. En écoutant les récits de ces hommes et de ces femmes qui, dans toute l'Allemagne, ont franchi la ligne de démarcation, on a l'impression que les réflexions sur le courage, le refus, ou même l'affirmation de ses droits en tant qu'être humain n'ont joué qu'un rôle insignifiant dans leur cheminement. Il est bien possible que l'introspection ou l'auto-analyse soient un luxe dont seuls jouissent les citoyens d'un monde en paix et de pays qui ont réussi à garder le contrôle sur leur gouvernement.

Quoi qu'il en soit, lorsque Sophie arriva à Munich ce jour-là, elle ne savait rien de la décision prise par Hans et Alex, et son frère n'avait pas l'intention de l'impliquer dans une conspiration ni de la mettre en danger.

Avec Traute Lafrenz, il conduisit Sophie dans la chambre qu'il louait à Schwabing, jadis le quartier d'élection de la bohème munichoise, même s'il ne restait plus grand-chose de cet esprit depuis déjà neuf ans que les nazis persécutaient les écrivains et les artistes.

Pendant les quinze années qui avaient précédé la Première Guerre mondiale, ce quartier, et Munich elle-même, avait été l'un des centres artistiques les plus brillants de l'Europe. L'école de peinture et de décoration fin de siècle du Jugendstil, une variante allemande de l'Art nouveau, y avait vu le jour, suivie quelques années plus tard par le mouvement expressionniste du Blau Reiter, le Cavalier bleu ; Kandinsky, Klee et Franz Marc avaient tous nourri leur inspiration dans l'ambiance de Munich et de Schwabing. Thomas Mann, même s'il était méprisé par les habitants de Schwabing qui voyaient en lui un pur bourgeois, avait lui aussi élu domicile à Munich, tout comme des écrivains tels que son frère Heinrich, romancier lui aussi, le poète Rainer Maria Rilke et une figure majeure, presque culte, le poète Stefan George, qu'on admirait avec ferveur au sein des mouvements de jeunesse. Munich, dans cet éphémère âge d'or, avait attiré de nombreux rêveurs et utopistes ; Lénine y avait vécu brièvement pendant son long exil, et un certain artiste manqué nommé Adolf Hitler, arrivé affamé et aigri avant la Première Guerre mondiale, était lui aussi tombé amoureux de la ville.

Munich est une ville pleine de contradictions, ce qui fait tout son charme. Au cours de sa longue histoire, elle a été marquée par la monarchie, le séparatisme et les valeurs provinciales réactionnaires, mais elle a soutenu Napoléon dans ses guerres avec le reste de l'Allemagne et la Russie. C'est une ville élégante, spacieuse, avec des perspectives qui évoquent la Renaissance, des palais, des églises baroques, des fontaines jaillissantes et d'immenses jardins publics. C'est une ville de paysans qui semblent tout juste arrivés de l'arrière-pays, et d'aristocrates arborant de coûteux lodens. Profondément catholique, elle est également facile à vivre, avec des airs d'Italie ; quand souffle le fœhn et qu'on aperçoit au sud les sommets bleus et blancs des Alpes, elle a un air de lumière et de liberté qu'on rencontre dans peu d'autres villes allemandes, si ce n'est aucune.

Munich fut aussi, brièvement, la capitale d'une république ouvrière et paysanne, sur le modèle des soviets de la révolution russe, dans les derniers mois de la Première Guerre mondiale. Les quelques survivants de cette époque, au moment où nous avons commencé les recherches qui ont amené ce livre, y voyaient le dernier moment, magique, du règne de Schwabing. Mais quelques mois plus tard, la république bavaroise fut brutalement anéantie par les *Freikorps* et d'autres groupes d'extrême droite venus de toute l'Allemagne.

Schwabing ne retrouverait jamais ni sa célébrité, ni le plaisir exquis qu'on prenait en jouant avec les notions d'anarchie, de libération sexuelle et d'expérimentation artistique. Dans les années 1920, les artistes et les écrivains la délaissèrent au profit de Berlin, une ville plus dure et plus froide, en pleine effervescence sociale et politique. C'est à Munich que la vague réactionnaire se cristallisa ; la ville devint le quartier général de toute une gamme de militants nationalistes, du simple chauvinisme à une radicalité plus poussée, et c'est de là que prit son essor le mouvement appelé national-socialisme.

Même si une grande partie de cette histoire échappait sans doute à Sophie Scholl, en cette neuvième année du Troisième Reich, et même si au fil des années de guerre les rues de Munich étaient devenues miteuses et délabrées, les jeunes gens, en particulier les Allemands du Sud, éprouvaient toujours un frisson de plaisir lorsqu'ils arrivaient dans la ville et à Schwabing. Le quartier grouillait encore d'étudiants qui fréquentaient les cafés et les petits bistrots. Par rapport à la ville d'Ulm où Sophie avait grandi, il offrait une promesse de libération.

Les amis de Hans vinrent saluer Sophie et une petite fête s'improvisa pour célébrer son anniversaire ; la bouteille de vin et le gâteau que sa mère avait préparés furent très appréciés. En ces temps de pénurie croissante où le rationnement touchait désormais presque toutes les denrées alimentaires (sans parler des vêtements), ce repas d'anniversaire était un plaisir rare.

Ce jour-là, Sophie fit la connaissance d'Alex Schmorell, un homme doux à la voix grave, un fumeur de pipe qui parlait l'allemand avec un accent bavarois étrangement mêlé d'intonations russes. Elle avait beaucoup entendu parler de lui par Hans quand il venait passer un week-end à la maison. Hans et Alex – ou Shurik, comme elle commença rapidement à appeler ce dernier – étaient affectés comme médecins militaires à l'école Bergmann à Freimann, un quartier des faubourgs. Ils avaient échappé au service actif pour poursuivre leurs études de médecine à l'université, et si plusieurs fois par semaine ils devaient se rendre à la caserne pour y subir appels, harangues idéologiques et autres marches en rang, ils avaient pu prendre leurs quartiers en ville et continuaient à étudier. Ils travailler également quelques heures par jour dans les hôpitaux militaires voisins pour s'occuper des blessés. Les autres amis de Hans, Christoph Probst et Willi Graf, qui étaient eux aussi présents ce jour-là, étaient à peu près dans la même situation : ils étudiaient la médecine et suivaient d'autres cours à l'université, tout en étant rattachés à des unités médicales.

On pourrait s'étonner du mode de vie libre et décontracté de ces jeunes gens en temps de guerre : ils assistaient à des concerts, prenaient des leçons d'escrime et chantaient des airs de Bach à la chorale. Rien de tel ne s'est produit aux États-Unis pendant la Seconde Guerre mondiale, et l'on s'attendrait encore moins à ce qu'une telle liberté et une telle décontraction aient subsisté dans l'Allemagne nazie.

Ce mode de vie souple et informel explique peut-être en partie la forme de résistance que ces jeunes hommes avaient déjà choisie.

Ils prévoyaient d'écrire des tracts, de les reproduire et de les distribuer à Munich, pour informer un public choisi d'étudiants, de professions libérales et d'intellectuels des choses graves qui se produisaient en Allemagne et leur faire prendre conscience qu'Hitler ne pouvait pas gagner la guerre.

Pour ce faire, il fallait du temps et des ressources matérielles. Les premiers fonds furent fournis par Alex, auquel son père versait de généreuses mensualités ; avec ce petit capital, complété de ce que chacun avait pu mettre de sa poche, ils se procurèrent une ronéo, une machine à écrire, des carbones et du papier à lettres. Grâce à Hans, qui avait de nombreux contacts, ils eurent la chance de trouver un endroit pour stocker le matériel clandestin non loin de sa chambre, à Schwabing.

Lors de la fête, il ne fut pas question des tracts ou du projet ; à ce moment-là, il n'est même pas certain qu'aucun écrit eût été reproduit ni même rédigé, mais il est probable qu'une partie du matériel avait déjà été achetée – et ce n'était pas une mince affaire, quels que fussent les privilèges dont bénéficiaient ces jeunes hommes.

Ils ouvrirent la bouteille de vin, mangèrent le gâteau et s'installèrent pour une longue et agréable soirée. L'ambiance était légère, la conversation pas spécialement sérieuse. Hans lut des poèmes à haute voix et les invités essayèrent de deviner qui en était l'auteur. Il y eut quelques sous-entendus « politiques » dans la conversation (à l'époque, politique signifiait antinazi), comme c'était souvent le cas entre des personnes partageant les mêmes idées et méprisant discrètement le régime.

Mais même une pointe d'ironie, une remarque sarcastique ou une plaisanterie sur la guerre ou la personne d'Adolf Hitler constituaient des « activités séditieuses et anti-allemandes », voire une trahison, et ils le savaient tous. Même une soirée comme celle-ci impliquait une confiance totale des uns envers les autres. Des années de pratique avaient aiguisé leurs sens : Hans disait souvent qu'il pouvait dire immédiatement lorsqu'il rencontrait un inconnu s'il était « PZ »

– les initiales des mots allemands signifiant « politiquement fiable » – et il ne faisait aucun doute que Willi Graf, Christoph Probst, Alex Schmorell, Traute Lafrenz et bien entendu sa sœur Sophie étaient dignes de confiance ; il n'y aurait pas de trahison.

Le groupe de jeunes gens réunis ce jour-là pour célébrer l'entrée de Sophie dans l'âge adulte et la maturité constituait – avec le professeur Kurt Huber, qui n'était pas présent – le noyau de ce qui devint « la Rose blanche ». Mais la scène demande encore quelques éclaircissements. Leur association et les actions qu'ils menèrent ensemble n'étaient que les derniers maillons d'un processus d'évolution personnelle qui avait commencé, pour chacun d'entre eux, des années auparavant.

3

Quand les nazis s'emparèrent du pouvoir, Sophie Scholl avait presque 12 ans, et son frère Hans un peu plus de 14. Contre l'avis de leur père, Hans s'enrôla dans la *Hitlerjugend* (Jeunesses hitlériennes), bientôt rejoint par Sophie, leurs sœurs Inge et Elisabeth, et le benjamin, Werner. Les garçons et les filles de 10 à 14 ans étaient incorporés dans le *Jungvolk* (jeunes gens) et la *Jungmädel* (jeunes filles) ; ensuite, les garçons rejoignaient les Jeunesses hitlériennes proprement dites jusqu'à l'âge de 18 ans, et les filles le *Bund der deutschen Mädchen* (BDM), la Ligue des jeunes filles allemandes. En 1933, l'adhésion était encore volontaire, mais les juifs en étaient déjà exclus. D'autres organisations de jeunesse de la république de Weimar continuèrent d'exister. Cependant, elles subirent des pressions croissantes pour se dissoudre et inciter leurs troupes à rejoindre des Jeunesses hitlériennes, non seulement de la part du mouvement de jeunesse officiel de l'État, qui essayait de les cannibaliser, mais aussi, au fil du temps, de la Gestapo.

Pendant les premières années du régime nazi, tous les enfants Scholl furent contaminés par l'enthousiasme qui régnait dans leur école et leur quartier – le port de l'uniforme, les défilés aux flambeaux dans les rues d'Ulm, le camping à la campagne – et ils eurent le sentiment de participer activement à la reconstruction d'une nation profondément divisée et démoralisée.

Inge Scholl, essayant plus tard de faire comprendre les étapes progressives qui firent de son frère et de sa sœur des *Volksfeinde* (ennemis du peuple), se souvenait de la ferveur de ces premiers temps : « Nous entendions tellement parler de la patrie et de la camaraderie, de la “communauté du *Volk*” et de l’amour du foyer, que cela nous impressionnait, et nous écoutions, transportés. On nous disait que nous devions vivre pour quelque chose de plus grand que nous-mêmes ; et, d’une manière certes quelque peu étrange, on nous prenait au sérieux. »

Pour les enfants Scholl, trois ou quatre années s’écouleraient avant que la désillusion ne s’installât ; mais les graines du doute et de l’opposition, semées par Robert Scholl, étaient là depuis le début. Ce n’était pas le cas de tous les jeunes. Une Berlinoise, devenue par la suite une dirigeante assoiffée de pouvoir au sein des Jeunesses hitlériennes, se souviendrait plus tard des sentiments dont elle fit l’expérience le soir où Adolf Hitler prit le pouvoir :

> À un moment donné, quelqu’un a surgi des rangs des marcheurs pour frapper un homme qui se tenait à quelques pas de nous. Il avait peut-être fait une remarque déplaisante. Je l’ai vu tomber à terre, le visage en sang, et je l’ai entendu crier… Cette image m’a hantée pendant des jours. Mais l’horreur qu’elle m’inspirait était, presque imperceptiblement, pimentée d’une joie enivrante. « Nous sommes prêts à mourir pour le drapeau », chantaient les porteurs de torches. On ne parlait plus ici de vêtements, de nourriture, ou des rédactions à rendre à l’école, mais d’une question de vie ou de mort. J’ai été submergée par un désir ardent d’appartenir à ce groupe.

Au début des années 1930, même les enfants Scholl ressentirent ce frisson. La jeunesse devait être le fer de lance de la lutte pour une nouvelle Allemagne, et l’endoctrinement était le moyen d’affûter cette pointe. « Nos jeunes doivent être résistants comme le cuir, durs comme l’acier Krupp, rapides comme des lévriers », avait déclaré Hitler aux enfants lors du congrès de Nuremberg, alors qu'ils se tenaient immobiles sous le soleil brûlant, les bras tendus vers lui pour le salut nazi. Bien avant son arrivée au pouvoir, il avait déjà décrit ses objectifs pour la jeunesse.

> Mon système d'éducation est sévère, écrivait-il. Il nous faut éradiquer la faiblesse. Le monde reculera de terreur devant les jeunes qui grandiront dans mes forteresses. Une jeune génération violente, intrépide et cruelle, une génération de seigneurs, tel est mon objectif. Ils ne doivent avoir ni faiblesse ni mollesse. Dans leurs yeux doivent à nouveau briller la liberté et la splendeur des bêtes de proie.

Le 3 avril 1933, deux mois après la prise de pouvoir par les nazis, les membres des Jeunesses hitlériennes utilisèrent les tactiques des *Sturmtruppen* (groupes paramilitaires d'extrême droite des années 1920, à l'origine des SA), avec un savoir-faire issu de nombreuses années de combat de rue. Ils prirent d'assaut le siège berlinois du Comité des associations de la jeunesse allemande, chassèrent le directeur et le personnel et saccagèrent les bureaux. Les Jeunesses hitlériennes prirent ainsi le contrôle de dossiers contenant des informations sur l'âge, la religion et l'appartenance politique de 6 millions de jeunes Allemands. Le plus désastreux fut la saisie des dossiers des organisations de jeunesse communistes et sociales-démocrates, qui conduisit les opposants les plus sérieux au nouveau régime entre les mains de la Gestapo.

Comme les Scholl, la plupart des enfants allemands s'enrôlèrent avec enthousiasme dans les Jeunesses hitlériennes. À la fin de l'année 1932, elles comptaient une centaine de milliers de membres ; ils étaient près de 4 millions en 1935.

Contrairement à beaucoup d'autres parents, qui se réjouirent plus ou moins sincèrement de l'arrivée d'Hitler et des nazis, Robert Scholl détestait les nationaux-socialistes de tout son être. Ce n'était pas un passionné de politique et il n'était adhérent d'aucun parti, mais il était libéral et ouvert d'esprit. Il n'avait pas aimé la corruption, la violence et la confusion qui avaient caractérisé la société de la république de Weimar. Mais ce qui suivit, en 1933, était bien pire.

Les enfants Scholl, en particulier Hans qui ressemblait pourtant à son père sur bien des points, furent d'abord en désaccord avec Robert Scholl sur le national-socialisme et l'Ordre nouveau. Pendant plusieurs années, ce fut une source de tensions à la maison. Le même schéma se répétait dans d'innombrables foyers allemands : les parents qui étaient en quelque sorte immunisés contre la fièvre des furies nationalistes et qui, en privé, s'opposaient au nouveau régime voyaient avec horreur leurs enfants leur glisser entre les mains. Dans de nombreux cas, ils ne pouvaient plus parler ouvertement dans leur propre salon, de peur que leurs enfants ne les dénoncent à leurs professeurs ou aux responsables des groupes de jeunes. Le zèle avait remplacé la raison, l'esprit de dénonciation l'emportait sur la loyauté et l'affection, un silence glacial envahissait les foyers. Comme cela arrive souvent, les générations s'éloignaient les unes des autres. Entre le père et le fils, un espace gelé se cristallisait. Mais, par une ironie de l'histoire, à présent c'était la jeunesse qui défendait le pouvoir et l'autorité de l'État, tandis que l'ancienne génération – ou du moins une partie de celle-ci – s'accrochait en silence à d'autres valeurs.

Robert Scholl, lui, ne se laissa pas impressionner. Il exprimait ses opinions, souvent de manière bruyante et imprudente. « Les nazis sont des loups, des bêtes sauvages ; ils abusent terriblement du peuple allemand », disait-il à son impétueux fils aîné. Sophie, qui aimait et admirait autant son père que son grand frère, assistait à ces scènes sans rien dire.

Les Jeunesses hitlériennes exigeaient de leurs membres un plein engagement dans la lutte nationale, même si cela signifiait qu'au lieu d'aller à l'école, ils défilent dans la ville, la mâchoire serrée et le regard enflammé. Le physique de Hans et sa forte personnalité le firent rapidement sortir du rang ; il semblait avoir la trempe d'un chef. Peu de temps après son entrée dans le mouvement, il fut nommé *Fähnleinführer* (chef d'escouade) d'une unité du *Jungvolk* qui comptait environ 150 garçons.

Il est difficile d'imaginer Hans s'éloigner durablement de l'humanisme dans lequel il avait été élevé au sein de la famille Scholl, et ce d'autant plus si l'on se souvient du prix qu'il a dû payer pour être revenu à ces valeurs par la suite. Néanmoins, pour atteindre comme lui une position de leader dans les Jeunesses hitlériennes, il fallait avoir la bonne attitude idéologique et une envie de l'exprimer en actes.

L'exprimer en actes, c'était par exemple investir, en uniforme, les salles de classe des enseignants qui n'étaient pas encore correctement « coordonnés » avec le mouvement. Un chef d'escouade comme Hans commandait plus d'une centaine de garçons élégamment équipés, alors qu'un instituteur n'avait pas plus d'une quarantaine d'élèves dans sa classe. Les dirigeants des Jeunesses hitlériennes diffusèrent de nouvelles directives aux enseignants, rappelant que même si des membres du mouvement étaient de simples élèves, leur autorité ne devait pas être entamée aux yeux de leurs camarades de classe. « Si vous faites au débotté une remarque contre un membre des Jeunesses hitlériennes, la confiance entre les élèves et le personnel enseignant sera affectée et ne sera pas facile à rétablir. Mais l'enseignant qui s'efforcera d'entrer dans l'esprit et le code des Jeunesses hitlériennes pourra s'en féliciter. »

Dans les faits, le mouvement s'attachait à contraindre les enseignants à développer l'esprit « correct ». Un chef de section eut ainsi recours aux tactiques des *Sturmtruppen* pour disperser physiquement une réunion d'une association locale d'enseignants ; un autre groupe brisa les fenêtres d'un professeur de latin réputé pour donner de mauvaises notes. « La jeunesse a toujours raison, au sens le plus haut », disaient les dirigeants des Jeunesses hitlériennes aux enseignants qui n'embrassaient pas avec assez d'enthousiasme l'esprit de la nouvelle ère. Bientôt, cependant, même les dirigeants durent admettre que des règles strictes s'imposaient pour contrôler les garçons indisciplinés et permettre à la « coordination » politique de se développer plus harmonieusement.

1936 fut une année charnière pour les Jeunesses hitlériennes. Depuis 1933, chaque année avait été consacrée à un objectif, qu'il s'agisse d'entraînement physique ou de développement de l'aptitude à commander ; 1936 serait « l'année du *Jungvolk* allemand ». Toute la cohorte des garçons et filles nés en 1926, qui avaient désormais l'âge d'intégrer le *Jungvolk*, ferait l'objet d'une vaste campagne de recrutement, l'objectif étant qu'ils se portent massivement « volontaires ». Le 20 avril, jour du quarante-septième anniversaire d'Hitler, on lui offrirait des rangées d'enfants de 10 ans en culottes courtes ; à la fin de l'année, l'adhésion aux Jeunesses hitlériennes deviendrait obligatoire.

Les devoirs de Hans, chef d'escouade, étaient centrés sur l'entraînement physique et l'endoctrinement idéologique de ses pupilles, auxquels il transmettait ce qu'on lui avait appris. Cela comprenait généralement des « soirées de camaraderie » au siège de l'association, que l'on passait à écouter, par exemple, le programme radio des Jeunesses hitlériennes diffusé à l'échelle nationale. Les voix radiophoniques sortaient du *Volksempfänger* – c'était le nom des postes de radio officiels que les nazis avaient mis à la disposition du public à un prix aussi bas que possible, et qui ne pouvaient être réglés que sur des stations de radio idéologiquement pures (et, bien sûr, allemandes).

Un film de propagande nazie de cette époque, *Jeunesse de fer et d'acier*, montre un détachement des Jeunesses hitlériennes marchant résolument à travers un paysage alpin escarpé, leurs voix s'élevant pour chanter une chanson qui les compare à l'acier allemand, produit à partir du minerai de fer extrait du sol national, dont on forgeait les chars et les armes du Reich. C'est dans le même esprit que, dans tout le pays, les jeunes chefs d'escouade guidaient leurs troupes par monts et par vaux, chantant en chœur l'hymne officiel des Jeunesses hitlériennes :

En avant ! En avant !
Les fanfares brillantes résonnent.
En avant ! En avant !
La jeunesse ne connaît pas le danger ! [...]

Nous marchons pour Hitler
Dans la nuit et l'adversité
Avec le drapeau de la jeunesse
Pour la liberté et le pain.
Notre drapeau flotte devant nous,
Notre drapeau est le temps nouveau. [...]
Oui, le drapeau signifie plus que la mort !

Jeunesse, jeunesse !
Nous sommes les soldats du futur ! [...]
Oui, sous nos coups s'écroulera
Ce qui s'oppose à nous ! [...]
Führer, nous, tes camarades, nous sommes à toi !

Mais les garçons des Jeunesses hitlériennes réclamaient souvent une chanson écrite par un ancien membre des Jeunesses catholiques, et qui était alors en vogue dans toute l'Allemagne :

Les os pourris du monde
Tremblent devant la guerre qui s'annonce.
Nous avons brisé les reins de l'horreur,
C'est pour nous une grande victoire !
Nous continuerons à marcher pour toujours,
Même si tout s'écroule.
Car aujourd'hui, l'Allemagne nous appartient
Et demain le monde entier.

Les chansons comme celle-ci étaient un des fondements du mouvement nazi. Chaque formation avait son propre répertoire, y compris les SS. Pour les Jeunesses hitlériennes, ces chansons étaient particulièrement importantes et accompagnaient toutes les activités. Leurs sujets étaient ceux du pathos national ; elles semblaient parfois enfantines et naïves, mais souvent, dans le même souffle, arrogantes, brutales, voire grossières : « Agitez le drapeau, / agitez-le du haut de votre tour / qui vous crache dessus est un ver / et comme un ver, il sera écrasé, sans merci ! »

Une jeune Berlinoise qui, contrairement aux Scholl, resta fidèle au mouvement nazi, se souviendrait plus tard d'avoir défilé dans les rues de sa ville en chantant un air populaire (mais qui n'appartenait pas au répertoire officiel) : « Quand le sang juif jaillira sous le couteau, / les choses iront mieux » (*Wenn das Judenblut vom Messer spritzt...*). Elle écrit aussi, à propos de sa cheffe de troupe au BDM : « Elle nous faisait souvent marcher en rangs par trois le long du Kurfürstendamm et parcourir une partie de la distance au pas de course. Ce faisant, nous devions taper du pied le plus fort possible. "C'est ici que vivent les juifs riches, disait-elle. On va les réveiller de leur sieste". »

L'antisémitisme n'avait pas sa place dans la famille Scholl et, d'une façon générale, les horizons de Hans étaient moins bornés que ceux des autres responsables des Jeunesses hitlériennes. Il s'accompagnait à la guitare lorsqu'il était assis avec ses garçons autour du feu de camp, chantant non seulement les chansons habituelles du mouvement, mais aussi des airs norvégiens pleins de douceur, et les mélodies poignantes des chansons folkloriques russes qu'il avait apprises. Ses supérieurs le réprimandèrent : ces chansons étaient interdites. Hans s'en moqua jusqu'à ce qu'il fût menacé de punition, un des premiers moments où il commença à douter de l'organisation à laquelle il consacrait une si grande partie de son être. Il finirait par découvrir que, dans cette organisation, il n'y avait pas de place pour les choses qui, au fond, comptaient le plus à ses yeux.

Du fait de son rang au sein des Jeunesses hitlériennes, Hans Scholl eut l'occasion de participer pleinement aux événements importants de l'année 1936. Il avait ainsi une opportunité de découvrir les outils du pouvoir totalitaire et de les faire siens. Pour de nombreux dirigeants des Jeunesses hitlériennes, la prochaine étape était la SS ; peu de jeunes gens pouvaient résister à la tentation de rejoindre la crème de l'élite raciale du parti.

Le congrès nazi de 1936 avait lieu à Nuremberg ; il commença le 8 septembre. Hans avait été désigné comme porte-drapeau de sa section des Jeunesses hitlériennes d'Ulm. Inge Scholl se souvient que les filles d'Ulm lui disaient : « Votre Hans, il est si beau, c'est lui qui doit porter la bannière de sa société au congrès. » Hans partit avec enthousiasme pour Nuremberg dans le train spécial gaiement décoré. Mais lorsqu'il revint à Ulm, ses sœurs et son frère remarquèrent que quelque chose en lui avait changé.

C'est pour de bonnes raisons que Nuremberg avait été choisie pour accueillir le congrès du parti. La ville natale du grand peintre de la Renaissance Albrecht Dürer avait été un important centre du commerce et de la culture germanique depuis le Moyen Âge, et on avait fini par la considérer comme la quintessence de la ville allemande. À l'époque moderne, Nuremberg avait marqué les esprits comme foyer des Meistersinger, les maîtres chanteurs médiévaux qui avaient organisé leur vie en une guilde apparemment sans défauts. Richard Wagner avait glorifié Hans Sachs et les maîtres chanteurs de Nuremberg dans son célèbre opéra du même nom. Wagner avait recréé un monde total, organique, où les artisans et les commerçants étaient des hommes de culture ; ils évoluaient avec aisance dans les cercles sociaux de la noblesse à laquelle ils rendaient hommage et qui les respectait en retour. Avec sa pompe populiste, son défilé de fiers cordonniers et laitières, *Les Maîtres chanteurs de Nuremberg* a contribué à renforcer l'ego et à rationaliser les insécurités de la petite classe moyenne allemande. Mais son attrait était plus large, car cette classe et ses perceptions étaient devenues un paradigme pour la nation tout entière. Il n'était donc pas surprenant que ce fût l'un des opéras préférés d'Hitler.

Nuremberg, ce sont des maisons couvertes de tuiles rouges qui forment des vagues, blotties le long de rues étroites et sinueuses, sous les flancs protecteurs d'une imposante forteresse romane et gothique. Ce cadre médiéval fournissait un merveilleux décor aux nazis, mais les toits pittoresques ne suffisaient pas. Pour être conforme aux projets grandioses du parti, l'esprit du national-socialisme devait s'incarner en périphérie de la ville, sous la forme de gigantesques arènes, halls et stades néoclassiques. C'est dans ces vastes espaces, bâtis pour partie de pierres apportées par les détenus des camps de concentration, que se rassemblèrent les fidèles du parti, donnant corps et voix à cette nouvelle version de la grandeur de l'Allemagne.

Parmi ces édifices, dont certains furent dessinés par Albert Speer, se détache le Zeppelinwiese, ou champ Zeppelin. Pour le congrès de 1936, il fut agrandi et flanqué de tribunes jusqu'à pouvoir accueillir 400 000 personnes, à peine 20 000 de moins que la population totale de Nuremberg. La tribune se composait de 170 piliers de pierre et de 34 tours régulièrement espacées ; au sommet de chacune se dressaient six drapeaux de taille imposante ; on avait installé 150 projecteurs, avec une puissance cumulée de 40 000 kilowatts, pour créer un spectacle nocturne aux allures d'opéra. D'autres lampes à arc avaient été disposées à des endroits stratégiques pour illuminer tous les éléments architecturaux et le champ lui-même.

Le résultat fut colossal. Albert Speer avait conçu lui-même l'éclairage : chacun des 150 projecteurs entourant la tribune était dirigé vers le ciel ; des colonnes d'une lumière blanche, aveuglante, s'élançaient dans la nuit, prolongeant verticalement la structure déjà massive en une « cathédrale de lumière ». La clarté qui surgissait de cette gigantesque arène était si vive que son reflet dans le ciel était visible jusqu'à Francfort.

Le célèbre film de Leni Riefenstahl sur le congrès de Nuremberg, *Le Triomphe de la volonté*, illustre à merveille l'esprit du national-socialisme. On y voit l'avion privé d'Hitler survoler un tapis de nuages. À travers une trouée, il aperçoit au-dessous de lui la vieille ville de Nuremberg et, tel Odin descendant du Valhalla, il atterrit pour saluer ses partisans. Des milliers de personnes sont rassemblées, issues de tous les milieux et de toutes les formations politiques, dont les Jeunesses hitlériennes. La caméra de Riefenstahl suit la ligne des jeunes nazis au garde-à-vous, passant devant eux pour dessiner de profil la courbe de leur nez aquilin, leur chevelure blonde en rafale, la saillie de leur menton.

Le 13 septembre 1936, Hans Scholl était parmi ces jeunes qui déferlèrent comme un torrent sans fin, dans la gorge des rues sinueuses, avant de déboucher dans la grande arène du Zeppeliwiese, devant leur Führer. Un porte-drapeau marchait à côté de chaque formation ; pour son escouade d'Ulm, c'était Hans Scholl. Le ciel était d'un bleu éclatant ce jour-là, le soleil brillait ; certains Allemands dans les tribunes ne manquèrent pas d'évoquer le « *Hitlerwetter* » (la « météo d'Hitler ») : le Führer avait mystérieusement régulé le climat pour le bien de son peuple.

Le *Quotidien de Basse-Bavière* évoqua la partie du congrès de 1936 consacrée à la jeunesse, dans le style haletant et prophétique du Troisième Reich :

> À Nuremberg la jeunesse noie le Führer sous
> les acclamations des 50 000 garçons et filles présents
>
> Ce matin, les Allemands sont de nouveau réunis dans le stade devant le Führer, pour lui montrer de quoi ils sont faits, qu'ils lui appartiennent, qu'ils font partie de lui. Le large ovale du stade n'est plus qu'une solide surface brune. On a l'impression que la jeunesse ne voudra plus jamais se taire, car le Führer – leur Führer – se tient devant le

> micro pour leur parler. Chaque fois qu'Adolf Hitler tente de commencer, des *Heil* sans fin retentissent à nouveau, ne s'apaisant qu'après de longues minutes. Puis le Führer prend la parole...

C'étaient des mots qu'ils avaient déjà souvent entendus :

> « Tout ce que nous exigeons de l'Allemagne à l'avenir, nous l'exigeons de vous, garçons et filles. En vous, l'Allemagne vivra, et s'il ne reste plus rien de nous, alors vous devrez porter dans vos mains serrées le drapeau que nous avons hissé hors du chaos...
> Vous ne pouvez être que liés à nous, et lorsque les grandes colonnes de notre mouvement défileront en chantant à travers l'Allemagne, je sais que vous rejoindrez leurs rangs, et alors nous le saurons tous : *Devant nous, se tient l'Allemagne ! En nous, marche l'Allemagne ! Et derrière nous, vient l'Allemagne !* »

Une fois ces mots prononcés, écrit le journaliste, les jeunes, les spectateurs et le Führer lui-même furent saisis d'une « exaltation et d'une ferveur pour lesquelles il n'y a pas de mots. Tout le reste est oublié. Une seule pensée, un seul feu nous a tous consumés ».

Mais, inexplicablement, quelque chose s'était passé en Hans Scholl au cours de ces journées ferventes rythmées par les discours, les défilés et les manifestations. Nous ne savons pas exactement comment ni pourquoi, mais, à un moment donné, au cours de ce grand spectacle, Hans cessa de faire bloc avec ceux qui l'entouraient – il n'avait plus l'impression d'être une « cellule de vie » dans le grand « corps racial » du *Volk* allemand. Au contraire, il commença à se sentir comme un rouage insignifiant dans le mécanisme d'une énorme machine sans visage. Au début, il se contenta de s'interroger sur le fonctionnement de la machine, sans en sortir ; ensuite, plus franchement, il s'en détourna pour chercher d'autres solutions. Mais il finirait par trancher : il n'y avait pas d'alternative, et il lui fallait se tenir face à la machine et l'affronter, en pensant à la résistance désormais.

4

La forte personnalité de Hans Scholl, qui l'avait conduit à prendre du galon dans les Jeunesses hitlériennes, comportait aussi une touche d'anticonformisme. Il était inévitable qu'il finisse par entrer en conflit avec les figures d'autorité et par contester leurs positions idéologiques. On ne sait pas exactement de quoi il fit l'expérience à Nuremberg, mais il déclara plus tard à sa sœur Inge qu'il n'avait pas pu mener une seule « conversation sensée ». Tout ce qu'il avait vu, précisa-t-il, c'étaient des dirigeants qui travaillaient sans relâche à enflammer les esprits – des esprits vides.

Hans était d'un naturel franc et parfois sanguin, mais il avait aussi tendance à retenir ses sentiments : il se renfrognait dans un silence maussade, jusqu'à ce qu'il ait eu le temps de les digérer. À son retour de Nuremberg, ses sœurs et son frère sentirent qu'une transformation subtile s'était produite en lui, mais ils n'en comprirent pas tout de suite la nature. Lui non plus, sans doute. Mais plusieurs événements accélérèrent sa prise de conscience.

Le chef de sa compagnie des Jeunesses hitlériennes le trouva un jour, seul, en train de lire. Le livre n'était pas l'un des rares volumes de leur bibliothèque, mais *Les Très Riches Heures de l'humanité* de Stefan Zweig, un ouvrage interdit. Malgré la censure, Robert Scholl avait veillé à ce que sur les étagères familiales on trouve les œuvres allemandes qu'il tenait pour importantes et, tout naturellement, ses enfants continuèrent à les lire. Ce livre, justement, était l'un des préférés de Hans. Il s'agit d'une série d'essais dans lesquels Zweig évoque les grands moments de l'histoire humaine, de la découverte de l'océan Pacifique par Balboa à la pose du premier câble transatlantique, du *Messie* de Haendel à la défaite de Napoléon à Waterloo. Zweig mettait en avant des individus qui suivaient leur propre conscience et les exigences de leur créativité, non pas au nom d'une tribu ou d'une nation, mais en tant qu'expression d'un destin universel.

Le livre fut arraché des mains de Hans : cette saleté était interdite, l'auteur était un juif ! Quelles qu'eussent été jusque-là ses positions à l'égard des juifs comme abstraction, il ne les connaissait pas comme des stéréotypes, mais d'abord comme des êtres humains en chair et en os, des collègues et des amis de la famille que Robert et Magdalena Scholl continuaient à fréquenter. Et il trouvait le livre de Stefan Zweig bien plus convaincant et plus stimulant que les innombrables discours et leçons du parti, dont il commençait à réaliser qu'ils n'avaient pas été conçus pour l'aider à développer sa réflexion, mais pour le tenir occupé et l'empêcher de penser.

Quelque temps plus tard, Hans connut une désillusion plus marquante, qui devait lui coûter sa position au sein des Jeunesses hitlériennes. Peu après son retour de Nuremberg, il avait lancé un projet dont il savait qu'il n'était pas autorisé : son escouade allait concevoir sa propre bannière. Ils choisirent comme symbole un animal mythologique, coloré et rare ; cela signalait qu'ils avaient quelque chose de spécial, qui les distinguait de tous les autres groupes du *Jungvolk*. En contrevenant ainsi aux règles, Hans compensait peut-être une réprimande qu'il avait reçue au congrès pour l'une des initiatives qu'il ne pouvait s'empêcher de prendre, ou pour une remarque qu'il n'avait pas pu garder pour lui. Et, bien sûr, il testait aussi les limites des Jeunesses hitlériennes, afin de savoir jusqu'où il pouvait aller. Il demanda à ses garçons de dédier leur bannière au Führer, mais leur fit aussi prêter un serment d'allégeance personnelle à ce nouveau drapeau, symbole de leur petite communauté.

Les réactions apprirent à Hans qu'il n'y avait pas de place pour les communautés alternatives, ni dans les Jeunesses hitlériennes ni dans le Troisième Reich. Un soir, les garçons de son escouade défilèrent dans les rues d'Ulm derrière le glorieux griffon qui bondissait sur leur bannière. Mais lorsqu'ils arrivèrent à l'assemblée, que présidait un des supérieurs de Hans, leur fierté fut interprétée comme de l'insolence. Le chef fut scandalisé par cette bannière qui s'écartait clairement des principes, et plus encore par la manière effrontée dont on l'exhibait devant ses yeux. Hans était-il apte à commander ? Ce drapeau n'était pas un bel exemple aryen d'esprit d'initiative, mais une preuve d'insubordination. Le chef ordonna à l'enfant de 12 ans qui portait la bannière de la lui remettre immédiatement. Mais le garçon, choqué et pris entre deux loyautés contradictoires, resta paralysé. Furieux, le chef s'approcha de lui et commença à la lui arracher des mains. C'est alors que Hans Scholl donna aux garçons la leçon la plus importante, peut-être, qu'il leur ait offerte, une leçon comme on ne leur en donnerait probablement plus jamais. Sans se soucier des conséquences – exactement comme il le ferait plus tard –, il s'élança pour défendre l'enfant malmené et donna un coup de poing à son supérieur, qui fut assommé sur le coup.

Les 150 garçons de l'escouade virent alors leur jeune chef vénéré se faire arracher ses galons sous leurs yeux. Pour Hans, cela ne fut probablement pas une humiliation. Ce fut l'un de ces moments dramatiques où d'un seul coup on comprend tout ; c'était naturel, inévitable, parfaitement en ligne avec le refus qui avait commencé à surgir en lui.

Les premiers temps, on aurait pu croire que Hans ne faisait que déplacer la cible de sa rébellion d'adolescent, de son père et sa génération vers le strict conformisme des Jeunesses hitlériennes. Mais une fois ce changement opéré, et à mesure que le jeune homme gagnait en maturité, sa désillusion et son dégoût du national-socialisme se renforcèrent rapidement, avec l'aide et le soutien de Robert Scholl désormais.

Après cet épisode, des événements que Hans avait jusqu'alors ignorés ou négligés commencèrent à prendre une signification nouvelle. Quelque temps plus tôt, un jeune professeur d'Ulm avait disparu. Les Scholl apprirent qu'il avait été placé de force devant une bande de *Sturmtruppen* qui avaient défilé devant lui et qui, un par un, au commandement, lui avaient craché au visage. Il avait ensuite été emmené dans un camp de concentration et on n'entendit plus jamais parler de lui. Les enfants Scholl demandèrent à la mère du jeune enseignant ce qu'il avait fait pour mériter un tel traitement. « Rien, rien, leur répondit-elle, désespérée. C'est juste qu'il n'était pas un national-socialiste, il n'arrivait pas à accepter ça – c'était ça, son crime. »

Une fois la désillusion survenue, peu importe comment et pourquoi, elle s'installa dans la vie quotidienne. Chaque jour qui passait, Hans ne pouvait s'empêcher de remarquer des traits qui l'affligeaient dans le national-socialisme, des traits dont son père l'avait averti et qui contrevenaient à toute son éducation humaniste. À présent, les enfants interrogeaient leur père sur les camps de concentration : le Führer était-il vraiment au courant de leur existence ? Ils raisonnaient comme la plupart des gens : à chaque fois qu'apparaissait un nouveau signe de la corruption ou de la brutalité du parti, on soupirait : « Si seulement le Führer savait ! »

« Pourrait-il *ne pas* être au courant, répliquait Robert Scholl, alors qu'il y a des années qu'ils existent et que ce sont ses plus proches collaborateurs qui les ont bâtis ? Et pourquoi n'a-t-il pas usé de son pouvoir pour les démanteler immédiatement ? Pourquoi les personnes libérées se sont-elles vu interdire, sous la menace des plus terribles châtiments, d'évoquer leur expérience ? »

« C'est une guerre, dit-il à Hans. Une guerre contre l'individu sans défense, une guerre contre le bonheur et la liberté de ses enfants – un crime terrible. »

Inge Scholl avait l'impression, elle le raconta plus tard, d'avoir vécu dans une belle maison propre, avant de découvrir que des choses innommables se passaient dans la cave, derrière des portes fermées à clé.

À chaque question que lui posaient les enfants, Robert Scholl avait une réponse toute prête. Hitler n'avait-il pas tenu sa promesse d'éliminer le chômage ? « Personne ne le conteste, convenait-il. Mais ne demandez pas par quels moyens ! Il a créé une industrie de guerre, il construit des casernes. » La relation entre le père et les enfants prenait une tournure nouvelle. Si leurs discussions avaient lieu après le dîner, Robert Scholl les concluait en plaisantant : « Maintenant, si vous voulez bien m'excuser, je m'en vais encourir une peine de prison. » Hans et les autres savaient ce qu'il voulait dire : leur père s'apprêtait à écouter une station de radio non autorisée – peut-être Beromünster en Suisse, ou la BBC, toutes deux interdites après le déclenchement de la guerre, en 1939 – pour apprendre des nouvelles que les médias nazis ne rapporteraient jamais.

Un soir de printemps, alors qu'il se promenait sur les rives du Danube avec ses enfants, Robert Scholl se tourna soudain vers eux. « Tout ce que je veux, chuchota-t-il à brûle-pourpoint, c'est que dans la vie vous marchiez la tête haute et l'esprit libre, même quand c'est difficile. »

Sophie avait presque trois ans de moins que son frère aîné, mais ils avaient noué une relation particulière, renforcée par une compréhension qui n'avait pas besoin de mots. Ce n'était pas la rencontre de deux âmes jumelles, mais de deux personnalités complémentaires ; cette relation devint l'un des fondements évidents de leur vie.

Lorsque Hans s'engagea dans les Jeunesses hitlériennes, il sembla logique à Sophie de lui emboîter le pas. Le BDM, la section féminine du mouvement, semblait un cadre idéal à cette amoureuse de la nature : elle adorait le camping et les randonnées, elle aimait regarder les bûches s'embraser sous les étoiles. Mais si le lyrisme de ses écrits sur la nature n'avait rien d'inhabituel pour une jeune Allemande, ses descriptions trahissaient aussi une sensualité et un désir d'indépendance qui s'écartaient sensiblement des conventions sociales établies pour les femmes de l'époque :

> Je pourrais crier de joie d'être si seule, avec le vent sauvage et rude qui s'enroule autour de mon corps. J'aimerais être sur un radeau, debout au-dessus d'une rivière grise dont les eaux coulent sans une ride. Le soleil pointe et m'embrasse tendrement. J'aimerais l'embrasser à mon tour, mais je l'oublie aussitôt, car le vent s'est jeté sur moi. Je sens la merveilleuse fermeté de mon corps ; j'offre une telle résistance au vent que la joie me fait rire à gorge déployée. Je sens une incroyable force en moi.

Sophie sentit très tôt qu'elle n'était pas faite pour une vie placée sous le signe du mariage et de la maternité ; ses lettres à Fritz indiquent qu'elle évitait d'entrer dans ce rôle, que d'autres lui attribuaient probablement sans se poser de questions. En suivant l'exemple de Hans, Sophie allait bientôt participer à une vie qui avait plus de sens pour elle, une vie dans laquelle ses actions auraient un effet sur le monde.

Pourtant, le frère et la sœur étaient très différents. Alors que Hans offrait une version impétueuse et brune du modèle aryen, Sophie était réfléchie, parfois même réservée, et son apparence n'était pas tout à fait correcte. L'un des dictons de l'époque était : « Les Allemandes portent des tresses ! » Cela correspondait au rôle central conféré au paysan dans l'idéologie nazie, en ligne avec la critique de l'intérêt « décadent » des femmes pour les cosmétiques et les coiffures élégantes.

Les cheveux de Sophie étaient foncés, comme ceux de Hans. Elle arborait un *Bubikopf*, un carré court à la garçonne. Elle ne manifestait pas le conformisme d'une fille élevée en vue de la maternité aryenne ; elle était trop ferme dans ses principes et trop prompte à déceler les incohérences d'autrui. Elle essayait parfois de dissimuler son sérieux, mais ses amis et sa famille remarquaient souvent chez elle un certain regard, lorsqu'elle pensait que personne ne l'observait. Un regard troublé, renfermé et inquiet, qui lui creusait des rides sur le front. Il semblait suggérer une profondeur de caractère, une sagesse surprenante chez une personne aussi jeune.

Non que Sophie fût morose. L'un de ses professeurs lui avait même un jour reproché d'être frivole, parce qu'elle avait éclaté de rire en classe – sans comprendre que ce qui avait déclenché son hilarité, c'était l'absurdité du commentaire idéologique qu'il venait de proférer d'un air solennel. Comment s'empêcher de rire, devant toutes ces contradictions qui crevaient les yeux ? À 12 ans, Sophie était déjà consciente d'anomalies que Hans mettrait des années à reconnaître. Luise Nathan, qui était juive, était une de ses amies préférées. « Pourquoi Luise, avec ses cheveux blonds et ses yeux bleus, n'a-t-elle pas le droit d'être membre du BDM, demanda-t-elle à sa sœur Inge, alors que moi, avec mes cheveux et mes yeux marron, j'ai le droit de l'être ? »

La relation de Sophie avec son père était marquée par la même profonde compréhension mutuelle que celle qui la liait à son frère. Cette relation ne fut pas entamée par la peine ressentie par Robert Scholl quand elle adhéra au BDM. Bien qu'il eût clairement exprimé sa position sur le national-socialisme – elle ne pouvait ignorer sa détresse lorsqu'il regardait les affiches du parti sur le parvis de la cathédrale devant leur fenêtre à Ulm, ou lorsqu'il se disputait avec Hans – son père n'avait rien fait pour l'empêcher de rejoindre l'organisation. Il savait qu'on ne pouvait forcer personne à s'opposer à la tyrannie ; seule l'expérience personnelle pouvait faire évoluer ses enfants.

Pour Robert Scholl, même lorsqu'elle devint membre du mouvement, sa fille cadette Sophie restait « la plus sage de mes femmes ». Elle dut commencer à percevoir la vérité très tôt, car l'endoctrinement ne semblait pas avoir d'impact sur elle. Un jour, elle participa avec Inge à une excursion du BDM. C'était la Journée nationale de la jeunesse, avec son lot de chants et de défilés en uniforme. Une fois les festivités passées, les deux sœurs allèrent se promener dans les bois. Dans un endroit isolé, elles tombèrent sur une tente de garçons sans uniformes. Intriguées par ces jeunes qui ne faisaient pas partie de la foule en chemise brune, les filles engagèrent la conversation et, espérant en apprendre plus sur ces garçons en les provoquant, évoquèrent le sujet du national-socialisme. L'un des garçons devint soudain muet. Sophie comprit pourquoi en un clin d'œil : il était juif. Il avait peur que ces filles en uniforme ne parlent à leurs chefs d'un groupe « clandestin » de jeunes juifs dans les parages.

Une autre fois, après le retour de Hans de Nuremberg, une haut gradée du BDM arriva de Stuttgart pour animer une soirée de formation idéologique pour les filles d'Ulm. Lorsqu'on demanda aux membres s'ils avaient des idées pour la discussion, Sophie suggéra de lire des poèmes de Heinrich Heine, l'un de ses écrivains préférés. Mais la dirigeante et ses camarades du BDM furent consternées par sa suggestion, et choquées par l'aveu qui lui avait échappé : elle continuait donc à lire les écrits juifs « dégénérés » qui avaient été brûlés et interdits par le ministre de la Propagande Joseph Goebbels en 1933 ? Malgré la pression et les conséquences possibles, Sophie ne put s'empêcher d'exprimer le fond de sa pensée.

« Celui qui ne connaît pas Heine, dit-elle à voix basse alors que tous les regards se tournaient vers elle, ne connaît pas la littérature allemande. »

Il était rare que des membres de longue date des Jeunesses hitlériennes se retournent contre un mouvement qui leur conférait reconnaissance et prestige. Pourtant, Hans et Sophie Scholl ne furent pas les seuls adolescents allemands à ressentir pour le national-socialisme un dégoût qui, lentement, se mua en opposition.

L'année même où commença l'évolution de Hans, en 1936, lorsque l'adhésion aux Jeunesses hitlériennes devint obligatoire, on vit apparaître dans les villes d'Allemagne, et en particulier dans les régions industrielles, des bandes de jeunes qui cherchaient à en découdre. Parmi eux se trouvaient des fils d'ouvriers ayant une certaine conscience de classe – les communistes resteraient les plus fermes opposants au régime et beaucoup le paieraient cher, torturés par la Gestapo et enfermés dans les camps de concentration. Mais la plupart de ces jeunes semblent surtout avoir été apolitiques.

Ils trouvaient ridicule de jouer aux soldats, et préféraient fréquenter les bars pour boire de l'alcool, fumer et jouer aux cartes avec des plus âgés. Ou bien ils se comportaient comme plus tard les punks, s'habillant de vêtements simples, presque de guenilles, pour exprimer leur rejet de l'hypocrisie étouffante qui les entourait. Ils portaient les cheveux longs, des chemises à carreaux, de vieux chapeaux et des chevalières avec des têtes de mort. Ils se choisirent des noms : les Navajos, la Bande noire ou les Pirates de l'edelweiss.. Ils écoutaient du swing – une musique « dégénérée » – et se moquaient du conformisme ostentatoire des membres des Jeunesses hitlériennes.

Certains de ces groupes ne se contentaient pas de danser le jitterbug et de rouler des mécaniques. Après avoir été enrôlés de force dans les Jeunesses hitlériennes, ils jouèrent un double rôle : le soir, ils s'associaient parfois avec des éléments criminels, et tentaient ensemble de perturber les réunions. On disait qu'à Munich, un groupe se faisant appeler l'Ancre rouge avait mené un raid à Haidhausen, le quartier ouvrier où Hitler avait lancé son putsch dans une brasserie. Ils ne s'attaquaient pas aux passants qui portaient des fourrures élégantes et des hauts-de-forme, mais à toute personne seule portant un uniforme des Jeunesses hitlériennes. En 1937, à Leipzig, la police lança une opération contre une bande qui avait des ramifications jusqu'à Berlin et à Cologne. Selon la Gestapo, 1 500 garçons avaient constitué en 1936 à Leipzig un groupe qui attaquait de nuit les gradés des Jeunesses hitlériennes ; leur objectif explicite était de recruter plus de membres que n'en comptait la section locale du mouvement. Les deux chefs, qui n'avaient pas 18 ans, furent finalement arrêtés et condamnés à trois ans de travaux forcés.

Au moment où l'adhésion aux Jeunesses hitlériennes devint obligatoire, seuls 10 % de ses membres étaient vraiment nazis ; les autres formaient un mélange, les uns s'ennuyant, d'autres agacés, d'autres bouillant intérieurement, mais la plupart prêts à accepter ce que la société semblait exiger d'eux. Pourtant, comme ceux qui formeraient plus tard la Rose blanche, il y en eut quelques-uns qui prirent vraiment position, et pas seulement comme des adolescents révoltés, mais consciemment, en tant que dissidents politiques. Entre 1940 et 1945, dans la seule prison de Brandebourg, 1807 détenus furent exécutés pour des raisons politiques, certains après des années de travaux forcés. Parmi eux, 75 avaient moins de 20 ans ; 22 étaient des lycéens ou des étudiants. À Hambourg, entre 1933 et 1945, sur l'ensemble des condamnés pour « crimes politiques », 11 % étaient des jeunes.

Alors que les Jeunesses hitlériennes marchaient fièrement en rang, en chantant sans se lasser des airs comme « Les os pourris du monde tremblent » ou « Quand le sang juif jaillit sous le couteau », ces autres jeunes Allemands, peu nombreux, changeaient les paroles de ces chansons et en entonnaient des versions modifiées, parfois dans la solitude de leur cellule ou à l'ombre de l'échafaud :

Nous sommes des criminels dans votre État
Et nous sommes fiers de notre crime.
Nous sommes les jeunes de haute trahison
Et nous briserons cette servitude.

5

En 1937, Hans Scholl fit un pas modeste mais sérieux vers l'opposition, en rejoignant un groupe clandestin qui parvenait encore à fonctionner malgré la surveillance de la Gestapo. Ils s'appelaient les « d.j.1.11 », les Jeunes Allemands du 1er novembre, en mémoire du jour de 1929 où leur fondateur était revenu en Allemagne après avoir voyagé à l'étranger et, bien avant la prise de pouvoir d'Hitler, avait jugé nécessaire de créer un groupe de jeunes antinazis pour contrer l'influence croissante des Jeunesses hitlériennes.

Ces jeunes hommes – les filles n'étaient pas acceptées – formaient une équipe soudée et ils protégeaient leur identité en usant de surnoms et de runes germaniques. Ils ne faisaient certes rien contre les Jeunesses hitlériennes, mais leur existence même était un défi au régime.

Ces jeunes gens avaient développé un style distinctif. Ils n'étaient pas nationalistes et, contrairement aux premiers *Wandervögel*, ils préféraient l'auto-stop à la marche. Pour le nom de leur groupe et dans leurs écrits, ils utilisaient exclusivement des lettres minuscules, une touche moderniste qui rappelait le mouvement Bauhaus dans l'art et l'architecture, honni par l'*establishment* nazi. Ils chantaient des airs folkloriques des Balkans, des complaintes de cow-boys américains, jouaient de la balalaïka russe et dévoraient les livres interdits. Enfin, comme une signature de leur anticonformisme, ils avaient abandonné les tentes de style militaire des Jeunesses hitlériennes au profit de la *kothe* d'inspiration lapone, qui ressemblait à un wigwam percé d'un trou au sommet pour permettre à la fumée de s'échapper. Nichés au fond des bois pour échapper à la vigilance des nazis, les camps de *kothen* ressemblaient à des villages forestiers primitifs.

Sous le Troisième Reich, tout était politiquement suspect, y compris l'art, dont on sait l'importance chez les Scholl. Parmi les amis de la famille se trouvaient un certain nombre d'artistes critiques à l'égard du national-socialisme, et parmi eux Otl Aicher, qui aidait Sophie à dessiner et qui épouserait plus tard sa sœur Inge.

Au cours de l'été 1937, Hans et Inge se rendirent à Munich pour visiter la première exposition de la nouvelle Haus der deutschen Kunst (Maison de l'art allemand). Tous deux adoraient les grands expressionnistes qui avaient peint à Munich vingt ans auparavant, en particulier Franz Marc. Hans admirait ses chevaux bleus, un arrangement sensuel de courbes et d'arcs dessinant une silhouette dynamique galopant sur fond rose. Inge de son côté ressentait une forte affinité pour les conceptions architecturales du Bauhaus ; elle ne trouvait ni original ni très inspirant ce nouveau musée, un édifice néoclassique avec une sévère façade de colonnes doriques.

Cette visite perturba profondément leur sensibilité esthétique. Sur les murs du musée, on voyait des familles germaniques idéalisées, aux visages mornes sans émotions ; un vieux paysan d'allure folklorique lisant avec délectation le journal officiel nazi ; des statues d'hommes nus, censées représenter « l'action au repos », d'autres de femmes dans des poses cherchant à suggérer la fertilité et la grâce, mais qui semblaient passives et stériles. Toutes les œuvres présentées dans les vastes salles étaient figuratives, et elles l'étaient avec une conviction confinant à l'acharnement. Lors de l'inauguration de l'exposition, Adolf Hitler avait déclaré que ces œuvres avaient enfin mis un terme à la « folie artistique et à la pollution de notre *Volk* » ; l'un des commissaires de l'exposition avait remarqué que lors des rassemblements du parti on pouvait admirer, en permanence, la forme la plus parfaite jamais créée dans la nouvelle Allemagne : le casque d'acier.

Pour compléter cette exposition sur le réveil artistique de l'Allemagne, le ministre de la Propagande, Joseph Goebbels, avait rassemblé des exemples de « l'art dégénéré » que ces œuvres avaient remplacé. Hans et Inge visitèrent également cette contre-exposition, installée dans une galerie munichoise à quelques rues de là. Ils trouvèrent ces peintures bien plus stimulantes et incisives que les sous-produits idéologiques qui leur avaient été infligés au musée. Nombre de leurs modernistes préférés étaient représentés, mais les peintures étaient désormais légendées différemment : « C'est ainsi que les esprits malades ont vu la nature » et « Les paysans représentés à la manière yiddish ». À côté des œuvres modernes étaient accrochés des tableaux peints par des malades mentaux dans des asiles allemands et autrichiens, ce qui suggérait que ces deux types de créativité avaient la même source.

L'exposition sur « L'art dégénéré » se retourna contre les nazis : elle attira plus de monde que celle de la Maison de l'art allemand.

C'est vers cette époque que les enfants Scholl intégrèrent un cercle de lecture clandestin, composé principalement d'amis avec lesquels leur famille avait toujours maintenu des contacts. « Nous avons un vaste cercle d'amis, tous antihitlériens, expliqua à Inge la femme d'un artiste local. Et chacun de ces amis a son propre cercle, qui est antihitlérien, et ainsi de suite : un grand réseau clandestin opposé à Hitler. Si seulement on pouvait les amener à agir collectivement ! » Ce cercle allait devenir particulièrement important pour Sophie et Inge, qui ne pouvaient pas être membres du groupe d.j.1.11 de Hans. Ils faisaient circuler de la littérature interdite et imprimaient même leur propre bulletin, *Windlicht* (« lampe-tempête »), dans lequel des articles apparemment inoffensifs contenaient des références discrètes aux maux politiques du moment. Ils commencèrent également à recevoir par courrier des écrits anonymes critiques à l'égard du régime.

Après 1937, les contraintes de la vie dans l'Allemagne nazie détournèrent Hans du d.j.1.11, néanmoins il resta en contact avec ses camarades. L'heure était venue pour lui de commencer ses six mois obligatoires dans le *Reichsarbeitsdienst*, le service national du travail. Il participa à la construction des nouvelles autoroutes allemandes, les *Autobahnen*.

Ensuite, Hans fit son service militaire, avec l'idée d'en finir le plus rapidement possible. Comme sa base n'était pas très éloignée d'Ulm, il recevait de temps en temps la visite de ses amis du groupe de la Jeunesse. Mais la Gestapo avait décidé une fois pour toutes de mettre fin à toutes les activités illégales des jeunes. La répression fut rapide, et toucha toute la famille Scholl. Hans fut arrêté un jour à sa base et emmené à la prison de la Gestapo à Stuttgart.

À Ulm, des miliciens firent irruption chez ses parents. Mme Scholl surmonta rapidement son choc ; elle monta discrètement dans les chambres des enfants avec un panier sous le bras, dans lequel elle fourra tout ce qu'elle pouvait trouver de compromettant. En bas, elle passa devant les agents de la Gestapo et sortit par la porte en disant, à la manière vive de la *Hausfrau* allemande : « Ces messieurs voudront bien m'excuser, je dois filer chez le boulanger. »

Il s'agissait d'une véritable rafle. Inge et Werner furent pris également, et on les emmena jusqu'à Stuttgart dans un camion bâché. Sophie fut arrêtée elle aussi. Elle avait 16 ans à l'époque et portait les cheveux coupés si courts que la famille se dit que la Gestapo avait dû la prendre pour un garçon. Elle fut relâchée dans la journée, secouée par cette première rencontre directe avec la force brute. Sa maison ne serait plus jamais tout à fait la même : les portes et les fenêtres qui avaient tenu à distance un monde hostile ne pourraient plus jamais être scellées. Il dut sembler à cette adolescente sensible et intelligente, profondément attachée à ses parents et à sa famille, que toute certitude avait été balayée de sa vie.

Inge et Werner furent libérés après avoir passé une semaine dans une cellule froide de la Gestapo. Hans fut détenu trois semaines de plus, pendant lesquelles la Gestapo tenta en vain de lui soutirer des informations. À Ulm, Robert Scholl regardait, impuissant, les efforts des autres enfants pour réconforter leur mère, qui était dans tous ses états. Il faisait les cent pas comme un tigre dans sa cage, se demandant ce qui allait arriver à Hans. « S'ils font quoi que ce soit à mes enfants, j'irai à Berlin et je le tuerai », s'écria-t-il. Tout le monde savait exactement de qui il parlait. À l'école, Sophie dut subir les questions incessantes de ses camarades, qui voulaient savoir quels crimes avait commis sa famille.

Hans fut finalement libéré grâce à l'intervention personnelle de son officier de cavalerie. Entre-temps, cette expérience avait transformé leur maison en une île fragile, enfermée dans un océan carcéral presque sans limites. À présent, les autres événements qui frappaient le monde extérieur affectaient leur foyer : la marche triomphale des troupes allemandes en Autriche, la destruction des maisons et magasins ainsi que des synagogues lors de la Nuit de cristal, et l'annexion des Sudètes. Ils étaient au cœur d'un ouragan qui devenait chaque année plus violent. Le 1er septembre 1939, l'armée allemande envahit la Pologne, déclenchant la Seconde Guerre mondiale. Sophie écrivit à Fritz Hartnagel pour lui faire part de son amertume : « Maintenant, vous aurez sûrement assez à faire. Je ne peux pas comprendre que des êtres humains soient constamment mis en danger de mort par d'autres êtres humains. Je n'arrive pas à le comprendre et je trouve cela horrible. Ne me dis pas que c'est pour la patrie. »

Une fois la guerre déclenchée, Hans dut poursuivre son service militaire, en alternance avec des périodes où il pouvait poursuivre ses études, à Tübingen puis à Munich. En 1940, lors de l'invasion de la France, il fut envoyé au front en tant qu'infirmier. Il ne vit pas le feu, mais il en vit les résultats : affecté dans un hôpital de campagne qui accueillait 400 blessés, il dut assister à des amputations de la jambe et à d'autres opérations. Il n'avait que mépris pour une armée d'occupation qui réquisitionnait les plus belles maisons de la ville de Saint-Quentin, en Picardie, où il dut passer un certain temps. « Je préférais quand nous dormions sur la paille, écrivait-il. Qu'est-ce que je suis, un honnête homme ou un voleur ? » À Ulm, Sophie était déprimée par l'effondrement rapide des forces françaises. « Si je ne savais pas que je survivrai probablement à de nombreuses personnes âgées », écrivit-elle à Fritz le 28 juin 1940,

> je serais horrifiée par l'esprit qui domine l'histoire aujourd'hui. Je sais que tu trouveras ce que j'écris très peu féminin.
> Il est ridicule pour une fille de se mêler de politique. Elle devrait laisser des sentiments féminins dominer ses pensées. La compassion, surtout. Je crois pourtant qu'il faut d'abord penser, et que les sentiments, en particulier ceux qui concernent les petites choses qui nous touchent directement, notre propre corps par exemple, nous détournent de l'essentiel, au point que nous perdons de vue les grandes choses.

Ses dernières années de lycée furent difficiles ; l'idéologie national-socialiste s'infiltrait dans tous les cours et elle ne comprenait plus ses camarades de classe. « Parfois, l'école me semble être un film, écrivit-elle un jour. Je regarde, mais en fait, je suis en dehors de la scène. L'une au moins de ses professeurs confirma la justesse de cette remarque : elle jugea que Sophie était « totalement absente » en cours. Pourtant, chaque fois qu'on lui posait une question, elle avait la réponse ; elle restait assez attentive pour satisfaire aux exigences de son *Abitur.* Mais elle ne participait pas. Pour Sophie, la différence entre observer et participer était devenue un choix délibéré.

Son comportement passait mal. À l'approche des examens, le proviseur du lycée la convoqua à plusieurs reprises dans son bureau pour l'avertir que si elle ne changeait pas d'attitude, elle n'obtiendrait pas son diplôme. C'était un excellent argument, car Sophie avait toujours rêvé d'aller à l'université ; elle voulait étudier la biologie et la philosophie, peut-être pour investir la première de vérités plus humaines que les assertions racistes de l'idéologie nazie. Les études universitaires étaient également un moyen d'éviter de servir le régime plus que nécessaire. Enfin, c'était l'occasion de s'épanouir, à une époque où les femmes étaient découragées de toute carrière productive en dehors de la procréation.

Pourtant, Sophie ne changea pas d'attitude. Et elle obtint quand même son baccalauréat en mars 1940, ce qu'elle savoura sans doute comme une victoire personnelle.

Mais c'est après son *Abitur* que les reports commencèrent. Au début de l'année 1941, elle écrivit dans son journal : « Ne serait-ce pas merveilleux si Hans et moi pouvions étudier ensemble pendant un certain temps ? Nous débordons déjà de projets ! » Mais l'État exigeait de toutes les femmes ayant terminé leurs études secondaires au moins six mois dans le service national du travail. Hans, à Munich, tenta de lui obtenir une dispense et une place à l'université, sans succès. En tant que fille, Sophie devrait soit faire des travaux ménagers dans une famille « riche en enfants », soit, comme c'était le plus souvent le cas, effectuer un travail manuel. Pour éviter ces deux options peu attrayantes, elle s'inscrivit au séminaire Fröbel, à Ulm, pour une formation en alternance au métier d'institutrice de maternelle.

Sophie vécut ses quelques mois au séminaire Fröbel comme une sorte de sursis. Susanne Hirzel, la fille d'un pasteur d'Ulm qui était l'une de ses meilleures amies, s'était inscrite elle aussi ; elles se soutinrent moralement l'une l'autre. Une fois, quand elles étaient encore au BDM, à l'époque où l'adhésion était devenue obligatoire, Sophie avait confié à Susanne un de ses fantasmes : « En fait, on devrait essayer d'infiltrer leurs plus hautes fonctions, pour révéler toute leur hypocrisie. »

Fräulein Kretschmer, leur impénétrable professeure, avait réussi à conserver son poste au séminaire bien qu'elle ne fût pas une national-socialiste convaincue, et cela facilitait un peu la vie des deux jeunes filles. Lors d'une séance de formation idéologique, où les stagiaires devaient écouter attentivement un discours d'Hitler à la radio, Sophie et Susanne continuèrent à lire, sans se cacher. La seule réaction de Fräulein Kretschmer fut de leur adresser un signe silencieux ; avec la plupart des autres professeurs, elles auraient eu de graves problèmes.

Ces mois passés à Ulm, à travailler avec des enfants et à les dessiner en train de jouer, seraient les derniers mois relativement tranquilles de la vie de Sophie. Elle avait réussi à éviter le service obligatoire et avait encore la possibilité de travailler et d'apprendre sans participer à l'effort de guerre. Elle avait encore le temps de faire de temps en temps une excursion à bicyclette dans les campagnes environnantes. « Même lorsque l'on pense que tout est en train de s'écrouler, écrivit-elle après une de ces balades, la lune revient toujours à sa place habituelle le soir suivant ; le jour suivant, les oiseaux chantent avec autant de douceur et d'enthousiasme que d'habitude. Et ils ne se demandent jamais si leur chant est utile ou non. » Mais elle ne pouvait échapper à la triste réalité quotidienne : « Je pense que je serais beaucoup plus heureuse si je le pouvais, écrit-elle, mais dans l'état actuel des choses, tout le reste doit passer au second plan. »

Malgré ses espoirs, son travail au séminaire Fröbel ne fut pas considéré comme un substitut acceptable au service national du travail. Elle dut donc effectuer encore six mois de travail manuel avant de pouvoir rejoindre Hans à l'université de Munich.

En mars 1941, elle fut envoyée dans un château délabré qui avait été transformé en camp de travail pour jeunes femmes. L'Allemagne comptait alors 2000 de ces camps, qui accueillaient des jeunes femmes âgées de 18 à 25 ans, enrôlées pour des travaux parfois si fatigants qu'elles avaient l'impression d'être des bêtes de somme. Mais leur réaction dépendait souvent de leur orientation politique. Une jeune femme qui fit une carrière de propagandiste zélée au sein du BDM écrirait plus tard dans ses mémoires que, même si le travail était usant, il lui arrivait de se mettre à chanter de joie dans les champs : « La communauté de notre camp était un modèle en miniature de ce que j'imaginais être la communauté du *Volk.* »

Pour Sophie, ce fut terrible. Les filles portaient des uniformes et suivaient des séances d'entraînement idéologique sous la houlette de cheffes fanatisées. Les chambres du château étaient immenses, froides et humides ; elle avait toujours froid. Les repas se composaient principalement de pommes de terre bouillies dans leur peau. Alors qu'elle était entourée de jeunes femmes de son âge, elle écrivait dans ses lettres qu'elle ne s'était jamais sentie aussi seule de sa vie. Les autres obéissaient, se soumettaient, ne posaient pas de questions ; pendant leur temps libre, elles ne parlaient que de garçons et de sexe, sans cesser de glousser.

Sophie se sentait peu charitable, snob, mais elle les méprisait. Plus encore, elle était enragée par les cheffes, qui abusaient d'un pouvoir qu'elles n'auraient jamais obtenu dans aucune autre société. Elles aboyaient leurs ordres, faisaient sauter leurs ouailles comme des marionnettes. Chaque fois qu'elles lui donnaient des ordres, Sophie fulminait. Elle écrivit un jour : « Nous menons une vie de prisonnières ; nos heures de service ne se limitent pas au travail, elles comprennent aussi les loisirs. Parfois, j'ai envie de crier : "Je m'appelle Sophie Scholl, ne l'oubliez pas ! Ne l'oubliez pas !" »

La fille qui partageait sa chambre ronflait, et elle ne prenait jamais de bain ; même son lit n'était pas un sanctuaire, sauf quand, après l'extinction des feux, elle prenait sa lampe de poche et lisait *La Montagne magique* de Thomas Mann sous les couvertures. Le chef-d'œuvre de Thomas Mann figurait sur la liste des livres interdits ; le simple fait de le lire devait lui donner un sentiment de communion avec des idées et des valeurs qui transcendaient le temps et l'espace. Le sommet de la montagne de Mann, dans les Alpes suisses, est peut-être devenu plus réel pour elle que les rondes quotidiennes dans les champs ou la froideur gris-brun du château.

Un jour de visite, sa sœur Inge vint au château accompagnée d'Otl Aicher, et Sophie réussit à passer quelques heures avec eux malgré les machinations de la cheffe de camp, qui essaya de la retenir jusqu'à la dernière minute. C'était une belle journée, et ils allèrent pique-niquer dans une prairie voisine. Mais la joie de leurs retrouvailles fut brisée net par une annonce à la radio : l'Allemagne avait envahi l'Union soviétique. On était le 22 juin 1941. Bien que le Troisième Reich fût au summum de sa puissance cet été-là, l'annonce choqua et effraya de nombreux Allemands, même ceux qui avaient confiance en Hitler et étaient fiers de ses succès. L'idée d'une guerre sur deux fronts, en particulier dans l'immensité de la Russie, où aucun Européen n'avait jamais semblé capable de gagner, était affolante. Sophie avait l'impression que désormais cette guerre cruelle et insensée allait durer éternellement, et avec elle le règne de ceux qui l'avaient déclenchée.

Peu de temps après, elle écrivit à Fritz : « Si l'on croit à la victoire de la force, il faut aussi croire que les hommes sont au même niveau que les animaux. » Et à Inge, elle confessa : « Je continue, ni triste ni particulièrement heureuse, en essayant de m'accrocher à mes propres valeurs. »

Il devait y avoir un sens, une signification au-delà de ce monde dans lequel elle vivait et qui était devenu une grotesque perversion de lui-même. Il devait y avoir une vérité plus profonde. Elle lisait saint Augustin sous un grand arbre dans le parc du château. Le temps se réchauffait, les journées s'allongeaient. Dans les réflexions qu'elle couchait dans son journal, elle décrivait la paix qui s'installait en elle pendant sa lecture. Elle se sentait fusionner avec les feuilles, les branches, le tronc et les oiseaux qui gazouillaient en toute complicité. Dans ces moments-là, elle savait qu'il y avait un sens, au-delà de ce que les hommes avaient fait du monde.

Sophie avait grandi dans un milieu bourgeois. Les perspectives de l'extrême gauche lui étaient étrangères et lui semblaient peu réalistes. Le national-socialisme, qui appelait les jeunes à s'engager dans une cause plus grande qu'eux, lui avait d'abord semblé une option plus sensée. Si elle avait suivi la voie qui s'offrait à elle, elle aurait très bien pu faire carrière au sein du BDM, et s'approprier les outils de l'oppression nazie. Mais sa vie avait pris une autre direction.

En refusant cette voie, elle aurait pu se contenter de vivre discrètement avec ses proches ; elle aurait pu mener une vie tranquille, faite de promenades à bicyclette, de tâches ménagères et d'études, comme tant de jeunes filles allemandes autour d'elle, en détournant le regard pour ne pas affronter les contradictions hideuses de leur monde. Mais il y avait quelque chose en Sophie Scholl qui l'empêchait de faire comme les autres. Cela tenait à l'acuité avec laquelle elle percevait ces contradictions, et à la façon dont elle devait vivre si elle voulait rester fidèle à ses valeurs, à son être intérieur.

Un jour, dans son journal, elle écrivit : « Après tout, il faut avoir le courage de ne croire qu'en ce qui est bon. Je ne veux pas dire par là qu'il faut croire aux illusions. Je veux dire qu'il ne faut faire que ce qui est vrai et bon, et escompter que les autres feront de même. »

6

En janvier 1943, environ cinq semaines avant d'être arrêté par la Gestapo, Hans Scholl écrivit une longue lettre à Rose Nägele, une jeune femme qu'il connaissait depuis son enfance et avec laquelle il avait noué une vive amitié, d'ordre principalement intellectuel. À cette époque, leur relation semblait perdre de son intensité et, dans sa lettre, il explique avec tact son éloignement progressif :

> J'aime les périodes de transition. Même si elles ne sont pas faciles à vivre, elles sont spirituellement exigeantes. C'est le même goût qui me fait savourer une correspondance dans une grande gare. Je connais un homme qui, où qu'il aille, ne quitte jamais son manteau – un homme qui est toujours un invité. Lorsque l'on parle avec lui, on a l'impression qu'après chaque phrase il va sortir une montre de sa poche et s'exclamer : « Il est temps de partir. » Cet homme me plaît beaucoup.

L'image est intéressante ; elle reflète les intérêts intellectuels et littéraires de Hans et nous donne idée des mouvements qui l'animaient. Comme de nombreux jeunes intellectuels déployant leurs premiers efforts créatifs, il prend un peu la pose : on devine qu'il cherche à se rendre important et terriblement mystérieux. Il semble incarner l'esprit des années 1940. Des deux côtés du Rhin, en France et en Allemagne, des attitudes et des valeurs souterraines s'étaient déjà développées dans les années 1930 et elles seraient exprimées plus tard par des écrivains comme Camus et Sartre, dont Hans Scholl n'avait probablement jamais entendu parler. L'image qu'il se faisait de lui-même n'était pas très différente des personnages auxquels ils avaient commencé à donner vie : l'homme aliéné vêtu d'un costume gris anonyme, d'ici et de nulle part, cherchant et créant son propre monde.

C'était donc une image originale et, si l'on considère le coin d'Europe où il atteignit l'âge adulte et la ferveur nationaliste de son adolescence, c'était une image audacieuse. Mais elle avait un sens. Se promener à travers le monde, sans but précis, regarder sa montre, repartir en avant : c'étaient des images qui rompaient avec le folklore ennuyeux et kitsch de sa propre nation ; c'était un coup porté aux racines tentaculaires qui étouffaient sa jeune vigueur en l'attachant au sol de la patrie.

Mais si l'on cherche à capter l'essence de l'exil et du déracinement, c'est vers Alexander Schmorell qu'il faut se tourner. L'ami de Hans était déchiré entre ses deux héritages, la Russie et l'Allemagne. Son grand-père allemand s'était installé en Russie pour faire commerce de fourrures, sans renoncer à sa nationalité. Le père d'Alex, Hugo, était né en Russie mais se considérait comme allemand ; il avait étudié la médecine à Munich avant de s'installer à Moscou et d'épouser la fille d'un pope.

Pendant la Première Guerre mondiale, Hugo Schmorell avait été envoyé dans l'Oural, où il avait dirigé un hôpital pour les civils allemands internés et les prisonniers de guerre. C'est là qu'Alex était né en 1917, une époque de turbulences et de guerre civile. Il avait à peine 2 ans quand sa mère était morte lors d'une épidémie de typhus.

En 1921, un peu plus de trois ans après le début de la révolution, le docteur Schmorell prit le dernier train qui quittait la Russie pour évacuer les civils allemands et les prisonniers de guerre ; il emmenait son fils de 4 ans et la vieille nounou russe du petit garçon. Hugo Schmorell s'installa à Munich, se remaria avec une Allemande née elle aussi en Russie, et ouvrit un cabinet médical.

Certains disent que c'est sa nourrice russe – elle n'apprit jamais l'allemand et parlait sans cesse à son Shurik de sa charmante mère et du monde radieux de son enfance – qui insuffla à Alex la nostalgie de sa patrie, des steppes sans fin, des forêts de bouleaux et des icônes vieil or, une nostalgie qui ne le quitta jamais. Les récits de sa vie en Allemagne donnent à penser qu'il eut une enfance heureuse, une existence facile et confortable, mais son père et sa belle-mère avaient eu deux autres enfants qui se sentaient, eux, complètement allemands. Peut-être était-il heureux, mais il était en proie à la nostalgie d'un pays lointain dont il se souvenait à peine.

Il parlait couramment le russe et, en grandissant, il cultiva le style de sa terre natale en lisant Dostoïevski, Gogol et Pouchkine. La famille Schmorell, qui vivait dans une villa à Harlaching, une banlieue aisée de Munich, semble avoir toléré l'« âme slave » d'Alex, sans pour autant partager son engouement. C'était un garçon talentueux ; il aimait la musique, les airs folkloriques russes, tragiques et gais, aussi bien que les grands classiques ; il jouait du piano et de la balalaïka. Il apprit à peindre et à sculpter ; il voulait devenir sculpteur, même s'il devinait que son père n'accepterait pas facilement sa vocation. Hugo voulait faire de ses fils d'honnêtes représentants de la moyenne bourgeoisie ; il voulait qu'ils deviennent médecins.

Alex avait accepté à contrecœur, et il en avait été généreusement récompensé par un argent de poche confortable et la liberté d'utiliser ses loisirs à sa guise, en s'adonnant à ses goûts pour l'art, les voyages, l'équitation, le ski et l'alpinisme – tous les passe-temps de la jeunesse dorée munichoise.

Il avait été élevé dans la confession orthodoxe, la foi de sa mère, et dès son plus jeune âge la personnalité d'Alex avait été marquée par un étrange mélange de gaieté, d'humour léger et de mélancolie. Il avait toujours eu des amis, et plus tard des petites amies, avait toujours pratiqué la création, les arts de la scène et les sports, et il était toujours en mouvement. En un sens, c'était un parfait représentant de la jeune élite munichoise ; la capitale bavaroise était un endroit idéal pour ceux qui étaient jeunes, éduqués et dont la famille était relativement à l'aise.

Mais il y avait quelque chose d'autre chez Shurik : il aimait vagabonder à la campagne ou arpenter la ville en solitaire, il aimait la compagnie des ouvriers agricoles, il aimait parler aux fermières, aux gitans et aux chemineaux. Il était attiré par les clochards, par ceux qui vivaient aux marges de la *Volksgemeinschaft*, la « communauté du peuple » fondée sur les liens du sang dont l'Allemagne nazie célébrait farouchement le caractère homogène. La marginalité devint pour lui l'expression de la liberté, une liberté qui sourdait de tous les livres de la littérature russe, de toutes les chansons et de tous les airs de la musique russe.

Instinctivement, il méprisait profondément les valeurs et les préceptes du Troisième Reich. Il ne s'agissait pas d'une aversion rationnelle, mais d'un dégoût beaucoup plus profond. Ce n'était même pas une question d'éthique et de justice ; il lui était tout simplement insupportable de vivre dans un monde gris et enrégimenté, peuplé d'hommes et de femmes en uniforme qui marchaient au pas. Peu avant que les nazis prennent le pouvoir, Alex avait fait partie de la Jeunesse de Scharnhorst, un groupe de jeunes de droite, mais il n'avait jamais embrassé cette cause avec enthousiasme et, après l'intégration de son association dans les Jeunesses hitlériennes en 1933, il cessa peu à peu d'assister aux réunions. Il ne connut jamais le bouleversement existentiel qui frappa Hans Scholl après le congrès du parti en 1936 ; sa vie n'était pas dominée par des convictions, mais par des instincts.

On peut imaginer qu'Alex avait été un enfant gâté, comme si la richesse et les cadeaux s'étaient substitués à la compréhension paternelle. Il avait du style, l'allure élégante d'un gentleman-farmer anglais, surtout quand il portait sa culotte et ses bottes d'équitation avec un vêtement à col roulé. On devine à certaines allusions qu'il était un peu le problème de la famille, le garçon qui se met dans le pétrin et qu'il faut aller tirer d'affaire avec l'argent ou les relations de papa. Un jour, alors qu'il était infirmier dans la Wehrmacht, il fut surpris habillé en civil au lieu de l'uniforme qu'il méprisait. Il s'en tira grâce à son père et son oncle, qui avaient des contacts haut placés.

Il pouvait lui arriver de manquer de manières, de se montrer désinvolte, il était prodigue de son énergie, de ses talents et de ses affections, et il n'y avait en lui aucune prudence ; il ne comprenait tout simplement pas ce que cela signifiait de se comporter raisonnablement.

Lorsque Alex rencontra Hans à l'automne 1940, à l'université de Munich, il avait participé aux premières étapes de la conquête de l'Europe par Hitler. Après avoir effectué son service national du travail en 1937, sur le chantier de l'une des *Autobahnen*, il avait été infirmier dans les unités allemandes qui avaient marché sur l'Autriche pour « réintégrer » ce pays dans le Reich. Il avait également servi en Tchécoslovaquie en 1938 et en France en 1940, comme Hans, mais ils n'avaient pas eu l'occasion de se croiser.

Au début de sa carrière militaire, Alex avait connu une grave crise émotionnelle. Il lui fallait prêter le serment d'incorporation et jurer une loyauté absolue à Adolf Hitler. Il n'en fut pas capable, et connut un moment de désespoir. Finalement, il alla voir son commandant et, aussi incroyable que cela puisse paraître, lui expliqua qu'il ne pouvait pas prêter serment, demandant à être libéré de ses obligations militaires. Sa demande fut rejetée, mais, étonnamment, on ne lui en tint pas rigueur. L'officier était peut-être du genre compréhensif. En fait, il y avait beaucoup plus d'âmes sensibles dans les unités médicales que dans les autres, et c'est l'une des raisons pour lesquelles les futurs conspirateurs purent se rencontrer.

Après avoir formulé son refus de prêter serment, Alex se sentit mieux. Même s'il était contraint de servir, il avait le sentiment d'être libéré des paroles du serment. Plus tard, lorsque la guerre avec la Russie commença, il jura à ses amis que jamais, de sa vie, il ne tirerait sur un Russe. Il fut assez heureux, sur le front, pour ne pas avoir à se poser la question.

À l'automne 1940, il était de retour à Munich pour préparer son *Physikum*, l'examen d'entrée à l'université. Il put à nouveau vivre chez son père, suivre des cours de sculpture, assister à des concerts. C'est à cette époque qu'il rencontra Hans, qui appartenait à la même unité médicale. Tous deux détestaient l'armée et les nazis, et leurs personnalités, si différentes à bien des égards, se complétaient : l'homme en pardessus et le vagabond, tous deux de passage sur une scène qu'ils trouvaient absurde et barbare.

Ils bûchèrent ensemble leurs examens, les réussirent, et Hans devint peu à peu un habitué de la villa Schmorell, invité aux « soirées de lecture » qu'Alex organisait de temps à autre dans la résidence familiale. C'est par l'intermédiaire d'Alex que Hans rencontra deux autres membres importants de la Rose blanche. Lors d'une de ces soirées, Shurik lui présenta Christoph Probst, que l'on appelait Christel, un ami de ses années de lycée. Un autre soir, lors d'une représentation des *Concertos brandebourgeois*, ils croisèrent Traute Lafrenz, qu'Alex avait rencontrée à Hambourg, lors d'un bref séjour d'études.

Au printemps 1942, ces amitiés s'étaient renforcées. Hans et Traute avaient noué une relation passionnée et tumultueuse, si épuisante que Hans avait parfois l'air complètement absent. La Russie avait été envahie un an plus tôt, les raids aériens sur les villes allemandes s'intensifiaient et la vie y devenait de plus en plus morne et déprimante.

C'est à ce moment-là qu'Alex et Hans, peut-être avec l'assentiment de Christel Probst, décidèrent que le temps était venu de passer à l'action.

Willi Graf fut une recrue tardive, le dernier à rejoindre le groupe avant l'arrivée de Sophie. Il était aussi l'outsider ; quelle que fût ensuite la profondeur de son implication, quelque périlleux que fussent les actes qu'il allait commettre, il y aurait toujours un sentiment de distance entre lui et les autres.

Contrairement aux autres, Willi était un catholique très dévot, un jeune homme discret et taciturne qui mettait constamment sa foi à l'épreuve. Derrière son effacement et son manque d'aisance en société, il était tourmenté par des doutes – sur lui-même, sur la notion de résistance en temps de guerre, et parfois, peut-être, dans une région désolée et secrète de son cœur, sur Dieu lui-même.

Willi avait grandi à Sarrebruck, tout près de la frontière française ; en 1942, il avait 24 ans. Son père, grossiste en vins, exigeait de ses enfants des manières strictes et pieuses ; la chaleur et la tendresse de sa mère avaient adouci cette sévérité. Dès son enfance, l'Église avait joué un rôle primordial dans la vie de Willi ; même à l'école, la religion était son principal centre d'intérêt, avec les arts, la poésie et la musique. Il ne s'était jamais intéressé aux affaires publiques ou à la politique : sa révolte, quand elle se développa, n'était pas de cette nature.

Willi Graf fut ainsi le véritable *Einzelgänger* de la Rose blanche. Il aspirait plus que tous les autres à une amitié profonde et durable. Il y avait quelque chose de terriblement exigeant et douloureux dans ses attentes à l'égard de ses amis. Quand Hitler avait pris le pouvoir, Willi avait à peine 15 ans ; il fit une liste de tous ses amis, puis raya les noms de ceux qui avaient rejoint les Jeunesses hitlériennes et cessa définitivement de les fréquenter.

Comme les autres, lors des vacances scolaires il partait des semaines entières en randonnée à la campagne ou à l'étranger. Il était membre de l'Ordre gris, l'un de ces groupes de jeunes catholiques « non autorisés et illégaux », dont les membres avaient été victimes de rafles en 1937 et 1938. Il fut arrêté à l'université de Bonn, interrogé et relâché quelques semaines plus tard. Cette expérience renforça son dégoût pour le régime et le convainquit qu'Hitler et ses hommes étaient l'incarnation du mal.

En 1939, Willi était médecin ; il servit en Pologne, puis en Russie après l'invasion de 1941, et soigna les soldats au beau milieu des batailles. Ce qu'il vit le bouleversa profondément : ce n'était pas seulement le sang et la souffrance des blessés, mais l'indicible cruauté et la brutalité de ses compagnons d'armes face à des populations conquises et désarmées. « J'aimerais ne jamais avoir vu tout ce dont j'ai été témoin ces derniers jours », écrivit-il de Russie à sa sœur Anneliese.

La structure de son univers, ses fondements théologiques furent ébranlés : que pouvait-il faire ? Comment se comporter face à un raz de marée de terreur sanguinaire ? « Être chrétien, écrivit-il, est peut-être ce qu'il est le plus difficile de devenir dans la vie. Nous ne sommes jamais chrétiens, et ce n'est peut-être que dans la mort que nous pouvons, dans une faible mesure, y parvenir. » Ses journaux sont laconiques, presque cryptiques, mais submergés d'une angoisse sourde. Il vit des femmes, des enfants et des vieillards russes chassés de leurs maisons par les troupes allemandes ; dans un village, il ne restait plus qu'un chat et quelques fleurs. Il en prit soin.

Très affecté par des expériences qu'il ne confiait qu'à sa sœur et à son journal, il fut transféré à Munich, dans la deuxième compagnie d'étudiants de l'école Bergmann, où il rencontra Hans et Alex et, par leur intermédiaire, Christel Probst, pour lequel il éprouvait une vive admiration.

À Munich, la vie de Willi devint beaucoup plus facile. Il prenait des leçons d'escrime, lisait constamment, chantait dans la chorale de Bach, et surtout, il avait des amis – ses anciens camarades de l'Ordre gris, mais aussi le nouveau groupe, plus animé, qui s'était formé autour de Hans et d'Alex. Mais il restait hanté par les scènes qui s'étaient déroulées en Russie.

Ce tourment ne le quitta jamais et, lorsque Hans et Alex, quelque temps après l'arrivée de Sophie, le mirent dans le secret de la conspiration, de la production de tracts clandestins, il ne put se résoudre à prendre une décision. Tout en lui criait de détruire le tyran et le mal dont il était témoin, mais il ne pouvait ignorer les questions éthiques soulevées par les actes illégaux, et par les péchés qu'il fallait commettre dans ce combat à la vie, à la mort.

Il lui fallut des semaines pour se décider. Cette période fut sans doute une nouvelle épreuve spirituelle pour Willi Graf, car au fond de son être il était terriblement isolé. Même après avoir accepté de s'engager dans l'action clandestine, même après avoir partagé une autre affectation en Russie avec Hans et Alex et d'autres amis – cette fois, heureusement, il n'était pas seul – et même lorsqu'il assuma de prendre les plus grands risques, il ne cessa jamais de douter.

Franchir la ligne : voilà ce que Willi Graf dut faire encore et encore, et ce ne fut jamais facile.

7

Les premiers tracts de la Rose blanche furent distribués à Munich à la mi-juin 1942. Quatre furent publiés, l'un après l'autre, comme une rafale de rage, de soufre et de citations littéraires. Et aussi vite qu'ils étaient apparus, ils disparurent.

La ville n'avait rien connu de tel depuis des années ; il fallait peut-être remonter aux quelques mois qui avaient suivi la prise du pouvoir par Hitler pour trouver des tracts antinazis aussi longs et aussi passionnés. Ils étaient dactylographiés en simple interligne, sur une feuille de papier recto verso, ronéotypés, pliés et introduits dans des enveloppes avec des noms et des adresses soigneusement dactylographiés, et envoyés par la poste à des personnes dans toute la ville.

Quelques centaines de tracts, au moins, furent remis à la Gestapo par les personnes qui les avaient reçus. La police commença à voir émerger un modèle : les tracts avaient été dispersés dans l'université, mais pas en grand nombre. La plupart avaient été envoyés individuellement à des universitaires, à des fonctionnaires et – curieusement, du point de vue de la Gestapo – à des gens qui n'exerçaient pas des professions intellectuelles, des restaurateurs ou des cafetiers. Pour les services de sécurité de l'État, les tracts étaient particulièrement mal venus à Munich, la « capitale du mouvement » (nazi) ; ils étaient le symptôme d'une baisse de moral et témoignaient en outre d'une certaine planification stratégique de la part des auteurs. Il n'était pas facile de remonter le fil d'envois par la poste, et on ne savait pas dans quelles boîtes à lettres ils avaient été déposés ; il aurait été beaucoup plus simple pour la Gestapo de coincer les gens dans les cabines téléphoniques où ils collaient des affiches, ou de les repérer en train de dessiner des graffitis antinazis sur les murs des toilettes publiques.

Après une enquête de quelques semaines, les autorités conclurent que les tracts étaient destinés aux « classes instruites », ce qui en soi était inhabituel, et que leur ou leurs auteurs demeuraient « inconnus ».

Du point de vue des auteurs, la situation était un peu plus compliquée. Le moment de la publication des tracts pouvait sembler habilement choisi, mais en fait il signalait simplement que l'organisation avait atteint le stade opérationnel, plutôt que d'une attaque intelligemment planifiée sur la psyché allemande à un moment où elle était vulnérable.

En cet été 1942, l'Allemagne continuait à gagner des batailles. La poussée en Russie s'accentuait et Rommel remportait des succès en Afrique du Nord. Mais il était clair désormais que la guerre allait s'installer dans la durée. Pour préparer la population à cette perspective, le ministre de la Propagande, Goebbels, avait fait réaliser par Veit Harlan un nouveau film, *Der Grosse König* (« Le grand roi »). Officiellement consacré au souverain prussien Frédéric le Grand, il présentait en fait une nouvelle image d'Adolf Hitler, non plus comme un porte-parole populiste mais comme un héros tragique et inaccessible, qui assumait seul le fardeau de la guerre ; cela expliquait, du reste, pourquoi on le voyait de moins en moins en public. « L'année sera dure et difficile, proclamaient les affiches du film, mais [...] tout homme qui aime et honore son pays doit s'impliquer de tout son être. »

Mais à la fin du mois de mai, les habitants de Cologne avaient subi une démonstration de force spectaculaire des Anglo-Américains. Plus d'un millier d'avions aux ailes argentées avait détruit presque toute la ville, et pas seulement les sections industrielles et les dépôts ferroviaires. D'autres raids massifs avaient frappé Hambourg, Lübeck, Düsseldorf, et les vagues argentées affluaient désormais vers le sud, se rapprochant de plus en plus de la ville de Munich.

La peur des dénonciations montait, ce qui empêchait les gens de partager leur mécontentement autrement que par des *Flüsterwitze*, ces « plaisanteries à voix basse », alors très répandues. « Savez-vous qu'à l'avenir, on n'arrachera plus les dents que par le nez ? Pourquoi ? Parce que plus personne n'ose ouvrir la bouche. » Cette saillie répondait au discours prononcé par Hitler à la fin du mois d'avril, dans lequel il réclamait des peines plus sévères et menaçait de démettre de ses fonctions « tout juge qui ne sait manifestement pas ce que l'époque exige ».

L'apparition des tracts montrait que Hans Scholl et Alex Schmorell avaient commencé à agir, peut-être après avoir discuté et planifié leur campagne avec Christoph Probst. Chacun des étudiants en médecine gagnait 250 Reichsmarks par mois (plus que le travailleur allemand moyen) et, en mettant en commun leurs économies, complétées d'une partie des fonds qu'Alex recevait de son père, ils avaient pu acheter une ronéo dans un magasin des faubourgs, pour un prix exorbitant. Alex avait également fourni la machine à écrire et il s'était procuré du papier d'impression spécial, des stencils, des enveloppes et des timbres, toujours par petites quantités. Une de leurs connaissances, un architecte nommé Manfred Eickemeyer, leur avait permis d'utiliser son studio à Schwabing, en leur donnant accès à sa cave pour l'impression et le stockage.

Tout était en place : il ne restait plus qu'à rédiger les tracts. Le choix du nom de la Rose blanche reste obscur, même si l'on comprend qu'il était destiné à représenter la pureté et l'innocence face au mal : il s'agissait d'un symbole poétique ou artistique, plutôt que politique. Plus tard, lors d'un interrogatoire de la Gestapo, Hans dirait qu'il avait trouvé ce nom dans un roman espagnol. En fait, il existait bien un roman intitulé *La Rose blanche*, consacré à l'exploitation paysanne au Mexique. Il avait été écrit par le mystérieux auteur allemand B. Traven (l'auteur du *Trésor de la Sierra Madre*). Il avait été publié à Berlin en 1931, et il était possible que Hans et Alex l'eussent lu ; mais rien ne permet de l'affirmer.

Hans et Alex rédigeaient chacun de son côté un projet de texte, puis ils se réunissaient, chacun lisait ce que l'autre avait écrit, ils en discutaient, et Hans prenait les décisions éditoriales. C'est à lui qu'on peut attribuer la plupart des écrits.

Le premier tract, un texte rugissant de colère, fit son apparition dans les boîtes aux lettres de Munich :

> [...] chacun doit accepter consciemment sa responsabilité en tant que membre de la civilisation occidentale et chrétienne, en cette heure décisive ; il doit s'armer du mieux qu'il peut pour travailler contre le fléau de l'humanité, contre le fascisme et toutes les autres formes d'État absolu. Adoptez la résistance passive, la *résistance*, où que vous soyez, bloquez le fonctionnement de cette machine de guerre athée avant qu'il ne soit trop tard, avant que la dernière ville ne soit un tas de décombres comme Cologne, et avant que le dernier jeune de notre nation perde sa dernière goutte de sang à cause de l'*hybris* d'un sous-homme. N'oubliez pas que chaque peuple a l'État qu'il mérite !

Le tract cite ensuite assez longuement les écrits de Schiller sur les lois de Lycurgue et de Solon, ainsi que le poème de Goethe « Le réveil d'Épiménide ». Il se termine par un appel : « Liberté ! Liberté ! », et une note demandant au lecteur de reproduire et transmettre le tract.

Ce premier essai passe de la rage à l'admonestation, à la poésie grandiloquente sur l'individu et l'État, puis à l'appel final à la liberté. Il est peu structuré, confus, décousu, et touchant.

Des effets commençaient à se produire.

Sophie ne savait rien de la Rose blanche et de la campagne qui venait d'être lancée. Un peu plus d'un mois après son arrivée à Munich, des rumeurs circulèrent : de la littérature antinazie était apparue à l'université. Lire un tel tract sans le signaler à la Gestapo était un crime. L'excitation et la nervosité régnaient parmi les étudiants ; certains rendirent les tracts, mais ils ne furent pas les plus nombreux.

Un jour, en cours, Sophie remarqua une feuille ronéotypée qui traînait sous un bureau ; elle la ramassa. « Rien n'est plus indigne d'un peuple cultivé, lut-elle, que de se laisser "gouverner" sans résistance par une clique dirigeante irresponsable animée par les instincts les plus sombres. » Elle ressentit un frisson soudain et jeta un coup d'œil autour d'elle. « L'État n'est jamais une fin en soi. Il n'a d'importance que comme moyen permettant à l'humanité d'atteindre son but, qui n'est rien d'autre que le développement des capacités constructives de l'homme. »

À présent, elle savait que d'autres, à l'université, pensaient comme elle ; ces inconnus se nommaient « *Die Weisse Rose* », la Rose blanche, et ils agissaient. Mais il y avait quelque chose dans ces mots... Elle plia rapidement le tract, le glissa dans son cahier, et se rendit dans la chambre de son frère pour le lui montrer.

Hans n'était pas là. Elle commença à feuilleter la pile de livres qui se trouvait sur son bureau. Un vieux volume de Schiller s'ouvrit sur une page pleine de phrases soulignées au crayon : « Si un État particulier entrave le progrès de l'esprit, il est répréhensible et corrosif. Plus il dure, plus il est corrosif. » En tournant les pages, elle retrouva les passages cités dans le tract, mot pour mot, soulignés.

Elle tenait à peine debout.

Lorsque Hans entra, elle lui demanda la vérité ; il nia d'abord toute implication, comme il l'avait déjà fait auprès de Traute Lafrenz. Alex et Christel arrivèrent, et, pour Sophie Scholl, ce fut l'heure de vérité. Comme toujours, ses pensées tournaient autour de la guerre, de son cadet Werner et de Fritz, tous deux au front. Mais elle s'en voulait de plus en plus d'être restée là sans rien faire d'autre que « ressentir ». Peu de temps auparavant, elle avait choqué Fritz en refusant de donner des pulls et des gants au fonds de secours d'hiver pour les hommes au front : « C'est la même chose si ce sont des soldats allemands ou des Russes qui gèlent, et c'est tout aussi tragique, lui avait-elle écrit. Nous devons perdre cette guerre. Si nous donnons des lainages maintenant, nous ne faisons que la prolonger. »

À présent, elle faisait face à son frère aîné, ce garçon intense et déterminé qui avait franchi la ligne invisible. Son tourment intérieur dut être presque insupportable. Elle parla à Hans, devant Alex et Christel, des risques terribles qu'il prenait. Elle lui reprocha d'alourdir le fardeau de la famille : Werner en Russie, leur père en attente d'une condamnation à une peine de prison, le cœur de leur mère qui finirait par lâcher sous l'effet de la pression. Et chacun des membres de la famille avait maintenant un dossier à la Gestapo.

Hans tenta de la rassurer, et ses amis le défendirent. Alex dit à Sophie que leur action n'était pas irréfléchie, que le choix des destinataires des tracts était plus ou moins aléatoire et qu'il n'y avait aucun moyen de les relier, Hans et lui, à l'opération. Christel parla d'agir pour un bien supérieur, et Hans, lui aussi, finit par dire qu'au nom des intellectuels allemands dont l'ossature morale avait été brisée en 1933, ils n'avaient d'autre choix que d'agir.

Elle savait, malgré sa peur, malgré sa terreur, qu'aucun retour en arrière n'était possible. « Mettez en pratique la Parole, et ne vous bornez pas à l'écouter », disait son épître préférée. Ils avaient franchi le pas, ils avaient choisi la seule voie possible. Elle allait maintenant les rejoindre.

8

Munich était, et est toujours, une ville profondément catholique. Les églises sont partout, des églises reconstruites de style gothique, baroque, rococo, néoclassique, témoignant des courbes et des méandres du fleuve de l'histoire catholique. Au détour d'une ruelle médiévale, on tombe sur un de ces édifices se dressant vers le ciel, comme la Frauenkirche, dont les dômes jumeaux dominent toujours la ville dont elle est le symbole. Ou bien on découvre, au milieu des voitures qui font crisser leurs pneus et des piétons pressés, un bijou de chapelle rococo, ornée et délicate. Les églises sont nombreuses, dans le quartier commerçant du centre-ville, dans les quartiers résidentiels, dans les vastes banlieues et dans chaque ville et village de la campagne de Haute-Bavière. Leurs intérieurs sont illuminés par des autels de style rococo bavarois et des vierges dorées, qui contrastent avec la froideur de leurs murs blancs. Même dans les plus sombres jours d'hiver, on y trouve des fleurs fraîches, offrant silence, parfum et couleur aux fidèles et aux passants en quête de repos.

L'Église imprègne l'air de Munich, que l'on soit catholique ou non. La plupart des membres de la Rose blanche n'étaient pas catholiques, ou du moins pas vraiment pratiquants, mais les courants intellectuels et émotionnels antinazis associés au catholicisme ont contribué à façonner leur idée de la résistance.

L'Église catholique romaine, comme la plupart des institutions en Allemagne, entretint dès le début des relations ambiguës avec les hommes du Troisième Reich. Le 20 juillet 1933, moins de six mois après avoir pris le pouvoir, Hitler signait un concordat avec le Vatican. Il s'agissait d'une avancée diplomatique majeure, à un moment où il était encore considéré comme un paria par les hommes d'État du monde entier. L'accord, qui pour les deux parties s'apparentait à un mariage de raison, permettait aux catholiques allemands de pratiquer leur foi sans être inquiétés, mais interdisait à l'Église toute activité empiétant sur le fonctionnement de l'État. Il privait ainsi les organisations de jeunesse catholiques comme la Nouvelle Allemagne, à laquelle appartenait alors Willi Graf, du droit de porter leurs propres uniformes, d'organiser des excursions à la campagne, d'imprimer ou de distribuer leurs propres journaux, ou de mener le moindre projet qui ne fût pas directement contrôlé par les autorités de l'État et du parti.

L'Église consentit à cet accord afin de protéger son clergé contre le harcèlement et les arrestations, ce qui s'avéra illusoire. Des milliers de prêtres, de religieuses et d'employés laïcs furent arrêtés pour « immoralité » ou pour « avoir fait circuler des devises étrangères », une accusation fallacieuse souvent utilisée par les nazis dans leur inlassable chasse aux dissidents. Mais l'accord avec les nazis avait un motif plus profond et plus fervent : la hiérarchie officielle offrait à Hitler un soutien tacite à sa politique officiellement anticommuniste, tant en Allemagne que dans les affaires internationales.

Les nationaux-socialistes n'étaient pas des partenaires faciles ni agréables. Tout au long des années 1930, comme leur pouvoir allait croissant tant à l'intérieur qu'à l'extérieur du pays dans un festival de triomphes diplomatiques, économiques et psychologiques, le mépris latent du parti pour la religion et les institutions ecclésiales se manifesta d'une façon de plus en plus brutale. Les prêtres qui s'exprimaient ouvertement étaient envoyés en prison, la Gestapo violait le secret de la confession, les publications catholiques étaient censurées, certaines interdites, et des monastères et des couvents furent contraints de fermer leurs portes.

Le cardinal Michael von Faulhaber, archevêque de Munich-Freising, incarnait bien l'ambivalence de la plupart des ecclésiastiques à l'égard du Troisième Reich. Nationaliste conservateur et ardent défenseur de la cause allemande lors de la Première Guerre mondiale, il avait été nommé archevêque de Munich en 1921. Comme la plupart des dirigeants ecclésiastiques, intellectuels et militaires allemands, il n'avait jamais soutenu ni la république de Weimar ni ses efforts pour mettre en place des institutions démocratiques ; en fait, il était de ceux qui avaient plaidé, avec succès, pour que les envoyés du pape Pie XI s'assoient à la table des négociations avec les représentants d'Adolf Hitler. Mais le cardinal s'employait discrètement à atténuer les excès des nazis, il plaidait en faveur des prisonniers des camps de concentration et sa voix fut parfois entendue.

La persécution des catholiques ne cessait pas. Quatre ans après la prise de pouvoir par les nazis, le 4 novembre 1936, le cardinal fut reçu par le Führer dans sa spectaculaire retraite alpine d'Obersalzberg. Cette rencontre qui dura trois heures était en fait un avertissement : « L'Église catholique ne doit pas s'illusionner, déclara Adolf Hitler au cardinal. Si le national-socialisme ne parvient pas à vaincre le bolchevisme, l'Église et le christianisme sont finis en Europe. Le bolchevisme est l'ennemi mortel de l'Église comme il l'est du fascisme. »

Même si la hiérarchie de l'Église était fondamentalement d'accord sur ce point, en mars 1937 elle finit par se sentir obligée d'élever la voix. Le pape Pie XI publia une encyclique, *Mit brennender Sorge* (« Avec une inquiétude brûlante »), accusant l'Allemagne nazie de violer le concordat et d'être en passe de déclencher des « guerres de religion destructrices ».

La Nuit de cristal, le 9 novembre 1938, troubla les fidèles de toutes les Églises d'Allemagne, effarés devant la rupture de l'ordre civique et le spectacle des juifs que l'on rassemblait dans les rues, que l'on battait, sur lesquels on crachait, qu'on emmenait de force ; ils virent des SA et des SS habillés en civil détruire leurs boutiques et leurs maisons et incendier les synagogues. La police ne faisait rien pour les arrêter. La famille Scholl se souviendrait de cette soirée avec une horreur muette et impuissante : la bête s'était révélée en l'homme, le temps des euphémismes et des rationalisations était révolu. Lorsqu'il apprit que le temple était en flammes, le cardinal Faulhaber envoya une camionnette au grand rabbin de Munich afin de l'aider à sauver les reliques sacrées.

Si tout au long des douze années du Troisième Reich des conflits éclatèrent par intermittence entre l'État nazi et l'épiscopat et les fidèles catholiques, en matière religieuse les nazis consacraient l'essentiel de leur énergie à la promotion d'une nouvelle Église d'État, issue de la confession majoritaire en Allemagne, l'Église protestante luthérienne.

Les chrétiens allemands, comme on les appelait, rejetaient les valeurs « hébraïques » de l'Ancien Testament et appelaient au réveil de « l'esprit nordique », valorisant la force sans la pitié. Le christianisme traditionnel était la religion des « malades et des faibles ». Avec Adolf Hitler comme nouveau messie, ils considéraient que leur foi et leur nation devaient être indissociables. « Soit nous avons un dieu allemand, soit nous n'en avons pas du tout, proclama en 1934 un porte-parole du Mouvement des chrétiens allemands. Nous, Allemands, avons été abandonnés par le Dieu chrétien. Ce n'est pas un Dieu juste et surnaturel, mais le Dieu d'un parti politique – et le parti des autres. C'est parce que nous avons cru en lui et non en notre Dieu allemand que nous avons été vaincus dans la lutte des nations. »

La nouvelle Église déchristianisa les rituels de la naissance, du mariage et de la mort, et elle tenta, sans beaucoup de succès, de transformer les coutumes de Noël, profondément ancrées, en une célébration du solstice d'hiver. L'antithèse de cette tentative primitive et maladroite de créer une religion nazie était la *Bekennende Kirche*, généralement appelée « Église confessante », mais qu'il conviendrait peut-être de nommer « Église professante ». Ce groupe de pasteurs luthériens se réunit pour la première fois en mars 1935 pour exprimer sa répulsion à l'égard de la « théologie » fasciste. Martin Niemöller, pasteur dans la riche banlieue berlinoise de Dahlem, était l'un des dirigeants qui animaient cette nouvelle Église. Lui aussi avait été un conservateur convaincu et il avait même servi comme capitaine de sous-marin pendant la Première Guerre mondiale. Avec un jeune pasteur, Dietrich Bonhoeffer, membre d'une famille prussienne distinguée, ils allaient devenir la force motrice de ce groupe, ce rocher du protestantisme qui s'érodait dangereusement dans une mer de haine.

L'Église confessante déclara publiquement et sans équivoque que « la nouvelle religion exige la croyance en une Allemagne éternelle à la place de la croyance au royaume éternel de notre Maître et Sauveur, Jésus-Christ. [...] Cette croyance insensée crée un dieu à partir de l'être humain et de son image. [...] Elle est anti-chrétienne. [...] Face à la tentation et au danger de cette religion [...] nous devons témoigner auprès de notre pays et de notre peuple. »

Cinq cents pasteurs ayant lu ces paroles en chaire furent arrêtés. En 1939, au moment où Hitler était prêt à entrer en guerre, ce groupe de pasteurs opiniâtres avait été presque entièrement réduit au silence. Martin Niemöller avait été arrêté, jugé et emprisonné. À sa libération, il avait été emmené par la Gestapo et placé dans le camp de concentration de Sachsenhausen, puis dans celui de Dachau ; il serait libéré par les Alliés en 1945. Dietrich Bonhoeffer, lui, finirait dans la résistance allemande ; ses efforts clandestins pour négocier la paix avec les Alliés, à condition que les militaires puissent assassiner Hitler, aboutiraient à son arrestation en avril 1943 et à son exécution en avril 1945, peu avant que les Alliés n'entrent dans le camp de concentration où il était emprisonné.

C'est ainsi qu'au cours de leur adolescence et au début de leur maturité, les membres de la Rose blanche avaient été témoins de l'étouffement de toutes les voix de protestation morale. Ils avaient vu leurs propres églises devenir silencieuses et rigides à mesure que l'esprit qui les animait s'évanouissait sous l'empire de la force brute.

Une nouvelle attaque contre les églises eut lieu à un moment où les nazis étaient au sommet de leurs victoires militaires et que leur popularité atteignait son maximum, entre juin 1940 et l'invasion de la Russie en juin 1941. Au cours de cette année de triomphes incessants, ils s'attaquèrent à la Bavière catholique, une initiative que même les fervents défenseurs du Führer finirent par juger contre-productive. En avril 1941, le *Gauleiter* de Haute-Bavière et de Munich, Adolf Wagner, qui occupait également le poste de ministre bavarois de la Culture, annonça que les crucifix seraient désormais interdits dans les écoles. La réaction fut violente – pour des Allemands sous le nazisme. Les écoles des zones rurales se mirent en grève, des parents furieux (dont certains n'avaient jamais visité l'école de leurs enfants) organisèrent des réunions, écrivirent et signèrent sans hésiter des lettres de protestation. Les gens n'avaient pas peur de s'exprimer. Dans certains villages des Alpes, des paysans entrèrent dans les écoles et jetèrent par les fenêtres les photos d'Adolf Hitler qui étaient affichées dans chaque classe.

Tout le monde s'accorda à dire que c'était une décision stupide, prise par un *Gauleiter* exceptionnellement idiot et dépourvu de sens politique ; Hitler et ses acolytes ne toléraient Wagner que parce qu'il était l'un des loyaux « vieux soldats », qui avaient participé au moment légendaire de la création du mouvement, lorsque les chemises brunes nazies de Munich se battaient avec les socialistes, les communistes et même parfois avec la police, à l'époque de la « décadence » sous la république de Weimar. Adolf Wagner était si loyal à Adolf Hitler qu'il lui ressemblait même physiquement ; et lorsqu'il parlait à la radio, certains auditeurs croyaient avoir entendu le Führer à l'improviste. Celui-ci, tout loyal qu'il fût lui aussi à son vieux compagnon, annula son décret sur le crucifix. Une chose apparut clairement au cours de cet épisode : les Bavarois pouvaient accepter la persécution des juifs et l'écrasement de toute opposition politique, ou du moins détourner le regard lorsque cela se produisait, mais lorsqu'on touchait à leurs traditions religieuses, ils étaient prêts à se battre.

Vers la fin de cette période, au cours de l'été 1941, des rumeurs commencèrent à se répandre dans tout le pays, à propos de programmes secrets dans des hôpitaux psychiatriques et d'autres institutions ; et ces rumeurs évoquaient des meurtres. L'idée de purifier la race, de prévenir les malformations physiques héréditaires et autres « excroissances cancéreuses » qui déformaient la communauté du *Volk* n'était assurément pas nouvelle dans le Troisième Reich. L'une des premières lois adoptées par les nationaux-socialistes s'intitulait « Prévention des maladies héréditaires de la progéniture » ; elle avait été promulguée le 14 juillet 1933, six jours avant que le Vatican ne signât le concordat avec Hitler. Parmi les personnes à stériliser figuraient les maniaco-dépressifs, les infirmes, les épileptiques et les personnes atteintes d'une forme héréditaire de cécité. Les décisions de stérilisation étaient prises au niveau local et les appels ne pouvaient être transmis qu'à des « tribunaux eugéniques » spéciaux. Mais jusqu'à la guerre, on n'avait pas osé instituer la mise à mort des « déficients » mentaux et physiques. Alors que les troupes allemandes envahissaient la Pologne et la Russie, la population prit peu à peu conscience que les « bouches inutiles » étaient « éliminées » – ce vocabulaire faisait déjà partie des programmes scolaires et de la vie bureaucratique, pour désigner les juifs, les Tziganes et les homosexuels, ainsi que les malades mentaux, les handicapés physiques, les malades incurables et les personnes âgées.

Dans tout le Reich, des familles se racontaient des histoires arrivées à des amis, des voisins ou des collègues qui avaient des proches dans des maisons de retraite ou à l'hôpital, et qui avaient reçu des lettres officielles annonçant la « mort subite » du patient. Sur le ton péremptoire habituel, le message bureaucratique demandait aux familles de venir immédiatement chercher l'urne « sous peine qu'elle soit détruite ». Et comme d'habitude, les lettres laissaient entendre que la bureaucratie, l'État, faisait une faveur aux familles.

En août 1941, pas moins de 80000 Allemands avaient été assassinés dans le cadre du programme d'euthanasie. Dans de nombreux cas, ils avaient en outre été soumis à des expériences menées par des médecins formés dans les écoles de médecine et les universités ; ces médecins avaient essayé toute une gamme de poisons, de gaz et d'injections pour voir lesquels agissaient le plus rapidement et le plus efficacement – c'était l'aspect « humain » du programme. Les SS fournissaient des « camionnettes à gaz » scellées, dans lesquelles on pompait les gaz d'échappement du moteur. Ce programme allait servir de modèle au génocide du peuple juif.

La famille Scholl eut plus de détails sur le programme d'euthanasie grâce à une sœur protestante, une amie de Mme Scholl qui avait elle-même été infirmière religieuse pendant la Première Guerre mondiale. Cette sœur travaillait dans un foyer voisin pour enfants déficients mentaux. Horrifiée, elle raconta à Magdalena Scholl ce qui s'était passé dans ce foyer. Un jour, les SS étaient arrivés avec un convoi de camions. Ils avaient pénétré dans le bâtiment et avaient commencé à pousser tous les enfants dans les fourgons. Les sœurs étaient restées bouche bée, totalement à la merci des hommes en noir, qui étaient armés. Les enfants ne comprenaient pas ; ils étaient en pleine confusion mais n'avaient pas peur. Ils demandèrent aux sœurs où ils allaient. L'infirmière en chef répondit d'un ton désespéré : « Vous allez au paradis. » Les enfants rirent de joie, et en s'éloignant à bord des camions, ils agitèrent la main.

Le Dr Wurm, évêque de l'Église luthérienne du Wurtemberg, dans le sud-ouest du pays, adressa une lettre de colère au ministre de l'Intérieur du Reich, Wilhelm Frick. Il écrivit que la population locale voyait de la fumée s'élever du crématorium situé près de la maison de retraite de Marbach. Celle-ci abritait des blessés de la Grande Guerre, des épileptiques et « d'autres personnes capables de travailler ». L'évêque catholique du Limbourg adressa lui aussi une protestation au ministre de la Justice, dont il envoya une copie au ministre Frick ; il y évoquait les meurtres perpétrés à Hadamar, un établissement de soins où quelque 10000 personnes étaient mortes. Il racontait qu'en voyant passer les bus de l'hôpital dans leur village, les enfants de la région disaient : « Voilà le convoi des assassinés. » Quand ils jouaient, ils se moquaient les uns des autres en disant que celui qui ne se comportait pas bien serait emmené dans les « fours ».

L'évêque catholique de Münster, Clemens August, comte von Galen, ne pouvait plus contenir son indignation. Il critiquait les nazis depuis longtemps et, dès 1934, s'était élevé contre leur politique raciale. En juillet 1941, il prêcha dans son église et tonna contre un programme qui allait « à l'encontre des commandements de Dieu, de la loi de la nature et du système jurisprudentiel allemand ». Il criait : « Ce sont nos frères et nos sœurs ! » et demanda à ses fidèles comment ils comptaient vivre si la productivité économique était le critère de mesure de leur durée de vie. Plus personne n'est en sécurité, nota-t-il, avant de demander qui pouvait encore faire confiance à son médecin.

L'évêque s'insurgeait aussi contre la saisie des monastères, des couvents et des églises, et alertait le peuple qu'il existait un « ennemi intérieur », à savoir la Gestapo. Mais, ajouta-t-il, rien ne doit être fait par la force. Le seul moyen est « l'opposition spirituelle et morale ». Ses ouailles devaient « rester fortes, être inébranlables ».

Les sermons de Mgr Galen, transcrits et reproduits, commencèrent à circuler dans tout le pays, apparaissant dans les boîtes aux lettres des particuliers, et pas seulement chez les catholiques. Un jour, un exemplaire arriva chez les Scholl, dans une enveloppe sans expéditeur. C'était une incroyable voix de courage dans l'obscurité : qu'un homme d'Église ait osé parler et que d'autres aient osé noter ses mots et les diffuser dans tout le pays était un événement dont l'importance ne peut être pleinement comprise en dehors du temps et du lieu où il s'est déroulé. Hans Scholl se trouvait alors à Ulm, après avoir servi dans l'armée d'occupation en France ; il était déjà étudiant en médecine à l'université de Munich. Il lut et relut le sermon. « Enfin, quelqu'un a le courage de parler, dit-il à sa famille, avant d'ajouter : Et tout ce qu'il faut, c'est une ronéo. »

Les nazis avaient le choix : arrêter Galen et les quelques-uns qui protestaient, ou arrêter le massacre. Ils choisirent la seconde option. L'« euthanasie » fut officiellement arrêtée. Mais pendant toute la guerre, des personnes présentant des « défauts » continuèrent de disparaître, y compris des bébés de travailleurs forcés polonais et russes. Galen fut épargné, mais ce n'était que partie remise : Joseph Goebbels promit à ses amis que l'évêque serait pendu dès la victoire finale.

Ainsi, alors que l'armée allemande enchaînait les victoires dans les plaines de Russie, il restait encore de petites poches de colère et des niches de dissidence dans le Troisième Reich, et notamment à Munich. Des jeunes gens comme Hans Scholl et Christoph Probst, qui n'étaient catholiques ni l'un ni l'autre, avaient commencé à se tourner vers des écrits théologiques et philosophiques pour trouver des moyens de faire face à la barbarie qui montait. Ils ne comprenaient pas comment leur pays avait pu tomber dans ce gouffre de terreur et de boucherie ; l'héritage d'une autre Allemagne était encore fort en eux. Ils trouvèrent des repères – et d'une certaine manière, purent s'identifier aux auteurs – dans les *Confessions* de saint Augustin, dans les œuvres de saint Thomas d'Aquin, qui justifiait indirectement le « meurtre des tyrans », et chez les écrivains catholiques français tels que Blaise Pascal et Paul Claudel. S'ils avaient vécu en Prusse, ils se seraient peut-être tournés vers d'autres auteurs et d'autres perspectives confessionnelles, mais à Munich et dans le Sud, il semblait naturel de chercher des réponses dans le corpus de la pensée catholique, qui était disponible immédiatement.

La rage de Hans, la terrible confusion de Willi et le sentiment d'impuissance de Christoph n'avaient cessé de croître au fil des années. La guerre n'avait pas encore commencé, la Nuit de cristal n'avait pas encore eu lieu, lorsque Hans exprima son profond dégoût pour les habitants de Vienne, face à leur jubilation extatique lorsque les forces hitlériennes marchèrent sur leur ville le 12 mars 1938, pour annexer l'Autriche au Reich. « Je ne comprends pas les gens », écrivit Hans dans son journal après avoir écouté les hurlements des masses à la radio ; il avait alors 19 ans. « Je veux aller dans une plaine immense et vide et être complètement seul. »

En temps ordinaire, à l'exception de Willi Graf, ces jeunes gens ne se seraient peut-être pas tournés vers la religion. Mais c'était une époque extraordinaire ; le monde allait tout droit en enfer ; personne, à l'intérieur ou à l'extérieur de l'Allemagne, ne semblait pouvoir ou vouloir l'arrêter, et ils s'efforçaient avec chaque fibre de leur être de trouver un sens à la vie. Sans structure religieuse, c'était difficile ; sans Dieu, cela devenait impossible.

Christoph Probst n'était pas né catholique, mais il se ferait baptiser quelques minutes avant son exécution. Sa courte vie ressemble à une biographie de Tolstoï terriblement abrégée. Il passa d'un monde de sophistication urbaine, d'une famille de libres penseurs et d'intellectuels sensibles, à une atmosphère de simplicité rustique, de bébés turbulents et de foi austère dans le Dieu chrétien. Son père, Hermann Probst, était issu d'une famille de marchands et il avait de la fortune. Il avait pu consacrer une grande partie de son temps à la recherche scientifique ; c'était un esthète qui ne voulait pas être lié à des postes académiques ou de fonctionnaire. Dans les dernières années de sa vie, particulièrement attiré par les religions orientales, il étudia le persan et le sanskrit afin de pouvoir lire les textes classiques dans l'original.

La maison des Probst était remplie d'amis, de livres et d'idées qui tous allaient être chassés hors d'Allemagne après 1933. Les étagères étaient remplies de volumes sur le *Mahabharata* et la *Bhagavad-Gîtâ*. Parmi les amis d'Hermann Probst à Munich figuraient des artistes comme Paul Klee et Emil Nolde, qu'il avait présentés l'un à l'autre. Tous deux verraient plus tard leurs œuvres interdites, et Klee dut s'exiler. Nolde peignit le jeune Christel avec sa sœur Angelika ; le portrait de ces deux enfants profondément attachés l'un à l'autre était exposé en bonne place dans le salon des Probst.

Les parents de Christoph avaient divorcé quand les enfants étaient petits ; chacun s'était remarié et ils étaient restés en bons termes. Christel et Angelika furent envoyés dans des internats progressistes et libéraux de Bavière, et ils firent leurs humanités au *Gymnasium* de Nuremberg, puis de Munich – où Christel rencontra Alex Schmorell. Dans les années 1920, ces écoles s'étaient tenues à l'écart des enthousiasmes et du conformisme des divers mouvements de jeunesse pris dans la folie nationaliste. Même au milieu des années 1930, à l'époque où Christel était lycéen, beaucoup de ces établissements réussissaient à éviter de s'associer aux Jeunesses hitlériennes, et leurs élèves n'avaient pas à être gavés d'idéologie nazie.

Christel avait été formé non par une désillusion écrasante, comme Hans, ou par une révolte anarchiste, comme Alex, mais par les valeurs occidentales humanistes qui faisaient partie de sa vie quotidienne ; jusqu'en 1936, il avait été personnellement et intentionnellement protégé de la brutalité et de la terreur nazies. Mais l'année de ses 17 ans, son père, dépressif, s'était suicidé. Nous ne pouvons pas comprendre les réactions les plus intimes de Christel, mais indépendamment de ses propres sentiments et de son chagrin, nous savons qu'il essaya de réconforter sa belle-mère. La vie de cette dernière était désormais menacée ; elle était juive et ne bénéficiait plus de la protection d'un mari « aryen ». Mme Probst continua à vivre dans leur maison, dans un petit village des environs de Munich ; les villageois devaient avoir une grande estime pour elle, car ils essayèrent de faire en sorte qu'elle échappe aux abus et au harcèlement des nazis.

Christel aimait ses deux familles. Il n'exprima jamais de colère ou de ressentiment quant au divorce ou à ses années d'internat, quand bien même son enfance et son adolescence furent loin d'être ordinaires au regard des normes de la bourgeoisie allemande. Contrairement aux Britanniques, les Allemands envoyaient peu leurs enfants à l'internat. Christel, lui, vécut presque toute sa vie dans des dortoirs, et avec Angelika ils s'accrochèrent l'un à l'autre comme à un radeau de sauvetage. Il n'eut jamais de véritable foyer durable avant son mariage avec Herta Dohrn, à l'âge de 21 ans.

Il passa son baccalauréat en avance, à 17 ans ; il fit son service national du travail, puis entra à l'université. Il opta pour la médecine, un choix qui, au moins en partie, signifiait un acte de rejet des programmes de stérilisation nazis. En parallèle à ses études, il servit comme Alex, Hans et Willi en tant qu'infirmier dans l'armée – dans son cas, la Luftwaffe.

Grand, beau et athlétique, Christoph rayonnait d'une douceur et d'une gentillesse profondes, alliées à une curiosité intellectuelle, à une capacité d'introspection et à une étonnante maturité. Il n'avait jamais peur de montrer de la tendresse et de l'amour. Pour lui, la « vie de l'esprit », ou *Geistesleben,* était le point central de l'être humain. À mesure que passaient les années dans l'Allemagne nazie, son intérêt pour la littérature, la musique et les arts avait commencé à s'étendre à la philosophie. À ses yeux, l'apprentissage et la connaissance n'avaient de sens que s'ils étaient liés à un comportement éthique ; chez Christoph, il ne semblait jamais y avoir de clivage entre la parole et l'action.

> « On a tort de penser que les personnes développées intellectuellement sont moins résistantes que les autres, du fait de leur plus grande tendresse, écrivit Christel à son demi-frère en 1942. Je pense au contraire que l'intellectuel peut supporter davantage – même s'il est physiquement handicapé et qu'il souffre. C'est précisément parce qu'il fait partie du royaume de l'esprit qu'il peut vivre pleinement et entièrement. »

En 1940, Christel épousa Herta Dohrn. Le jeune couple vécut d'abord avec la belle-mère juive de Christoph à Zell bei Ruhpolding. Des enfants naquirent rapidement : en 1942, à l'âge de 23 ans, il avait déjà deux fils, et une fille suivrait peu après. Il était très paternel et adorait ses enfants. Grâce à eux, il avait trouvé le refuge, le lieu de chaleur, de rire et de prévisibilité, qui semblait lui avoir fait défaut tout au long de sa vie. Les week-ends où il n'était pas de service, il passait beaucoup de temps avec ses enfants et avec son beau-père, Harald Dohrn, un éducateur et érudit converti avec ferveur au catholicisme. C'est à cette époque que Christel rencontra Hans

Scholl ; ils furent présentés par Alex, qui connaissait Christel depuis des années et le considérait comme son ami le plus proche et le plus cher.

Les cheveux bien coupés, arborant un large sourire, fumant la pipe (comme c'était la mode chez tous les jeunes hommes), Christel semblait la quintessence de Lancelot : souple et fort, aimable, vertueux et fervent, mais sans avoir besoin de faire ses preuves. Si l'on se hasarde à se demander qui, parmi les membres de la Rose blanche, fut le plus aimé des autres, c'est le visage de Christoph qui apparaît, comme dans ce cliché pris sur le vif où il a la tête levée en demi-profil, riant de son petit garçon qu'il porte sur ses épaules : il était le centre d'une affection profonde, sincère et unanime.

Au cours de l'été 1941, Hans Scholl voulut rencontrer l'éminent éditeur catholique Carl Muth. Il se présenta à la porte de son domicile de Solln, dans la banlieue de Munich, muni d'une lettre d'introduction fournie par Otl Aicher, qui avait fait la connaissance de Muth peu de temps auparavant. Entre le fragile érudit de 74 ans, aux cheveux blancs, et l'étudiant de 23 ans, d'une sombre intensité, ce fut comme un coup de foudre. Cette amitié et les relations qu'elle catalysa jouèrent un rôle crucial dans l'évolution de la Rose blanche.

Carl Muth vivait seul dans une petite maison presque entièrement remplie de livres, de journaux et de manuscrits. En 1903, il avait fondé la revue *Hochland* (Haute terre), qui promouvait un progressisme catholique. Cette revue avait été totalement interdite par les nazis en 1941, peu de temps avant leur rencontre. Cela dut être un coup cruel pour un homme qui, depuis 1933, avait réussi à ne jamais mentionner le nom d'Adolf Hitler dans sa publication et qui, pendant toutes ces années, était passé entre les gouttes. De temps à autre, tel ou tel numéro avait été saisi, mais le droit de publier n'avait pas été remis en cause. En se concentrant sur des sujets historiques tels que la Grèce antique, le Moyen Âge et les Lumières – comme le faisaient les quelques éditeurs antinazis sérieux qui travaillaient encore en

Allemagne –, il avait mené d'habiles attaques indirectes contre le régime, dont les capacités intellectuelles étaient généralement trop limitées pour qu'il s'en aperçût – jusqu'en 1941.

La maison de Muth, avec son petit jardin, allait devenir un sanctuaire pour Hans, ainsi que pour Sophie et Inge Scholl, que Hans présenta à Muth peu après. Hans était totalement fasciné par Muth. Il avait sans aucun doute entendu parler de sa réputation d'intégrité, de profondeur et de sagesse avant de trouver le moyen de le rencontrer. Avec *Hochland*, Muth avait touché une corde sensible qui continuait à résonner : son tirage, qui n'avait jamais été à grande échelle et n'en avait jamais eu l'ambition, était passé de 5 000 exemplaires en 1933 à 12 000 en 1939.

Les Scholl passaient régulièrement voir le vieil éditeur. Ils partageaient tous la considération de Hans, même s'ils étaient protestants, et semblaient s'accrocher à lui et au monde intime de son exil intérieur comme s'il s'agissait de leur seule connexion avec la santé mentale. La magie de Muth ne résidait pas seulement dans l'étendue de ses connaissances philosophiques ou dans sa haine profonde du national-socialisme, mais aussi dans son sens juvénile, presque ludique, de l'exploration éthique et métaphysique. Il ne se contentait pas d'écouter les jeunes, il voulait vivre et partager leurs expériences ; il écrivait des lettres détaillées pour expliquer son point de vue lorsque des doutes semblaient pointer. Comme le dirait plus tard Inge Scholl, Muth oscillait « entre l'excommunication et la sainteté ». Hans comptait beaucoup pour le vieil érudit, peut-être plus que n'importe quel autre jeune : il représentait l'« autre » Allemagne, la jeune Allemagne qui, par miracle, n'avait pas été corrompue. La présence des Scholl dans sa maison était une source de satisfaction profonde et même de joie.

Après quelques discussions autour d'un ersatz de café dans le jardin, Hans entreprit de ranger et cataloguer la bibliothèque de Muth. Il se rendait tous les jours à Solln, entre ses cours et son service à l'hôpital, passant des heures à lire Platon, Claudel, Bernanos et même Marx. Inge Scholl, munie d'un panier de nourriture préparée par Mme Scholl à Ulm, venait parfois passer une semaine ou deux avec Muth, s'occupant de lui, lui remontant le moral. Sophie passa elle aussi une semaine chez lui lorsqu'elle arriva à Munich en mai 1942, en attendant de trouver une chambre meublée.

Muth présenta Hans à divers amis, dont le *pater* Rumuald Bauerreis, archiviste de l'abbaye Saint-Boniface de Munich. Au printemps 1942, Muth lui écrivit un mot pour lui demander de s'occuper de son protégé. Hans eut l'autorisation d'accéder à la vaste et riche bibliothèque de l'Ordre. Mais Saint-Boniface, comme Hans l'apprit rapidement, risquait d'être fermé par les nazis ; avec Alex, qui l'accompagnait parfois, ils décidèrent de faire sortir clandestinement quelques-uns des ouvrages les plus précieux de la bibliothèque de l'abbaye avant l'arrivée de la Gestapo. Ils revinrent avec des sacs à dos, le jour même où ils avaient appris que la fermeture était imminente ; ils avaient trouvé un « homme simple » qui possédait un chariot et qui, comme le disait Hans, comprenait ce qu'étaient les nazis « mieux que les généraux et les professeurs ». On plaça les livres dans le chariot et ils furent transportés chez les Schmorell dans la Benediktenwandstrasse à Harlaching.

C'est chez Muth qu'un jour de l'hiver 1941 ils rencontrèrent Theodor Haecker. Il avait collaboré à *Hochland*, mais depuis 1935 il lui était interdit de donner des conférences ou de publier. Il souffrait terriblement de ce silence imposé et de la séparation d'avec son public, et il était incapable d'être subtil ou évasif quand il exprimait son mépris et sa rage à l'égard des nazis. Haecker avait 63 ans, il était veuf, il avait des yeux bleus pénétrants sous des sourcils broussailleux, un visage fermé, indéchiffrable. Il était tourmenté par ce qui arrivait à l'Allemagne et à l'Europe, obsédé par l'idée que l'Allemagne serait détruite par Dieu pour ses crimes contre le peuple juif. Dans son journal, qui a été publié en anglais sous le titre *Journal in the Night*, il écrit : « Un temps viendra peut-être où les Allemands devront porter un svastika sur le côté gauche de leur vêtement, ce qui est le signe de l'Antéchrist. Ils sont en train de crucifier le Christ une seconde fois, en tant que peuple ! »

Converti au catholicisme, Haecker était un traducteur et un commentateur de Kierkegaard reconnu au niveau national ; le but de sa vie était de réconcilier et d'harmoniser les concepts existentialistes avec le dogme et la pensée catholiques.

Ce qui attirait Hans chez Solln et chez des hommes de l'envergure de Muth et Haecker était plus profond que l'affinité des jeunes pour les vieux et les sages, ou que les sentiments antinazis qu'ils partageaient. Ces penseurs catholiques, Haecker en particulier, luttaient pour utiliser l'existentialisme dans un monde devenu fou. L'existentialisme a été un formidable courant, sinon le principal, de la réflexion catholique et protestante moderne, mais à ce moment-là, en 1941 et 1942, il joua un rôle crucial en aidant Hans et ses amis à prendre une décision, à franchir la ligne.

Pascal, un catholique, et Kierkegaard, un protestant, avaient exprimé les hypothèses fondamentales qui sous-tendent toute la pensée existentialiste. Il n'y a pas de permanence pour l'homme : « Rien ne s'arrête pour nous. C'est l'état qui nous est naturel, et toutefois le plus contraire à notre inclination, avait écrit Pascal. Nous brûlons du désir de trouver une assiette ferme, et une dernière base constante pour y édifier une tour qui s'élève à l'infini, mais tout notre fondement craque et la terre s'ouvre jusqu'aux abîmes. » C'est ainsi qu'au XVIIe siècle, un jeune Français avait été confronté à la crise naissante de la civilisation occidentale, crise qui avait conduit deux siècles plus tard un Kierkegaard désespéré à faire un « saut dans la foi » – accepter Dieu, croire qu'il existe –, après avoir enduré une crise d'angoisse presque fatale.

Ces idées faisaient partie du lien essentiel qui s'était tissé entre Haecker et les jeunes hommes de la Rose blanche. Dans un univers où toutes les valeurs ont été brisées, où les religions, les histoires, les littératures et les structures sociales ont perdu leur sens, l'homme doit se relever, accepter sa condition, accepter d'être seul et sans protection, pour commencer à créer son propre monde, ses valeurs, ses décisions, ses actions – et être prêt à tout moment à en payer les conséquences, à être responsable de tout ce qu'il pense, de tout ce qu'il dit et de tout ce qu'il fait. C'est l'existentialisme de Martin Heidegger – qui conduisit tragiquement le philosophe à une soumission temporaire à la volonté du chef, Adolf Hitler, porte-parole par excellence d'une « révolution complète de l'existence allemande » – et l'existentialisme de l'un des plus célèbres admirateurs de Heidegger, Jean-Paul Sartre.

Pour d'autres, qui développaient une réflexion sur les mêmes bases, il n'était pas possible de se créer soi-même, ou d'accepter la solitude, du moins pas sans aide – celle de Dieu. Et Dieu doit être accepté totalement par la foi, sans preuves rationnelles, et manifestation immanente dans de grandioses et lourds systèmes métaphysiques comme celui de Hegel.

La pensée existentialiste peut être considérée comme la dernière et unique réponse possible au romantisme allemand et au nihilisme russe. Le monde moderne est aliéné, froid, inacceptable ; nous ne savons plus où est notre place, nous ne sommes plus en harmonie avec l'univers. Mais au lieu de se retourner vers un passé parfait, comme l'ont fait les romantiques et les nationalistes, l'existentialiste propose d'avancer, d'accepter cette condition insupportable, de nous recréer et de faire des « choix authentiques », même si nous sommes seuls et que nous ne pouvons attendre ni aide ni pitié de quiconque. Ce type de pensée, qui oblige l'homme à choisir, à agir pour être et à assumer la responsabilité de l'action, s'inscrivait profondément dans le courant intellectuel et éthique qui animait des hommes comme Dietrich Bonhoeffer. Il croyait aussi qu'agir – dans ce cas, résister à Hitler, peut-être même le tuer –, c'était devenir libre.

Il ne fait aucun doute que la pensée existentialiste était un courant sous-jacent parmi les intellectuels sérieux sous le Troisième Reich, et qu'elle a été un facteur crucial dans la résistance qui se développa.

Theodor Haecker, l'un de ses principaux représentants, lisait à haute voix des extraits de son journal et de ses œuvres interdites ou inédites, au domicile de Muth et, plus tard, dans le studio où se réunissait la Rose blanche. Son besoin d'être entendu était plus grand que sa peur d'être arrêté. La tension intérieure devait être énorme ; ses mains tremblaient pendant qu'il lisait. Voici un extrait de son journal en mai 1940, le genre d'extrait qu'il lisait à ses jeunes amis :

> Le destin et donc la tâche du chrétien allemand sont sans exemple qu'il pourrait suivre. Il est seul ! Tout ce qu'il ressent, pense et fait est accompagné d'un point d'interrogation, qui lui demande si c'est juste. Les dirigeants de l'Allemagne d'aujourd'hui, cela ne fait aucun doute et ne peut être éludé, sont consciemment antichrétiens – il hait le Christ celui qui ne le nomme pas. Depuis le début, le talent de ces gens envoyés pour tourmenter l'Europe a été de combiner les intérêts particuliers de leurs natures bassement impulsives et avides, intellectuellement parlant, sans âme et à moitié éduquées, avec les véritables et authentiques souhaits et aspirations du peuple allemand… Le peuple allemand sera battu, mais pas abattu ni anéanti. Le seul rayon de lumière dans mon esprit est le suivant : il vaut mieux pour un peuple être vaincu et souffrir que pécher et apostasier.

C'est plus ou moins de cette manière que Haecker s'adressait aux étudiants, et leur réponse, leurs échanges, devaient être de la plus haute importance pour lui. Il ne les encouragea jamais ouvertement à résister : cela signifiait une mort quasi certaine. En fait, il leur disait que le mal, l'Antéchrist, faisait en quelque sorte partie du plan de Dieu. Mais il transmettait un message à deux niveaux : l'un de choix et de création, l'autre de résignation ; Hans Scholl ne put jamais accepter ce dernier. « Où sont les chrétiens ? » s'écria-t-il après avoir entendu une « émission de l'ennemi » annonçant que des communistes et des sociaux-démocrates allemands qui avaient résisté aux nazis avaient été pris. « Devons-nous rester ici sans rien tenter jusqu'à la fin de la guerre, quand on nous demandera : "Et vous, qu'avez-vous fait ?" » Sophie Scholl exprimait la même émotion dans son journal : « Je veux partager la souffrance de ces jours. La compassion devient vanité si l'on ne ressent pas la douleur. »

Les noms de la Rose blanche n'apparaissent pas dans le journal de Theodor Haecker, pour des raisons évidentes. Après l'arrestation et l'exécution de ses amis, en février 1943, il fut interrogé par la Gestapo, tout comme Carl Muth. Mais plus d'un an plus tard, le 9 juin 1944, le journal de Haecker contient une note étrange et énigmatique :

> Vendredi matin, vers 10 heures. Bombes explosives. La maison et mon appartement détruits. Une incroyable destruction. Quelques bonnes personnes qui me consolent en étant ce qu'elles sont et en m'aidant ! Scholl ! Et aussi de la *crapule*[1]. Des âmes droites. Et des âmes misérables. Dieu est miséricordieux ! Dieu est grand ! Dieu est précis mais magnanime.

C'est un cri au bord de l'abîme, le cri d'un homme totalement et authentiquement seul dans l'univers, le cri qui échappe à un homme qui glisse dans le chaos physique et mental ; à ce moment suprême de la crise, dans la nuit noire de son âme, il semble que Theodor Haecker ait appelé Hans Scholl.

1. En français dans le texte.

9

« Là où l'on brûle des livres, on finit par brûler aussi des êtres humains. » Souvent cité, l'avertissement du poète Heinrich Heine reste d'une justesse glaçante. En 1933, en Allemagne, on avait brûlé les livres. Le patrimoine et l'humanité d'une nation étaient partis en flammes, et dans la nuit retentissaient les cris féroces et exaltés des étudiants.

Des centaines de professeurs furent renvoyés, certains furent contraints de fuir le pays, mais les universités qui n'étaient plus que des coquilles vides continuèrent à offrir la façade trompeuse de la normalité. Bien avant 1933, l'université de Munich avait une réputation sulfureuse, du fait de la bruyante agitation du mouvement nazi en ville et de sa section étudiante à l'université. Mais toutes les universités du Reich, qu'elles eussent une réputation libérale comme Fribourg ou conservatrice comme Munich, faisaient l'objet d'une « coordination » ou d'une « intégration » dans un système centralisé de contrôle et de conformité.

Les universités allemandes avaient acquis respect et distinction dans la communauté intellectuelle mondiale, en particulier dans les domaines des sciences naturelles, physiques et sociales, ainsi que de la philosophie. Mais, depuis le début du XIXe siècle, elles étaient aussi des foyers de ferveur nationaliste. L'esprit de liberté académique qui régnait dans ces institutions n'impliquait pas nécessairement une atmosphère d'universalisme, d'objectivité ou de tolérance pour les points de vue des autres peuples ou des autres nations. Le nationalisme et l'aspiration à unifier tous les petits États allemands dépourvus d'identité politique commune avaient surgi lorsqu'un conquérant étranger, Napoléon, avait foulé les terres allemandes. S'unir signifiait être fort, être fort signifiait refuser de se soumettre aux envahisseurs étrangers ; et au bout du compte le refus de se soumettre allait se transformer en besoin de conquérir et de dominer les autres.

Cette vague débordante de ferveur nationale, cet élan de découverte et de glorification de la nation allemande n'étaient pas issus des masses de travailleurs des villes, ni des artisans et des paysans des campagnes. Ils avaient d'abord touché les intellectuels, les artistes et les professeurs qui, dans cette société, s'étaient vu reconnaître un rôle éminent.

Pourtant, malgré la vague de nationalisme qui au XIXe siècle déferla sur l'Allemagne, mais aussi, entre autres, sur la Russie et l'Italie, il se trouva toujours des voix allemandes pour s'élever contre la xénophobie, les préjugés, les passions aveugles et l'exaltation de la nation. À la fin du XVIIIe siècle, Friedrich Schiller, lors de sa leçon inaugurale à l'université d'Iéna où on lui avait confié la chaire d'histoire, rappelait à son auditoire que « la première loi de la décence est de préserver la liberté d'autrui, la seconde est d'affirmer sa propre liberté ». Même ceux qui s'étaient opposés à la conquête napoléonienne de leur région natale, comme le catholique rhénan Joseph Görres, futur professeur d'histoire à l'université de Munich, protestèrent haut et fort quand, après la défaite de Napoléon, des vagues d'agression « prussiennes et protestantes » venues du nord déferlèrent sur les terres allemandes du sud.

Les universités de Rhénanie et du sud-ouest de l'Allemagne, comme l'ensemble de la population de ces régions, montrèrent de fortes réticences devant l'unification forcée de l'Allemagne sous l'égide de la Prusse. L'université de Fribourg s'obstina longtemps à maintenir les traditions de la Révolution française – dans les années 1820, elle avait contribué au développement expérimental des parlements locaux et d'autres institutions démocratiques.

C'est dans cette région, le sud-ouest de l'Allemagne, que la plupart des membres de la Rose blanche avaient grandi, et c'est à l'université de Fribourg qu'un petit cercle d'universitaires avait formé, eux aussi, un groupe de résistance contre Hitler. Le sud-ouest de l'Allemagne, et, dans une moindre mesure, la Bavière et sa capitale, Munich, s'étaient toujours considérés comme le « véritable » cœur culturel de l'Allemagne : une force indépendante entre l'Autriche catholique, pompeuse et calcifiée, et la Prusse agressive, spartiate et protestante. Des générations de professeurs de cette région avaient protesté publiquement contre l'hégémonie prussienne. Ils dénonçaient un faux nationalisme, et alertaient contre le sentiment de sécurité frauduleux qu'il procurait ; à leurs yeux, après l'arrivée des soldats prussiens et l'anéantissement de leurs vestiges de démocratie en 1848, la Prusse représentait « la paix de la tombe et l'ordre du cimetière ».

L'université de Berlin, elle, avait été fondée en 1810 dans le cadre d'un mouvement de réforme en Prusse, mais elle était rapidement devenue un bastion du nationalisme prussien, « le garde du corps intellectuel des Hohenzollern », la dynastie régnante dont le rejeton allait se faire couronner comme *Kaiser*, empereur des Allemands. Dans les années qui avaient vu l'ascension puis la chute de Napoléon, il était apparu clairement que la liberté, en termes prussiens, signifiait d'accepter l'État et de lui obéir, en Prusse même et dans les territoires allemands qu'elle commençait à annexer. De puissantes figures intellectuelles comme Hegel et Fichte, à l'université de Berlin, commencèrent à ennoblir la Prusse avec une vénération presque religieuse ; un sentiment messianique pour la nation et la langue allemandes commença à balayer le pays.

Certes, Fichte, alors recteur de l'université, évoquait dans ses *Discours à la nation allemande* une « patrie de l'esprit », plutôt qu'un peuple de guerriers. Mais, dès 1813, l'atmosphère était à l'esprit de conquête, aux défilés et aux armées en marche. L'un des grands intellectuels de l'époque, Ernst Moritz Arndt, évoque les sentiments qu'il éprouve devant un défilé militaire dans des termes qui semblent préfigurer l'émotion des spectateurs devant les démonstrations de puissance orchestrées par les nazis. « Lorsqu'une foule immense se presse devant moi », écrivait-il en 1813,

> lorsqu'une bande de guerriers passe bannières au vent, au son éclatant des trompettes et des tambours, alors je comprends que mes sentiments et mes actions ne sont pas une vaine illusion, alors que je ressens la vie indestructible, l'esprit éternel et le Dieu éternel. Comme les autres hommes, je suis égoïste et pécheur, mais dans mon exaltation, je suis immédiatement libéré de tous mes péchés, je ne suis plus un individu souffrant, je ne fais qu'un avec le *Volk* et avec Dieu. À ce moment-là, tous les doutes que je pourrais avoir sur ma vie et mon œuvre s'évanouissent.

Les sciences sociales, telles qu'elles se sont développées dans les universités allemandes à la fin du XIXe siècle, ont tenté d'objectiver rationnellement ces notions d'isolement et de communauté. Ferdinand Tönnies identifie ainsi deux idéaux types de l'organisation sociale : la *Gemeinschaft* (communauté) et la *Gesellschaft* (société). La *Gemeinschaft* naît de facteurs profonds et inconscients au sein d'un peuple ; elle se développe organiquement ; elle fait partie de la nature ; elle existe indépendamment du choix de l'être humain ; elle exprime une volonté plus grande que celle d'un seul individu. La *Gesellschaft* est le monde aliéné, industrialisé et moderne que nous connaissons aujourd'hui. Il est né d'un contrat et non de la nature ; il peut être modifié ; il repose sur des compromis et des changements superficiels dans le corps politique.

Alors que l'État prussien déployait ses armées à travers une Allemagne inexorablement absorbée dans un processus d'annexion qui semblait irrésistible, les mouvements de résistance commencèrent à flancher, même là où ils avaient été les plus forts, comme dans le sud-ouest de l'Allemagne. À l'université de Karlsruhe, dans le grand-duché de Bade, le professeur Hermann Baumgarten, penseur libéral et défenseur des valeurs des Lumières, rédigea en 1866 un article qui exprimait la capitulation des intellectuels face à la force militaire. La Prusse avait repris le Schleswig-Holstein au Danemark, elle avait annexé Francfort et Hanovre. L'article s'intitule « Pourquoi les citoyens sont incapables de s'occuper des affaires politiques », et il développe des arguments étonnamment proches de ceux de Thomas Mann dans ses *Considérations d'un apolitique*, écrites pendant la Première Guerre mondiale alors qu'il était encore un fervent nationaliste allemand. Le citoyen et l'intellectuel, pensaient ces grands représentants de l'esprit, étaient incapables de prendre des décisions politiques et de comprendre le cours réel de l'histoire et des affaires politiques. Les victoires martiales de la Prusse en étaient la preuve : devant la victoire et le pouvoir, tous les hommes doivent s'incliner. Il y avait aussi, dans la politique, un élément de vulgarité ; les intellectuels étaient en fait au-dessus des futilités quotidiennes telles que la prise de décisions politiques ; la discussion, la négociation et le compromis salissaient les mains.

Les décisions nationales étaient laissées à la caste des guerriers et à ses défenseurs. Le sentiment triomphal d'un monde à conquérir et à dompter – qui n'était peut-être pas si différent de celui éprouvé par les partisans de la « destinée manifeste » de l'Amérique et de l'expansion impériale britannique – a été exprimé avec une grande clarté par le célèbre historien prussien Heinrich von Treitschke. « Aucune nation au monde ne peut conférer à son État autant de grandeur et d'humanité que l'Allemagne, écrivait-il vers la fin du XIXe siècle. Aucun pays ne s'efforce aussi sérieusement que les Allemands de concilier [...] le pouvoir de l'État et la liberté du peuple, le bien-être et la force armée, la science et la foi. Et c'est parce que les étrangers le savent qu'ils nous détestent. »

La Première Guerre mondiale enflamma les passions nationales et la fièvre ne se calma pas avec la défaite. Le traité de Versailles, avec ses conditions « humiliantes », devint le drapeau rouge qui déclencha une frénésie nationaliste. La Première Guerre mondiale fut le creuset d'Adolf Hitler ; sans elle, il ne serait pas entré dans l'histoire. Elle permit aussi la révolution bolchevique en Russie, un bouleversement qui renvoya le petit Alexander Schmorell et son père dans leur patrie allemande. La Première Guerre mondiale fut aussi pour Robert Scholl une occasion de mettre ses convictions à l'épreuve ; il resta pacifiste malgré la pression massive de la *Gemeinschaft* qui l'entourait.

Avoir perdu la guerre était le désastre suprême. Il fallut endurer la démilitarisation forcée de la Rhénanie, accepter les exigences de l'ennemi en matière de réparations économiques, subir l'inflation, le chômage et l'anarchie dans les rues ; c'était plus que la nation allemande ne pouvait supporter. Chaque catastrophe accélérait le processus d'infection, de rage et de désir de vengeance. La droite nationaliste devint de plus en plus puissante, et la république de Weimar allait de crise en crise dans une dégringolade sans fin. Des écrivains comme Ernst Jünger et Moeller van den Bruck, traducteur de Dostoïevski et l'un de ses meilleurs commentateurs, évoquaient d'un ton sinistre la grande crise de l'esprit, le point zéro existentiel de l'homme, et ils envisageaient l'avènement d'un surhomme qui conduirait cet extraordinaire peuple élu, les Allemands, vers un nouveau monde qui les verrait régner sur l'humanité.

Pendant ces années d'après-guerre, les universités allemandes ne furent jamais des bastions de la liberté de penser, d'écrire et de chercher, à l'exception des sciences naturelles et physiques. Certes, dans presque toutes les universités, les voix du libéralisme, de la modération et de l'autocritique pouvaient s'exprimer. Mais c'étaient le plus souvent des personnalités isolées, n'exprimant pas la volonté de la communauté – la communauté, bien sûr, étant définie par ceux qui croyaient au concept de *Volk*, et non par le mouvement ouvrier, les socialistes et les artistes anarchistes de la gauche.

Mais quelque « conservatrices » que fussent les universités, elles n'avaient jamais connu une répression comme celle qui suivit la prise de pouvoir par les nationaux-socialistes en 1933. Et encore, la plupart de leurs plans n'aboutirent pas ; mais les nazis avaient des projets ambitieux pour mettre au pas l'université, abattre la « tour d'ivoire » et s'occuper des « faibles » qui y résidaient. Même si l'université allemande n'avait jamais été un foyer de pensée de gauche ou libérale, elle était honnie par les hommes de la droite radicale.

Certains théoriciens nazis au niveau national, eux-mêmes professeurs dans l'Ordre nouveau, firent des propositions audacieuses lorsqu'ils accédèrent au pouvoir. Ernst Krieck suggéra ainsi de dissoudre complètement les universités, et cette menace planerait sur les professeurs et les étudiants pendant les douze années du Troisième Reich.

Il voulait les transformer en écoles techniques et professionnelles. Alfred Bäumler, philosophe et spécialiste de Nietzsche au sein du parti, proposa quant à lui de faire des universités des « maisons pour hommes », en éliminant tous les éléments « féminins-démocratiques ».

Lorsque les membres de la Rose blanche s'inscrivirent à l'université de Munich, au début des années 1940, presque tous les vestiges du pluralisme de la pensée et de la qualité des études avaient disparu. En un sens, certes, l'université n'avait pas changé depuis des décennies. Elle était située à la limite de Schwabing, le quartier des artistes de la ville. C'était un endroit idéal pour étudier, entre le monde de la bourgeoisie et celui de la bohème. Il s'agissait d'une série de bâtiments de faible hauteur, aux couleurs neutres, édifiés de part et d'autre de l'austère Ludwigstrasse, une large rue aux airs d'Italie qui était la préférée de Sophie Scholl à Munich.

L'université s'intègre parfaitement à l'architecture imposante de cette rue, l'une des plus remarquables de la ville. La Ludwigstrasse est longue, sévèrement rectiligne, sans aucun arbre, et d'un classicisme impressionnant. La perspective nue qui semble aller jusqu'à l'infini évoque un tableau surréaliste, mais en réalité deux parenthèses la limitent très nettement. À l'extrémité nord, juste après l'université, se trouve le Siegestor, un petit arc de triomphe de l'armée bavaroise, et à l'extrémité sud, près du centre-ville, elle est entourée par la Feldherrnhalle, une copie des loggias florentines, pleine de lions et de généraux bavarois ; c'est là qu'eut lieu le tristement célèbre putsch d'Hitler en 1923.

La Ludwigstrasse, l'université et une grande partie de Munich ont été expressément conçues pour donner l'impression d'une appartenance au monde latin et méditerranéen. Cette décision a été prise par les Wittelsbach, la famille royale de Bavière qui s'est fait connaître dans toute l'Allemagne, et en Europe, pour ses prétentions louis-quatorziennes à bâtir châteaux, palais, places et longues avenues, le tout dans un style destiné à impressionner.

L'université, avec ses lignes simples de style pseudo-Renaissance, trouve naturellement sa place dans la carte physique et sociale de la ville. Sa simplicité horizontale est quelque peu adoucie par deux grandes fontaines situées face à l'entrée, d'où l'eau jaillit langoureusement dès l'arrivée du printemps ; elles annoncent à l'œil et à l'oreille l'arrivée d'un temps plus doux et d'une vie plus facile. Munich est une ville qui aime les fontaines et qui préfère manifestement la chaleur de l'été aux jours sombres de l'hiver gothique.

Comme la ville elle-même, l'université a attiré au fil du temps un étrange assortiment d'individus. L'un d'entre eux était Rudolf Hess, un vétéran de la Première Guerre mondiale qui s'était inscrit à la faculté d'économie après l'armistice, mais qui avait passé l'essentiel de son temps à distribuer des tracts antisémites et à combattre les modestes forces de l'éphémère République bavaroise. Il avait fait la connaissance de Karl Haushofer, professeur de géopolitique à l'université, dont le concept de *Lebensraum*, ou « espace vital », pour le peuple allemand allait inspirer Adolf Hitler ; c'est Hess qui avait présenté Haushofer, un ancien général, au caporal autrichien dans les premiers temps du mouvement nazi. Munich était également l'une des quatre ou cinq universités où Joseph Goebbels s'était initié à la philosophie et aux arts avant d'obtenir son doctorat à Heidelberg en 1921.

En 1933, comme dans toutes les universités, une équipe national-socialiste prit les commandes. Le nouveau recteur, le professeur Walter Wüst, *Oberführer* dans la SS, était considéré comme l'un des plus grands experts de la « culture aryenne ». En 1942, lorsque la Rose blanche se forma, l'université était complètement « intégrée » dans le système nazi. Les étudiants étaient imprégnés, jusqu'à l'ennui et l'apathie, des clichés nazis issus de leur passage dans les Jeunesses hitlériennes, et toutes les salles de classe et les amphithéâtres étaient infestés d'espions de l'Association des étudiants nationaux-socialistes, qui griffonnaient des notes avec zèle et traquaient la moindre hérésie, tandis que les professeurs donnaient leurs cours en évitant de donner prise à la suspicion. La liberté académique devenait, selon les termes de Walter Schultze dans un discours à l'Assemblée scientifique de l'Association des professeurs nationaux-socialistes, « une notion de la liberté qui nous est spécifiquement propre, car nous savons que la liberté doit avoir ses limites dans l'existence réelle du *Volk*... En fin de compte, la liberté n'est rien d'autre qu'un service responsable, au nom des valeurs fondamentales de notre être en tant que *Volk* ».

Voici quelques exemples des cours proposés dans deux universités, Berlin et Munich : « La géographie au service de l'État national-socialiste » ; « La vie de l'âme dans ses formes raciale, nationale et historique » ; « *Volk* et race (y compris la législation sur l'amélioration raciale et l'eugénisme), avec diapositives et visites sur le terrain » ; « Naissance, mariage et mort : le rôle de la race dans le caractère *Volkish* (avec diapositives) » ; « Peuples rétrogrades, races primitives, cultures anciennes, première partie (avec diapositives) » ; et « La sociologie de la guerre (ouvert au public) ».

La recherche et les publications académiques avaient atteint leur point bas ; les revues professionnelles et scientifiques publiées en Allemagne étaient désormais à peine lues par les chercheurs étrangers. Un article du juge suprême du parti, Walter Buch, publié le 21 octobre 1938 dans la revue *Deutsche Justiz*, suggère le niveau de la presse scientifique de l'époque : « Le juif n'est pas un être humain. Il est [*sic*] une apparence de putrescence. De même que le champignon ne peut pénétrer le bois avant qu'il ne soit pourri, de même le juif n'a pu s'insinuer dans le peuple allemand, et provoquer un désastre, qu'après que la nation allemande, affaiblie par les pertes de sang de la guerre de Trente Ans, eut commencé à pourrir de l'intérieur. »

Malgré la descente dans l'abrutissement et la terreur, des poches de savoir et de décence perduraient ici et là, dispersées dans les différents instituts et facultés, en attirant le moins possible l'attention. Les étudiants ayant des sentiments antinazis étaient en mesure de trouver des *Kommilitonen*, ou « camarades », grâce à une sorte de vocabulaire secret signalant leurs refus, et en observant l'expression involontaire des visages des autres, lorsque quelqu'un émettait une remarque subversive. Sophie Scholl, à ses débuts, apprit à s'orienter dans le labyrinthe de l'évasion grâce à Traute Lafrenz, la compagne de Hans qui était étudiante en médecine. À la suggestion de Traute et de Hans, Sophie suivit un cours de philosophie qui avait lieu deux fois par semaine, le matin, dans le grand auditorium ; c'était le cours le plus suivi du semestre d'été 1942 – le semestre courait de mai à juillet – et le professeur était le Dr Kurt Huber.

D'autres formes de protestation s'étaient manifestées à l'université de Munich. C'est là qu'en 1935, un éminent écrivain nommé Ernest Wiechert avait donné une série de conférences sur « Le poète et son époque », qui avaient eu un énorme succès. Et pour cause : il avait stupéfié ses auditeurs, en déclarant sans ambiguïté que l'« art » concocté par les nazis était un « meurtre de l'âme ». Il avait également exhorté les étudiants à « ne pas se laisser séduire, si votre conscience vous ordonne de parler ». La plus fameuse de ses conférences avait été publiée en brochure et diffusée dans d'autres universités allemandes. Ernest Wiechert avait été arrêté par la Gestapo et mis en prison ; il fut plus tard emprisonné quelque temps à Dachau.

Le professeur Fritz-Joachim von Rintelen donnait un cours sur la pensée grecque antique. C'était l'un des plus grands manipulateurs de doubles sens de l'université, et ses cours étaient des critiques subtiles mais dévastatrices de la pensée et des pratiques nazies, vues à travers le prisme de l'ancienne civilisation hellénique. Ses cours étaient également très fréquentés, mais un jour, il ne se présenta pas, et il ne se présenta pas non plus la semaine suivante. L'un des étudiants de Rintelen, Jürgen Wittenstein, un collègue médecin et ami de Hans, Willi et Alex, a raconté cet épisode plus tard. Avec une cinquantaine d'autres étudiants, il osa aller voir le *Rektor* Wüst en personne pour lui demander ce qui était arrivé à leur professeur. Le recteur sortit de son bureau pour rencontrer la délégation, probablement parce que l'idée que des étudiants demandent à le voir était incroyable. Lorsqu'ils lui eurent expliqué ce qu'ils voulaient, il les regarda un moment avec incrédulité, fit volte-face, retourna dans son bureau et claqua la porte. Les étudiants organisèrent ensuite une manifestation dans la Ludwigstrasse, devant l'université, puis, en un ultime et spectaculaire acte de défi, ils marchèrent jusqu'à l'appartement de Rintelen et se tinrent sous sa fenêtre pour témoigner leur solidarité. C'était courageux, c'était incroyable ; néanmoins, on ne revit plus Rintelen à l'université.

Même en 1942, après près d'une décennie de nazisme au pouvoir, des poches de décence persistaient ainsi – des gestes audacieux, isolés, presque inexplicables. Le professeur Heinrich Wieland, directeur de l'Institut de chimie de l'université, avait fait de son domaine un sanctuaire pour les *Mischlinge* – les « sang-mêlé », à demi juifs, généralement des enfants issus de mariages mixtes qui vivaient désormais dans un vide crépusculaire entre l'Ordre nouveau et la déportation dans un camp, ce qui était le sort promis à leur parent juif depuis l'été 1941. Hans Leipelt, originaire de Hambourg, était l'un de ces étudiants inscrits à l'Institut de chimie ; plus tard, il tenterait de poursuivre les activités de la Rose blanche après l'exécution de ses membres.

Aujourd'hui encore, personne ne sait exactement comment et pourquoi des professeurs comme Wieland purent continuer à enseigner. Kurt Huber fut une autre exception majeure, qui détonne dans l'image fade du monde académique sous les chemises brunes.

Depuis 1926, Huber donnait des cours de philosophie, de psychologie et de musicologie, mais il n'était pas titulaire de son poste. Quelque 250 étudiants assistaient à ses cours et l'administration de l'université lui attribuait à contrecœur le plus grand auditorium pour les accueillir.

En 1942, Huber avait 49 ans. C'était un homme d'un peu moins de 1,70 mètre, aux cheveux grisonnants. Il était pâle et avec ses traits fatigués, il faisait plus vieux que son âge. Il boîtait, traînant lourdement sa jambe droite derrière lui. Il avait souffert d'une diphtérie aiguë lorsqu'il était petit enfant, et il avait fallu lui trancher le larynx pour lui sauver la vie ; les séquelles n'avaient jamais complètement disparu. Ses mains tremblaient, il lui arrivait de secouer violemment la tête, surtout lorsqu'il était contrarié. Il claudiquait jusqu'à l'estrade, attendait le silence et commençait. Il fallait parfois de longues secondes, voire des minutes, pour que sa voix s'éclaircît et qu'on pût le comprendre. Mais c'était alors une expérience splendide. Il préparait minutieusement chaque cours, mais discourait presque sans notes. Le développement de ses idées, la manière dont il les ébauchait donnaient aux étudiants un aperçu du monde de l'esprit, de la vaste et puissante histoire des idées qui constituait une partie essentielle de leur patrimoine national.

Ses cours de philosophie tournaient principalement autour des idéalistes allemands – Kant, Hegel et Schelling, entre autres – et de l'œuvre du philosophe et mathématicien du XVIIe siècle, Gottfried Wilhelm von Leibniz. À cette époque, Huber rédigeait un important ouvrage sur Leibniz, un choix qui en dit long. Leibniz est considéré comme un penseur singulièrement moderne, et il a eu une profonde influence sur les idéalistes du XIXe siècle, en particulier Hegel et Fichte. Leibniz a tenté de réconcilier les concepts de substance et de forme, de trouver un point médian entre les voies de la raison et les méthodes de la science. Ce sont les mathématiques qui lui en fournirent le moyen : à la fin des années 1660, il proposa un modèle qui démontrait que toutes les idées, verbales ou non, pouvaient s'analyser comme une combinaison ordonnée de nombres ou de mots et, dans le monde extérieur, comme une combinaison de sons ou de couleurs. Dans sa *Théodicée*, publiée directement en français en 1710, il discutait la nécessité d'intégrer Dieu dans une analyse du cosmos. À cette époque de sa vie, il était profondément préoccupé par l'existence du mal dans un univers parfait et mathématiquement ordonné. Il résolut le problème en déclarant que chaque créature de l'univers est finie, et donc imparfaite ; or, chaque créature a sa place particulière dans la création, dans la hiérarchie cosmique, elle fait partie de la nature ; elle contribue donc à exprimer « l'harmonie universelle ». Leibniz formulait des idées qui allaient revenir dans la pensée des Lumières. Selon lui, le mal était comme une « dissonance dans la musique » ; c'était un manque, un défaut, mais en fin de compte, comme il faisait partie intégrante du tout, le mal accroissait lui aussi la « beauté » de l'univers et de Dieu.

Lorsque le professeur Huber donnait un cours sur un sujet comme celui-ci, il ne pouvait retenir une remarque ironique ou acerbe. Il avait un humour pince-sans-rire, ce qui était rare dans le monde universitaire allemand, et plus encore sous le nazisme. Ses saillies semblaient jaillir naturellement, comme s'il ne pouvait pas faire autrement, comme s'il avait en lui un profond besoin de défier l'autorité. En citant Spinoza, il disait avec un sourire en coin : « Attention, c'est un juif ! Ne vous laissez pas contaminer. » Des murmures agités et craintifs agitaient alors la salle, mais les étudiants étaient nombreux à assister à ses cours et il ne semblait pas qu'on lui tînt rigueur de sa liberté de parole.

Kurt Huber était conservateur au plan politique et social, et s'il détestait les nazis, c'est parce qu'il voyait dans ce mouvement des masses révolutionnaires. Lui-même était un authentique représentant du nationalisme philosophique et historique allemand, mais il n'avait jamais prôné la guerre ou la conquête pour promouvoir l'esprit national. À une époque, au début du régime nazi, il avait tenté d'obtenir le poste de professeur qu'il méritait indéniablement : il était alors considéré comme l'une des jeunes figures les plus brillantes, universelles et éloquentes du monde universitaire. Il avait essuyé un refus de la part d'un bureaucrate national-socialiste de l'université, qui lui avait dit : « Nous ne pouvons utiliser que des gens capables d'être officiers. »

Cette remarque désinvolte et brutale ébranla peut-être cet homme qui avait passé sa vie à surmonter la douleur et l'affliction par l'autodiscipline et l'intelligence. En outre, il était profondément attaché à la cause allemande et c'était un fervent admirateur de l'armée, dans laquelle il voyait un pilier de l'ordre moral allemand. Son incapacité à servir son pays sous l'uniforme fut sans doute l'une de ses épreuves les plus pénibles : lors de la Première Guerre mondiale, il avait l'âge d'être appelé, et n'avait pas pu partager les légendaires liens de camaraderie nés dans les tranchées et tant vantés plus tard par les écrivains nationalistes. Dans les années 1930 et au début des années 1940, il vivait à nouveau dans une société qui valorisait tout ce qu'il n'était pas. Néanmoins, il continuait d'admirer la Prusse et l'armée pour leur discipline, leur fermeté et leur code d'honneur. Il détestait l'homme qui allait bientôt envoyer ces jeunes hommes forts et courageux mourir sans but ni raison.

Huber était né en Suisse mais il avait grandi à Stuttgart, dans le sud-ouest de l'Allemagne, dans un foyer de la classe moyenne cultivée. Ses deux parents étaient des éducateurs et des érudits. Sa mère lui apprit à jouer du piano, son père, l'harmonie et le contrepoint. C'était un excellent élève et il avait une oreille parfaite. Outre le sens de la musique, il possédait ce type d'esprit, rare, qui transcende les « deux cultures », les sciences et les arts. Il obtint son doctorat avec mention très bien à l'université de Munich, avec comme spécialités la musique, la philosophie et la psychologie. Il aimait par-dessus tout la musique folklorique, et ses études et écrits sur ce sujet attestent une curiosité qui dépassait le domaine allemand. Il analysa ainsi les chants des femmes birmanes dans les rizières ; il menait des recherches spéculatives sur les tonalités et les rythmes d'autres cultures.

Mais ses quelques moments de reconnaissance professionnelle furent à peine remarqués à l'université de Munich. En 1936, il fut choisi pour représenter l'Allemagne au Congrès international de musique folklorique de Barcelone, juste avant qu'un autre fasciste, Francisco Franco, ne lançât son offensive pour renverser la République espagnole.

Kurt Huber aurait pu utiliser ses compétences en matière de folklore et sa réputation pour se trouver une petite niche dans le Troisième Reich. Ce furent ainsi les aspects « folkloriques » de ses intérêts musicaux qui lui valurent, en 1938, d'être invité à prendre la direction d'un nouvel institut de musique folklorique à l'université de Berlin. Après des années de déception, il saisit cette opportunité avec enthousiasme.

Mais son année berlinoise fut un désastre : l'administration de l'université et l'organisation étudiante nazies attendaient de lui qu'il produise des marches militaires patriotiques fondées sur la tradition folklorique. Il refusa de coopérer : il était un scientifique, pas un propagandiste. La situation se dégrada et devint presque invivable. À la fin de l'année, son contrat ne fut pas renouvelé et la famille Huber, plus démunie que jamais, retourna à sa vie spartiate en Bavière.

Parvenu au milieu de la trentaine, Huber avait épousé Clara, une femme robuste et solide qui était beaucoup plus jeune que lui. En 1942, ils avaient deux enfants : Birgit, 11 ans, et Wolf, 2 ans. La famille vivait chichement – ils n'avaient guère le choix : M. le Professeur avait beau travailler, bien se conduire et s'efforcer de s'entendre avec ses collègues plus dociles, il ne parvenait, dans cette société, à obtenir ni reconnaissance ni récompense. Il fulminait intérieurement – sa personnalité a été décrite comme « colérique ». C'était un homme plein d'indignation, un homme que faisaient déborder les injustices et les dégradations personnelles et nationales auxquelles il se heurtait tous les jours. Il n'y avait guère qu'à la maison qu'il pouvait se laisser aller.

C'était un père de famille exigeant et autoritaire, avec une femme facile à vivre mais toujours inquiète. Il était précis, tranchant, impatient, il visait la perfection. Il pouvait faire trembler ses enfants lorsqu'il s'emportait ou quand il surveillait les leçons de piano de sa fille. Mais il pouvait se montrer doux et tendre quand il rentrait de bonne humeur, leur caressait la tête et essayait de deviner, en souriant, quel repas Mme Huber avait préparé, rien qu'aux odeurs persistantes dans les cheveux des enfants. Cet homme secret et passionné les aimait de toutes les fibres de son être, et ils le savaient. Lorsqu'il pensait aux nazis, aux bombardements des villes ou à la destruction de la culture allemande, il s'emportait et se mettait à crier. Clara Huber courait frénétiquement dans la pièce, fermait les fenêtres, et chuchotait de toute son âme : « Arrête, Kurt ! Ils vont t'emmener à Dachau ! »

À côté de sa famille, Huber ne se souciait vraiment que de ses étudiants. Ils étaient l'espoir d'un avenir, le seul qui lui restait. Il leur transmettrait, en tant que professeur, en tant que mentor, les valeurs allemandes qui comptaient ; ainsi, elles ne seraient pas totalement détruites par les barbares et par les bombes. Il aimait ses étudiants d'une manière distante, intellectuelle, en conservant son quant-à-soi. Certains, comme sa doctorante Katharina Schüddekopf et le jeune Hans Scholl, étaient invités à partager un café et du gâteau avec la famille. Mais il ne tutoyait personne en dehors de sa famille.

C'est par l'intermédiaire de Hans Scholl que Kurt Huber allait entrer en contact avec la Rose blanche. Sophie, Willi, Traute, Alex et Hans l'avaient tous entendu donner des conférences, mais aucun d'entre eux ne l'avait rencontré personnellement. S'il différait d'eux par l'âge, le tempérament et la vision politique et sociale, ils avaient en partage le riche héritage de l'intelligentsia allemande. Kurt Huber et les autres membres de la Rose blanche auraient sans doute été d'accord sur la définition de l'être humain parfait - une définition allemande, comme celle proposée par le poète philosophe nihiliste-existentialiste Friedrich Nietzsche un an avant de plonger dans la folie.

Nietzsche avait placé tout en haut de sa hiérarchie personnelle la figure olympienne des lettres allemandes, Johann Wolfgang von Goethe. Compte tenu de leurs origines, de leurs valeurs bourgeoises et de leur éducation, tous les membres de la Rose blanche auraient vu eux aussi dans Goethe le modèle qu'ils s'efforçaient d'imiter, même imparfaitement. Goethe, écrit Nietzsche, était un homme qui

> loin de se détacher de la vie, s'y plongea ; il ne fut pas pusillanime et, autant que possible, il accepta toutes les responsabilités. Ce qu'il voulait, c'était *la totalité* ; il combattit la séparation de la raison et de la sensualité, du sentiment et de la volonté. [...] Il se disciplina pour atteindre à l'être intégral [Goethe concevait un homme] ayant le respect de sa propre individualité, pouvant se risquer à jouir pleinement du naturel dans toute sa richesse et toute son étendue, assez fort pour la liberté ; homme tolérant, non par faiblesse, mais par force, parce qu'il sait encore tirer avantage de ce qui serait la perte des natures moyennes. [...] Un tel esprit *libéré* apparaît au centre de l'univers, dans un fatalisme heureux et confiant, avec la *foi* qu'il n'y a de condamnable que ce qui existe isolément, et que, dans l'ensemble, tout se résout et s'affirme. *Il ne nie plus*[2].

2. Extrait du *Crépuscule des idoles* (1888), trad. Henri Albert, Mercure de France, 1908.

En juin 1942, Kurt Huber fut invité à une soirée de lecture chez Frau Doktor Mertens. Peut-être pour oublier la guerre et les bombardements, peut-être dans l'espoir de plus en plus souvent déçu de finir par rencontrer des collègues partageant ses idées, il décida de s'y rendre.

Un éditeur était présent, Heinrich Ellermann, ainsi qu'un ancien acteur devenu écrivain, Sigismund von Radecki, converti au catholicisme, qui était très doué et plein d'esprit lorsqu'il lisait de la prose à haute voix ; on avait presque l'impression d'être au théâtre. Quelques étudiants en médecine s'étaient aussi fait inviter.

Après une discussion sur le thème littéraire qui avait été le sujet de la lecture, la discussion, au grand dam de l'hôtesse, se tourna vers la politique. Personne ne se connaissant bien, le sujet était dangereux.

Tout le monde était d'accord, la culture allemande était en plein déclin. Quelqu'un osa dire que la seule façon de gérer la situation – les nazis – n'était pas de protester, mais plus simplement de s'accrocher, de s'occuper de ses tâches et obligations culturelles, en tant que chercheur, et d'attendre la fin de ce cauchemar.

À ce moment-là, l'un des étudiants en médecine fit une remarque caustique. Hans Scholl, sombre et renfrogné, déclara : « Et pourquoi ne louerions-nous pas une île dans la mer Égée, pour donner des cours sur les visions du monde ? » Compte tenu de son statut subalterne par rapport aux universitaires et aux représentants des professions libérales qui étaient présents ce soir-là, on peut se faire une idée de l'assurance de Hans, et de la passion qui le poussa à sortir de la position d'écoute docile réservée aux étudiants dans la société allemande traditionnelle.

Après une telle impertinence, l'atmosphère dut se refroidir de plusieurs degrés. Mais Kurt Huber commença à prendre des couleurs. Lui n'était pas choqué par les propos de Hans, au contraire : soudain galvanisé, il haussa la voix : « Il faut faire quelque chose, et il faut le faire maintenant ! »

On entendait les mouches voler. Hans regarda Huber avec admiration. Leurs regards se croisèrent ; ni l'un ni l'autre n'oublierait ce moment. À la fin de la soirée, ils avaient déjà échangé quelques mots, pour se présenter et se promettre de se revoir.

Le cercle s'était formé. Kurt Huber ne savait rien d'eux mais, à présent, il était presque un membre de la Rose blanche.

10

En coulisses, cet été-là, les aspects créatifs et logistiques de l'opération Rose blanche posèrent quelques difficultés. Certains de ceux qui connaissaient l'identité des rédacteurs critiquèrent sévèrement le contenu des tracts.

Ce fut le cas de Manfred Eickemeyer, qui prêtait à Hans son studio de la Leopoldstrasse à Schwabing. Eickemeyer travaillait comme architecte pour le gouvernement général (allemand) de la Pologne occupée, avec des bureaux à Cracovie. Il avait assisté aux déportations et aux massacres de juifs. Il racontait à Hans et Alex comment des escouades spéciales de la SS avaient rassemblé des hommes, des femmes et des enfants, les avaient fait monter dans des camions, les avaient amenés à la périphérie de la ville, leur avaient ordonné de creuser des tranchées, puis les avaient abattus par groupes, qui tombaient dans les fosses en formant des couches successives. Il leur dit aussi que la Wehrmacht était présente et n'avait rien fait pour empêcher le crime.

Il était bouleversé, et démoralisé. Quand il venait à Munich, il en parlait autour de lui ; il voulait que le monde sache ce qui se passait, les Allemands en particulier. Le seul moyen d'y mettre un terme, pensait-il, était d'informer les gens.

Eickemeyer était en ville lorsque le second tract parut, dans la troisième semaine de juin 1942. On y lisait notamment :

> [...] depuis la conquête de la Pologne, 300 000 juifs ont été assassinés, d'une façon bestiale. Ici, nous assistons au crime le plus terrible jamais commis contre la dignité

> de l'homme, un crime qui n'a pas d'équivalent dans l'histoire de l'humanité. Est-ce un signe que le peuple allemand est en proie à une brutalité qui affecte désormais ses sentiments humains fondamentaux ? [...] Qu'il a sombré dans un sommeil dont il ne pourra plus jamais se réveiller ?
> Il semble bien que ce soit le cas [...] si l'Allemand ne sort pas de cette léthargie, s'il ne proteste pas chaque fois qu'il le peut contre cette bande de criminels, s'il n'éprouve pas de la compassion pour les centaines de milliers de victimes – non, pas seulement de la compassion, bien plus : de la culpabilité. [...]. Tout le monde se débarrasse de cette culpabilité, s'endort chaque soir avec la conscience en paix. Mais on ne peut pas s'en débarrasser : tout le monde est *coupable, coupable, coupable* !

Le tract s'achevait avec des aphorismes de Lao-tseu, et invitait ses lecteurs à diffuser l'information.

Manfred Eickemeyer fut, semble-t-il, très déçu par ce qu'il avait lu. Aucune description détaillée des atrocités, aucun nom, aucun lieu, aucune précision n'étaient donnés. La « question juive » était résumée en quelques phrases. Les tracts n'étaient ni informatifs ni pragmatiques, expliqua-t-il à Hans. Il se demandait pourquoi, alors que chaque ligne était précieuse, on citait Lao-tseu plutôt que des faits dans leur brutalité. Hans, pour qui l'écriture des tracts était aussi un moyen d'épancher ses sentiments, eut peut-être du mal à accepter cette critique.

Néanmoins, la production, les achats et les envois continuèrent, avec l'aide de Sophie et de Traute. Eickemeyer lui-même avait encore assez de sympathie pour l'entreprise pour offrir quelques centaines de marks et permettre à la Rose blanche d'utiliser son studio, ce qui n'allait pas sans risques pour lui.

C'est peut-être le troisième tract qui fut adressé au professeur Huber. Il arriva par la poste à son domicile quelques jours avant qu'il ne reçût une invitation à une soirée de lecture chez Alexander Schmorell, qu'il ne connaissait pas.

Les phrases qu'il lut furent sans doute un choc, bouleversant et revigorant. Voilà bien dix ans qu'il n'avait ni lu ni entendu des mots comme ceux-ci.

« Notre État est la dictature du mal », ainsi commençait le texte qui comparait ensuite les dirigeants nazis à « des criminels et des ivrognes ». Le langage devenait ensuite assez violent, passionné, puis se calmait un peu pour discuter de la manière de lutter. Le seul moyen d'opposition était la « résistance passive », une expression que les auteurs avaient sans doute empruntée au Mahatma Gandhi et au mouvement indien pour l'indépendance.

Le tract continuait, tentant manifestement d'être plus précis sur les moyens et finalités. L'objectif de la Rose blanche était

> de faire tomber le national-socialisme ; et, dans cette lutte, nous ne pouvons reculer devant aucun moyen, aucun acte. Une victoire de l'Allemagne fasciste dans cette guerre aurait des conséquences inconcevables mais terribles. Le premier souci de tout Allemand ne doit pas être la victoire militaire sur le bolchevisme, mais la défaite du national-socialisme.

Voici quelques-uns des « moyens » proposés :

> [...] *saboter* les industries d'armement, *saboter* toutes les assemblées, tous les rassemblements, toutes les cérémonies et toutes les organisations parrainées par le parti national-socialiste [...] saboter toutes les activités scientifiques et intellectuelles impliquées dans la poursuite de cette guerre – universités, instituts

d'enseignement technique, laboratoires de recherche ou agences techniques.

Il s'agissait de suggestions dangereuses, même si elles étaient imprécises. L'esprit de Kurt Huber était sans doute agité et confus lorsqu'il se mit en route, ce soir de juin, pour la villa Schmorell à Harlaching. Hans Scholl était venu l'inviter personnellement, et même s'il ne savait pas à quoi s'attendre, il ne pouvait pas refuser l'occasion d'une rencontre avec ses étudiants.

Hans et Traute Lafrenz, venus à vélo, l'attendaient à l'arrêt du tramway. Ils l'accompagnèrent jusqu'à la maison d'Alex. Comme ils pénétraient dans ce calme quartier résidentiel plein d'arbres en fleurs, aux maisons entourées de hauts murs qui cachaient de somptueux jardins, Traute se tourna soudain vers Huber et lui demanda s'il avait reçu un tract de la Rose blanche. Il dut marquer un temps d'arrêt, surpris par cette question de but en blanc venant d'une jeune femme qu'il n'avait jamais rencontrée. Il dut se raidir : Kurt Huber était un homme qui n'appréciait guère les femmes indépendantes, sophistiquées et intellectuelles. Il était à l'aise avec celles qui acceptaient le rôle qui leur était attribué par la « nature » : le réconfort, l'éducation, le refuge pour l'homme confronté à un monde hostile. Pour lui, les femmes étaient là pour servir du café aux hommes qui discutaient des problèmes sérieux du monde ; leur vocation n'était pas la compagnie intellectuelle ou l'amitié, mais le soutien spirituel.

Oui, répondit-il à Traute, il avait reçu un dépliant. Il ne s'étendit pas sur le sujet – mais il doutait, dit-il, que l'impact du tract valût les terribles risques encourus.

Ils étaient désormais arrivés à la maison des Schmorell. Depuis l'hiver 1941, avec l'accord de ses parents, Alex organisait chez eux des « soirées de lecture et de discussion ». C'était l'été, le jardin était en fleurs et, avant de passer à l'intérieur, les invités s'étaient regroupés autour de la véranda ouverte. Après quelques minutes, ils pénétrèrent dans un salon élégant. Des canapés et des fauteuils confortables et de bon goût étaient disposés en demi-cercle pour la discussion ; un piano à queue scintillait d'un côté de la pièce, et l'or d'une énorme icône, éclairée par des lumières spéciales, luisait dans le soir pâle.

Kurt Huber eut peut-être quelques difficultés à concilier l'opulence, le bon goût et la beauté des jeunes qui l'entouraient avec l'austérité de sa propre vie et les sinistres questions de guerre et de destruction qui le tourmentaient jour et nuit.

Il resta sur ses gardes tout au long de la soirée, n'intervenant que sur des points sans conséquence. La discussion porta sur la politique, on fit d'interminables pronostics d'un avenir apocalyptique, on évoqua les dernières nouvelles choquantes de l'université ou du front. Parmi les invités figuraient tous les membres de la Rose blanche. Ils espéraient manifestement voir Kurt Huber exprimer ouvertement ses vrais sentiments ; peut-être les rejoindrait-il.

Mais il se referma sur lui-même. Cet homme souvent imprudent dans l'arène ouverte de l'amphithéâtre était distant et prudent, assis au milieu de ces jeunes étudiants pleins de vie, dans l'élégance tranquille d'une maison abritée. Quand il finit par prendre la parole, il déplora le déclin des normes intellectuelles dans les écoles et universités, regretta la suppression de toute véritable recherche scientifique dans pratiquement tous les domaines, puis il retomba dans le silence et quitta l'assemblée avant la fin.

Les autres furent déçus, Hans plus encore que les autres ; mais ce garçon déterminé n'avait pas dit son dernier mot.

Le quatrième tract, le dernier de cette courte salve de feux d'artifice sur papier, parut à Munich à la mi-juillet, juste avant que le groupe ne se séparât pour les trois mois des vacances d'été.

Les mesures pratiques n'étaient toujours pas abordées ; les auteurs parlaient longuement de l'obligation chrétienne de résister, et citaient abondamment l'écrivain romantique Novalis. Le tract assurait ses lecteurs que la Rose blanche n'était « à la solde d'aucune puissance étrangère ». Les destinataires ne devaient pas craindre de voir figurer leurs noms sur des listes secrètes, puisqu'ils avaient été choisis au hasard dans l'annuaire téléphonique.

La dernière ligne allait devenir le slogan emblématique du groupe de Munich, la phrase qui résumait le sens de leur action : « *Nous ne nous tairons pas.* Nous sommes votre mauvaise conscience. La Rose blanche ne vous laissera pas en paix ! »

11

La nuit, on imprimait des tracts, le jour la vie continuait comme d'habitude dans la langueur de l'été munichois.

La ville semblait plus morne à présent ; sous le soleil, les façades des bâtiments semblaient ternes, et la nuit, on éteignait les réverbères pour se protéger des raids aériens.

Mais les étudiants en médecine continuaient ostensiblement à mener leur vie décontractée et trépidante. Ils allaient en cours, assuraient leur service à la clinique, se retrouvaient au Lombardi pour un bon chianti bon marché après un concert ou une promenade dans l'Englischer Garten. Tous jouaient plutôt bien d'un instrument ; certains se réunissaient parfois pour jouer de la musique de chambre. Certains week-ends, ils partaient en excursion dans les montagnes ; les longues randonnées et l'air frais les aidaient à évacuer la fatigue et la tension nerveuse. Sur le chemin du retour, ils faisaient parfois une halte chez Christel à Ruhpolding.

Mais cette vie d'étudiant facile et agréable n'était qu'une apparence ; leurs nerfs étaient à vif. Leur existence était tissée de faux-semblants, de secret, de mensonges à leurs familles et à leurs amis, et ils n'avaient jamais assez de temps pour dormir et se présenter à tous les endroits où ils étaient censés être. Alex Schmorell revint à ses premières amours, l'art, pour se distraire des études médicales, de la routine fastidieuse de la caserne et du terrible stress nocturne. Avec son amie Lilo Ramdohr, il prenait des cours de dessin et de croquis. Souvent, ils invitaient un clochard munichois à poser dans l'appartement de Lilo, en échange d'un repas chaud et d'un bain. Alex ne le saurait jamais, mais son penchant pour les chemineaux et les vagabonds s'était transformé en cauchemar : bien plus tard, on apprendrait que le clochard qui posait était un informateur de la Gestapo. Le jeune homme du monde, à l'âme russe et au charme léger, n'avait plus le sourire aussi facile ; la pression se faisait sentir. Il se tourna vers la sculpture, sa véritable vocation. Il passait des heures seul à créer des formes et à faire surgir la vie d'une masse d'argile. « S'il n'y avait pas le travail (et par travail, j'entends uniquement la sculpture), écrivit-il à cette époque, vivre en Allemagne est la situation la plus insupportable que je puisse imaginer. Mon compagnon le plus obstiné est une terrible agitation. Seul le travail m'apporte la paix. »

Mais l'agitation d'Alex allait bientôt prendre fin. Avant la fin du mois de juillet, il serait envoyé en Russie, en compagnie de Hans, Willi et de leurs amis Jürgen Wittenstein et Hubert Furtwängler, eux aussi étudiants en médecine. Alex allait enfin rentrer chez lui, mais comme infirmier et sous l'uniforme allemand. Il allait enfin voir le pays ravagé et souffrant qu'il considérait comme sa vraie patrie.

Dès le début du mois, des rumeurs circulèrent à l'école Bergmann : la compagnie serait affectée au front pendant les vacances d'été. Elles furent confirmées à la mi-juillet.

Le temps était venu de démanteler l'opération Rose blanche ; la dépression gagna le petit cercle d'amis. Ils avaient enfin commencé à agir, et à présent il fallait interrompre tout ce travail aussi laborieux que difficile, avant même d'être parvenus à quoi que ce soit. Il fallait emporter la ronéo, cacher ou détruire tous les vestiges du projet. Hans, Willi et Alex partaient pour la Russie.

Le jour du départ fut annoncé, puis changé, et on eut enfin la date définitive. Ils devaient faire leurs valises, dire au revoir à leur famille, ranger leurs livres et dire adieu à leurs amis – pas pour toujours, on l'espérait.

Ils décidèrent d'organiser une soirée d'adieu, et Manfred Eickemeyer accepta de prêter son studio de Schwabing. Le soir du

22 juillet, une quinzaine de personnes étaient réunies. Les hommes devaient partir à 7 heures le lendemain matin, à bord d'un train de transport de troupes.

Parmi les invités se trouvaient Kurt Huber et tous les membres de la Rose blanche. Des coussins et des chaises étaient disposés çà et là dans le vaste espace ouvert du studio ; il y avait du thé, des gâteaux, du vin et du schnaps. Dans la nuit qui tombait, les rideaux occultants du black-out renforçaient l'intimité de cette atmosphère bohème.

Comme toujours lors de ce genre d'événements, on se lança dans une discussion sur l'art et la littérature. À mesure que la soirée avançait, la discussion s'orienta vers la politique. Alex, peut-être sous l'effet du vin et de l'idée qu'il allait retourner en Russie, se montra plus volubile qu'on ne l'attendait ; il déclara que la résistance passive était le seul moyen de faire face aux réalités du moment. C'est alors que Kurt Huber prit la parole, la voix haute et nerveuse ; Alex avait raison, la résistance « active » était impossible : ils n'étaient pas des « ouvriers de l'industrie qui peuvent sortir dans la rue et faire la grève ». Les intellectuels n'avaient pas d'autres moyens que de boycotter les activités nazies et d'attendre la mort du fascisme. Il commençait à être agité de tremblements.

Hans n'était pas d'accord. Avec des individus amers et isolés les uns des autres, on ne pourrait pas préparer le terrain à un renversement du régime. Le seul moyen était de travailler ensemble, en groupe, en coopération.

La discussion s'anima, on évoqua la destruction des villes allemandes par les raids aériens. Que resterait-il de cette grande tradition culturelle qu'ils voulaient sauver des nazis si elles étaient rasées par les bombardements ?

Manfred Eickemeyer était furieux ; il ne se souciait pas du patrimoine et des toiles de maître : les Allemands avaient bien mérité ce qui leur arrivait, et il leur faudrait boire la coupe « jusqu'à la lie ».

Kurt Huber tremblait à présent de tous ses membres. Il se tordait presque sur sa chaise, le visage empourpré. Oui, dit-il à voix haute, il n'y a peut-être qu'un seul moyen, la propagande clandestine, le sabotage et… « *l'assassinat* ».

Ils le regardèrent fixement. Ils n'en croyaient pas leurs oreilles.

Le silence fut rompu lorsque Hans Hirzel, un jeune lycéen d'Ulm, passa à l'improviste pour dire au revoir à Hans. C'était le frère de Susanne Hirzel, une très bonne amie de Sophie. Avant la fin de la soirée, Hans et Sophie lui donneraient 80 marks pour acheter une nouvelle ronéo, qu'il devait cacher à Ulm avant de les aider à préparer de nouveaux tracts quand les trois médecins reviendraient du front.

Kurt Huber quittait la fête à présent, serrant la main de ces grands jeunes hommes en partance pour des champs de bataille qu'il ne verrait jamais. Il leur demanda de lui écrire, de lui raconter leurs impressions. Hans lui dit qu'ils n'y manqueraient pas.

Hans et Alex échangèrent un regard rapide : ils ne diraient pas à Huber qu'ils étaient la Rose blanche. Pas encore.

Ils le regardèrent sortir de la cour, avec Christoph Probst qui l'accompagnerait jusqu'à l'arrêt du tramway. Ils le saluèrent, le professeur agita la main lui aussi.

Il devait avoir l'air petit, fatigué, et très seul.

12

Sophie, Traute et d'autres amis vinrent saluer les jeunes gens à l'Ostbahnhof de Munich. Ils firent de grands signes en direction du train qui s'éloignait vers l'est, avant de rentrer chez eux pour affronter les chambres vides d'un été soudain sans couleurs.

Il fallut trois jours au convoi militaire pour atteindre Varsovie. La compagnie des étudiants avait quelques heures entre deux trains pour se promener dans la ville, écrasée par une vague de chaleur. Les conditions de vie à Varsovie étaient bien pires que lors du dernier passage de Willi en route pour le front. Il inscrivit dans son journal : « La misère nous regarde en face. J'espère ne plus jamais revoir Varsovie dans ces conditions. » Hans, dans une lettre qu'il écrivit de Russie au professeur Huber, nota que les amis s'étaient rendus dans le ghetto juif. « La ville, le ghetto et tout ce qui s'y rapporte nous ont fait à tous une forte impression », écrivit-il avec une certaine prudence.

En juillet 1942, quand ils passèrent à Varsovie, la famine et les épidémies avaient anéanti une grande partie de la population juive, qui avait été enfermée derrière les murs et les barbelés de l'ancien ghetto. Quelques semaines auparavant, les SS avaient lancé les campagnes de déportation vers les camps d'extermination d'Auschwitz, Treblinka et Majdanek.

La décision de détruire complètement le peuple juif – la « solution finale à la question juive », comme on l'appelait pudiquement dans les couloirs du pouvoir – avait été prise un an plus tôt. Mais la mise en œuvre de ce programme plusieurs fois retardé avait dû attendre le 22 juin 1941, le jour où les armées d'Hitler avaient envahi l'Union soviétique, ignorant le pacte de non-agression.

Des juifs de tous les territoires occupés, et même pour certains du Reich lui-même, avaient été rassemblés dans le ghetto de Varsovie, et dans ceux de toute la Pologne occupée. Lorsque Hans, Alex et Willi arrivèrent au ghetto, il en sortait une foule d'hommes, de femmes et d'enfants émaciés et aux yeux vides, bousculés par des hommes en uniforme gris qui les conduisaient en rangs désordonnés dans les rues brûlantes jusqu'à la gare, où ils seraient enfermés dans des wagons à bestiaux scellés.

Il y avait des Allemands en uniforme qui se moquaient de leurs victimes et les tourmentaient gratuitement – certains envoyaient des photos chez eux pour exhiber leur sadisme légalement autorisé – et il y avait aussi des Allemands profondément bouleversés par ce qu'ils voyaient, mais qui semblaient incapables de mettre des mots sur leurs expériences et leurs sentiments, sauf à dire que « la situation est indescriptible » ou, comme Willi, que « la misère nous regarde en face », ou qu'ils étaient « déprimés » ou qu'ils avaient « le moral à zéro ».

Il fallut plus d'une semaine pour que le train militaire atteigne Wjasma, point de rassemblement du front central et de la 252e division à laquelle ils étaient incorporés. Cette petite ville était presque entièrement détruite ; il n'y avait plus là, comme le note Willi, « que de la saleté, de la misère et de la musique militaire allemande », et, sur une colline au milieu des ruines, une église en bois encore intacte.

Ils se rendirent ensuite jusqu'à la ville de Gzhatsk, à une soixantaine de kilomètres à l'ouest de Moscou, le point de pénétration le plus avancé qu'atteindrait la Wehrmacht. C'était là que la grande offensive orientale s'était arrêtée, pour s'enliser progressivement dans la boue et la neige.

Mais, portant les yeux au loin, derrière la misère et la dévastation, les jeunes hommes furent enivrés par l'immense étendue des steppes, le ciel infini, le mystère de la Russie. « Au-delà de la frontière commencent les vastes steppes sans fin, écrivit Hans dans son journal peu après leur arrivée, où chaque ligne se dissout, où tout ce qui est solide se désintègre et n'est plus qu'une goutte d'eau dans la mer, où il n'y a ni commencement, ni milieu, ni fin, où l'homme est sans abri et où seule la mélancolie remplit son cœur. »

Ce n'était pas seulement le paysage nu et sans limites qui les captivait, ils se trouvaient aussi dans une situation exceptionnelle, grâce à Shurik. Avec lui, ils purent franchir les portes en bois des isbas, des masures et des huttes, inaccessibles aux autres Allemands. Willi écrit ainsi : « Le pays s'est ouvert à moi par l'intermédiaire d'Alex. »

On peut imaginer le choc, la terreur, puis le sourire incrédule qui éclairait le visage des paysans lorsqu'ils rencontraient ce grand jeune homme vêtu de l'uniforme gris poussiéreux de l'ennemi, qui parlait couramment leur langue, leur offrait de la vodka, et leur tendait la main en ami. Tandis que Willi, Hans et peut-être Hubert Furtwängler se tenaient un peu à l'écart, il leur expliquait qu'il était né en Russie, qu'il pensait que c'était sa patrie et qu'un jour il reviendrait et resterait pour toujours. Il était plein d'énergie, presque extatique ; ses rêveries et ses souvenirs d'enfance avaient pris forme : la Russie était ce qu'il avait toujours su qu'elle serait ; et quoi que pussent penser ou dire les gens en Allemagne, il n'éprouvait nulle déception.

Le 5 août 1942, peu après son arrivée à Gzhatsk, il écrivit à ses parents une lettre chaleureuse et pleine d'émotion.

> Nous avons voyagé douze jours au total, et nous allons rester ici. Le front se trouve à une dizaine de kilomètres. Gzhatsk est presque entièrement détruite et les Russes continuent de tirer, parfois de jour, parfois de nuit. Mais notre camp se trouve dans les bois et nous sommes à l'abri du danger.
>
> Je parle souvent avec les Russes, avec les gens simples comme avec les gens instruits, en particulier des médecins. Je suis extrêmement impressionné. Si vous

> comparez cette génération russe à celle des Allemands ou des Français, vous arrivez à une conclusion étonnante : ils [les Russes] sont tellement plus jeunes, plus frais et plus attirants.

Ici, Shurik voulut peut-être rassurer son père en lui montrant que son amour de la Russie n'était nullement entaché par l'endoctrinement communiste :

> Curieusement, tous les Russes ont la même opinion sur le bolchevisme : ils le détestent plus que tout au monde et, même si la guerre se termine mal pour l'Allemagne, le bolchevisme ne reviendra jamais ici. C'est terminé, c'est fini, et les Russes, du paysan à l'ouvrier, le détestent totalement.
> Je dois finir, à présent, pour me rendre à l'antenne chirurgicale où je travaille.
> Si possible, envoyez des allumettes en bois.
> Salut à tous, baisers à tous,
> Votre Shura.

Bientôt, les jeunes médecins étaient invités dans les fermes, chantaient des chansons folkloriques, se joignaient aux danses et fournissaient à la population locale du schnaps et des médicaments. Plus tard, dans le courant du mois d'août, Shurik écrivit à ses parents que

> ces vingt années de bolchevisme n'ont pas fait oublier au peuple russe comment chanter et danser, et partout où l'on va, on peut entendre des chansons. Certaines nouvelles, d'autres anciennes. Accompagnées à la balalaïka et à la guitare, et si belles. [...] Malgré leur pauvreté, les gens sont incroyablement hospitaliers. Quand un invité

> arrive, ils sortent immédiatement le samovar et tout ce qu'ils possèdent est posé sur la table.

L'armée allemande, cela va sans dire, proscrivait formellement toute fraternisation, et ces rencontres avaient surtout lieu le soir, à bonne distance du camp militaire. Les nuits d'été sont claires, longues et tièdes dans la plaine russe, et les festivités spontanées prenaient des allures de bacchanales, avec les canons tonnants et les traînées rouges des fusées qui éclaboussaient le ciel à quelques kilomètres de là.

Hans quant à lui se sentait « déchiré », entre les chants et danses frénétiques la nuit et le soin aux blessés et aux mourants dans la journée. Lorsqu'il trouvait le temps de dormir, il faisait des rêves sauvages et agités. Willi aussi, malgré un tempérament beaucoup plus calme, était emporté dans le monde enivrant des steppes, des chants, des coups de canon et de la vodka : « C'est merveilleux d'être dehors aux petites heures du matin », écrivit-il à la fin du mois d'août.

> Dommage que nous soyons dans une forêt où l'on ne voit pas l'horizon. Les arbres qui nous entourent rétrécissent la vue. Le soir, nous écoutons des chansons russes dans la maison d'une femme du village. Elle travaille dans le camp. Nous nous asseyons en plein air, derrière les arbres, la lune se lève, ses rayons tombent dans les trouées entre les rangées d'arbres, il fait frais, les filles chantent accompagnées à la guitare, nous essayons de fredonner la basse, c'est si beau, on sent le cœur de la Russie, nous adorons.

Quelques jours plus tard, Willi rédigea des remarques offrant un rare aperçu de sa profonde timidité et de sa naïveté totale, quoi qu'il eût vu faire par sa propre armée dans les villages incendiés. Ces quelques lignes évoquent une visite à la maison d'une jeune fille russe, Sina, qui parlait un peu l'allemand et travaillait apparemment dans son camp ; il l'avait déjà mentionnée plusieurs fois sans s'attarder.

> Cet après-midi, j'ai visité la maison où vit Sina ; en fait, je suis venu lui demander des œufs. Sur un tourne-disque, j'entends de la musique russe, des chansons. Nous commençons à parler de la vie quotidienne. Je suis étonné de la rage qu'ils ont contre les Allemands. Une véritable aversion. Ils parlent de Moscou, qui apparemment est une belle ville. En fait, il est facile de s'entendre avec les Russes si l'on veut bien s'en donner la peine. Je me sens très bien avec eux.

Le soir, dans leur bunker, ils lisaient *Crime et châtiment* ; Willi nota qu'il le lisait déjà pour la troisième fois. La puissance fiévreuse de l'histoire d'un homme explorant les limites d'un monde où il n'y a pas de Dieu exprimait leur propre état d'esprit, leurs pensées vertigineuses sur la signification du bien et du mal, de la liberté et de la Russie.

À ce stade de ma vie », écrivit Willi,

> Dostoïevski a été important, et c'est parce que j'ai appris à mieux connaître certains Russes au cours des dernières semaines. Le fait d'être avec Alex m'a ouvert les portes de ce pays qui m'était presque inconnu ou, du moins, incompréhensible. Nous nous asseyons avec les paysans pour chanter ensemble et ils chantent de merveilleuses vieilles chansons. On oublie pour un moment toute la tristesse et l'horreur qui nous entourent. Nous passons des après-midi et des soirées merveilleuses avec les Russes, tandis que les canons et les fusils ne cessent de rugir et que nous

> nous occupons des malades et des blessés. Il y a deux mondes autour de nous.

Il est intéressant », poursuivait-il,

> que les gens les plus simples : paysans, pêcheurs, artisans, connaissent Dostoïevski et sont impliqués dans ce qu'il écrit – non pas superficiellement, mais au sens le plus profond. On ne peut pas en dire autant de l'Allemagne, où peu de gens connaissent vraiment Goethe. Ici, les poètes font vraiment partie du peuple et les gens les comprennent. Je regrette profondément de ne pas connaître davantage le russe. Cela aurait été d'une beauté tellement indescriptible de pouvoir vraiment parler à certaines personnes !

L'expérience de la Russie fut sans aucun doute l'un des sommets de leur jeune vie. Elle fut unique – grâce à Shurik – et elle fut brève, même pas trois mois. La réaction exaltée et presque mystique de Hans, Alex et Willi à l'égard de la Russie peut sembler étonnante, mais elle découlait naturellement de l'attitude des Allemands à l'égard de l'Est slave.

Solidement installés, parfois au prix d'une certaine insécurité, dans les plaines et vallées centrales du continent européen, relativement peu protégé par les mers et les montagnes, pendant plus de huit cents ans les Allemands ont regardé vers l'est avec un mélange d'intérêt, de suspicion et de désir. De l'autre côté de leurs frontières orientales, instables et mouvantes, ils gardaient un œil sur un monde slave qui s'étendait jusqu'à l'Oural et la Sibérie, se considérant eux-mêmes comme une sorte de rempart contre les hordes primitives, contre le monde dangereux et mystérieux de l'Orient.

La Russie, l'Orient, l'Est, ces mots semblent presque interchangeables dans le vocabulaire allemand du XIXe siècle et de la première moitié du xxe. Les sentiments à l'égard de « l'Est », de la Russie, ce pays de tsars, de paysans et d'églises à bulbes, ont toujours été ambivalents, un peu comme les Occidentaux considèrent les pays de ce que l'on appelle le tiers-monde : un endroit où acquérir des matières premières et des denrées alimentaires à bon marché, soulager la pression démographique, coloniser, vivre l'aventure et partir en mission religieuse, commerciale ou patriotique vers des races inférieures, ou un endroit à envahir simplement pour le plaisir d'envahir.

À l'époque médiévale, au XIIIe siècle, les chevaliers teutoniques commencèrent à regarder vers l'est, conquérant et colonisant les peuples slaves du Nord et les régions baltes. Plus tard, au début du XVIIIe siècle, Pierre le Grand et ses successeurs appelèrent des « experts » allemands dans leur pays sous-développé, les considérant comme des techniciens ennuyeux mais fiables et bien formés, issus d'une société avancée ; ils pouvaient aider à moderniser et unifier une Russie qui s'étendait désormais bien au-delà des frontières de la Moscovie, pour en faire un gigantesque empire multilingue et multinational. Au fil des siècles, la Russie a été pour l'Allemagne une terre à civiliser, comme le fut l'ouest de la « frontière » pour les colons américains. Dans un cas comme dans l'autre, une telle zone était synonyme de menace, mais aussi de liberté. Cela allait de pair avec un certain mépris pour les habitants, la société et l'État russes. Alors que l'Allemagne au XIXe siècle luttait pour son unité politique, à partir d'un ensemble d'États princiers et de duchés, les marées du nationalisme et du militarisme bismarckiens l'emportèrent et culminèrent en une vague d'arrogance nationale nourrie d'un sentiment de supériorité à l'égard des autres peuples et cultures. Le mépris à l'égard des Slaves de l'Est connut alors son paroxysme. Après la Première Guerre mondiale, il s'estompa brièvement, du moins pour une partie des Allemands, avec la révolution d'Octobre et l'avènement d'un monde nouveau sous le signe du « socialisme scientifique ». Mais même ce rêve éphémère ne dura guère pour la gauche allemande, après une décennie de stalinisme qui rongea comme un acide le portrait de l'utopie russe.

La quête du *Lebensraum* à l'est, la croyance que les steppes russes étaient destinées aux besoins allemands et que les peuples slaves étaient des races inférieures à utiliser comme une main-d'œuvre brute pour exploiter le sol, ne disparut jamais complètement de la pensée allemande. Elle devait s'épanouir pleinement et devenir une politique nationale lorsqu'après 1938, Adolf Hitler et les nazis commencèrent à mettre en œuvre leur vision de l'avenir du continent eurasien.

Mais, comme pour toutes les croyances, il y eut toujours en Allemagne un contre-motif à ce point de vue sur la Russie, l'autre extrémité d'un spectre d'opinions très polarisé. Ce contre-motif, c'était le sentiment partagé et profondément ressenti par Alex, Willi et Hans.

« L'âme russe » est une expression que l'on entend souvent en allemand et qui a généralement des connotations positives. Elle fait référence à la profondeur des sentiments, à une sensibilité artistique, au cœur qui s'épanche et à la générosité spontanée, mais elle porte aussi en elle des images de passion débridée et d'expérience orgiaque. Elle est associée à des sautes d'humeur sauvages, du sommet de l'exaltation au gouffre du nihilisme et du désespoir, du plus tendre témoignage de gentillesse à la grossière brutalité d'un ivrogne : bref, à l'exception de la discipline et de la mesure apolliniennes, tous les aspects de l'humanité embarquent dans le vaisseau agité appelé l'âme russe. Cela n'a rien à voir avec la Russie de Lénine, de Trotski, de Brejnev ou même de Sakharov, mais peut-être davantage avec Soljenitsyne. L'idée de l'âme russe semble répondre à un besoin profond de la psyché allemande ; ses valeurs sont primitives et libres, à la fois repoussantes et excitantes pour un peuple aussi discipliné et laborieux. Au XIXe siècle, l'idée de l'âme russe exprimait l'aspiration des deux cultures, en Allemagne et en Russie, à une vraie liberté et à une vraie communauté, aussi contradictoires que ces idées puissent paraître. Page après page, dans chacune des deux langues, écrivains et philosophes n'ont eu de cesse de définir, d'inventer et d'imaginer l'anarchie et l'unité, l'obéissance et la liberté.

La soif d'unification nationale, d'importance nationale et le désir d'une liberté « spirituelle » particulière, inconnue en Occident, ne sont pas les seuls traits que les deux sociétés les plus autocratiques d'Europe avaient en commun : après la fin de l'empire napoléonien, toutes deux rejetèrent les valeurs et l'ensemble des croyances des Lumières issues de l'Europe occidentale ; toutes deux s'opposèrent farouchement à la Révolution française, qui mettait l'accent sur le nivellement des classes et sur la *fraternité* entre égaux ; toutes deux rejetèrent les principes de la démocratie parlementaire, qu'elles considéraient comme le triomphe des nombres sur les valeurs, de la quantité sur la qualité. En effet, pour l'Allemagne comme pour la Russie, l'Europe occidentale était une place de marché, qui détruisait l'intégrité et les principes au profit du compromis et de l'or (le mot qu'ils utilisaient pour désigner cette notion était « corruption »). Les deux sociétés se détournèrent de l'idée de l'homme privé, vivant anonymement dans la ville, libéré des pressions morales de la communauté, du village et de la ville (elles considéraient cela comme une « aliénation »).

Les intellectuels et les lettrés allemands et russes considéraient la bourgeoisie industrielle naissante comme une menace pour les ordres authentiques de la noblesse, de l'artisanat et de la paysannerie, et les deux groupes voyaient leurs nations respectives comme l'avant-garde civilisatrice – bien que rétrograde – qui ramènerait en Europe la vérité perdue au cours des siècles d'exploration et de modernisation depuis la Renaissance, la vérité d'une vie pure et « entière », comme dans le monde préindustriel des paysans et des prêtres.

Les systèmes intellectuels des deux pays se sont nourris l'un de l'autre. L'idéalisme philosophique allemand, incarné dans les œuvres de Hegel et Schelling, a eu un impact considérable sur les slavophiles russes et, à leur tour, des écrivains comme Dostoïevski surtout, mais aussi Gogol, voire Tolstoï et Tourgueniev ont touché une corde sensible chez les romantiques allemands et leurs mouvements de jeunesse.

« Quelqu'un a-t-il jamais compris la signification humaine du nationalisme d'une manière plus allemande que le grand moraliste russe ? » se demandait Thomas Mann en parlant de Dostoïevski, dans une œuvre qu'il écrivit en pleine Première Guerre mondiale, alors que la Russie et l'Allemagne étaient en guerre l'une contre l'autre. « Si les affinités spirituelles peuvent constituer le fondement et la justification des alliances politiques, alors la Russie et l'Allemagne appartiennent à la même famille. »

Quand on tente de catégoriser les sentiments et attitudes à l'égard d'autres nations, on a tendance à gommer la complexité et l'ambivalence. Aujourd'hui encore, il serait injuste et inexact de présenter les opinions des Allemands à l'égard de la Russie sous un jour purement négatif ou purement positif. Mais il ne fait aucun doute qu'avant même de poser le pied sur le sol russe, les membres de la Rose blanche avaient déjà en tête une version fantasmée, idéalisée et rêvée du peuple, de la littérature et des paysages. Et en 1942, alors que leur nation en armes était en guerre contre la Mère Russie, leurs projections et croyances sur « l'ennemi » ont assurément contribué à renforcer leur résistance à la cause nazie et à toutes les valeurs associées à la technologie, à l'efficacité, à la modernisation, à l'uniformité et au « progrès ».

L'année universitaire était terminée et plus rien ne retenait Sophie à Munich. Elle rentra chez elle avec soulagement, mais elle n'avait pas le moral. Fritz et ses deux frères étaient au front, sa mère avait des problèmes de santé, il lui fallait maintenant travailler deux mois dans une usine d'armement pendant les vacances d'été – encore une nouvelle exigence dans une société qui se réduisait de plus en plus à des proclamations et à des ordres.

Le voyage en train de Munich à Ulm ne fut guère joyeux. Peu de temps après son arrivée, son père passa devant le juge, et il fut condamné à quatre mois de prison pour sa remarque sur Hitler. Elle revint précipitamment à Munich et, avec l'aide de Traute, vida sa chambre et celle de Hans pour s'assurer que la Gestapo ne trouvât rien de compromettant, à présent que toute la famille était sous la menace d'une peine de *Sippenhaft* (« responsabilité du clan »).

Magdalena Scholl était au trente-sixième dessous. On se garda probablement d'évoquer cette possibilité, mais chacun savait que de nombreux prisonniers, après avoir purgé leur peine, ne franchissaient les portes de la prison que pour trouver un fonctionnaire de la Gestapo qui les attendait avec les papiers signés et tamponnés du « transfert » – vers un camp de concentration.

Sophie demanda un délai avant de prendre son poste à l'usine, pour aider sa mère à la maison ; cela ne lui fut pas accordé.

Ce fut une période sombre et solitaire. La famille avait le droit d'écrire à Robert tous les quatorze jours ; il ne pouvait répondre qu'une fois par mois. Les lettres de Sophie à son père sont pleines d'encouragement, mais on voit affleurer aussi des paroles de défi. En août, elle commença à travailler à l'usine. Parfois, le soir, elle allait se promener sous les fenêtres de la prison, dans l'espoir d'y voir son père.

Elle prenait sa flûte et jouait l'air de « *Die Gedanken sind frei* » (« Elles sont libres, les pensées[3] »), une chanson anonyme associée à la révolution de 1848, qui fait partie de l'héritage libéral et antidespotique de l'Allemagne. Voici l'un des couplets :

Elles sont libres, les pensées
Personne ne peut les arrêter
Car elles peuvent s'envoler

3. Paroles françaises de Roger Siffer et Marén Berg.

Comme une ombre dans l'obscurité
Personne ne peut les deviner
Personne ne peut les traquer
Rien ne peut les tuer :
Elles sont libres, les pensées.

Elle détestait le travail à l'usine. Ce qui l'oppressait n'était pas seulement l'idée de fabriquer des pièces pour les machines de guerre d'Hitler, mais aussi, comme elle l'écrivit à une amie,

> ce travail sans esprit, sans vie, purement mécanique, ces minuscules petites pièces dont nous ne connaissons pas l'ensemble, et qui servent un but horrible. Le travail ne t'affecte pas tant physiquement que mentalement. Le bruit constant des machines, le hurlement des sirènes à la fin d'un quart de travail, l'image dégradante d'êtres humains à la machine, comme s'ils étaient entièrement sous son emprise [...] comme c'est beau, le travail d'un fermier, d'un artisan, oui, même celui d'un balayeur de rue.

Elle pensait souvent à Hans, à Alex et aux autres en Russie, et il lui arrivait même de rêver d'eux. « Je me suis promenée avec Hans et Shurik », nota-t-elle un matin dans son journal,

> Je marchais entre eux... en passant mon temps à sauter, pour qu'ils puissent me soulever vers l'avant. Puis Hans a commencé : « Je connais une preuve parfaitement simple de l'existence de Dieu. Les gens respirent tellement qu'au bout d'un certain temps, le ciel tout entier doit être pollué par l'haleine usée des hommes. Mais pour que les hommes ne perdent pas cette nourriture pour leur sang, Dieu souffle de temps en temps une bouffée de son propre souffle dans notre monde... et renouvelle

> l'air. C'est ainsi qu'il fait. » Alors Hans a levé le visage vers le ciel sombre et mélancolique, il a inspiré profondément, puis expiré. Son souffle a formé une colonne bleue, lumineuse, qui s'élevait de plus en plus haut dans le ciel, repoussant les nuages sales, et là, au-dessus de nous, devant nous et autour de nous, il y avait le ciel le plus pur, le plus bleu. C'était beau.

À l'usine, elle entama à titre personnel une grève du zèle. Le contremaître lui fit des remarques ; elle haussa les épaules et répondit qu'elle n'y pouvait rien si elle était maladroite.

Quand elle regardait ses collègues de travail autour d'elle, toutes des femmes, elle se rendait compte qu'elle avait plutôt de la chance. La plupart d'entre elles étaient des travailleuses forcées originaires de Russie, qui vivaient dans des baraquements entourés de barbelés, dans une annexe de l'usine. Elles étaient traitées comme du bétail, survivant à peine grâce à des soupes claires et travaillant soixante-dix heures par semaine (contre soixante pour les Allemandes).

Peu à peu, elle se lia d'amitié avec quelques femmes russes, sans beaucoup de mots, mais avec quelques sourires amicaux quand personne ne les regardait. Elle essaya quelques phrases apprises de Shurik, et fut touchée par la réponse chaleureuse des Russes. Elle leur donnait discrètement un peu de son pain et de ses rations ; ces contacts, leurs sourires, leur chaleur, leur simplicité et leur innocence furent l'une des rares expériences positives dans ces mois d'incertitude.

Hans avait appris l'arrestation de son père juste après son arrivée à Gzhatsk. Sa mère lui écrivit pour lui demander, ainsi qu'à son frère Werner qui, par coïncidence, était stationné à Gzhatsk avec une unité régulière, de soumettre à la justice un appel à la clémence pour leur père. Le fait que les fils Scholl soient en première ligne, pensait-elle, serait peut-être pris en compte.

Hans alla voir Werner à cheval. Dès qu'il avait reçu la lettre de sa mère, il avait pris sa décision : il n'y aurait pas de demande de grâce. Werner tomba d'accord avec lui ; ils écrivirent à leur mère qu'ils pensaient agir dans l'esprit de leur père. Hans écrivit dans son journal : « Je sais ce que c'est que la fausse fierté, mais je sais aussi ce que c'est que la vraie fierté. » Pourtant, il avait été profondément bouleversé par l'arrestation de son père. Dans une lettre à sa famille du 18 septembre 1942, il écrivit : « Ici, je pense beaucoup à mon père et, comme cela ne peut se produire qu'en Russie, je passe par toute la gamme des émotions jusqu'à la rage la plus aiguë, puis, tout aussi rapidement, je retombe dans un état d'attente, de confiance et de calme. »

Sur le front, près de Moscou, l'activité ralentissait, car le haut commandement allemand expédiait de plus en plus d'hommes et de munitions vers le sud, vers la Volga, en vue d'une offensive contre une grande ville industrielle appelée Stalingrad.

En octobre 1942, leur unité fut prévenue qu'elle serait bientôt rappelée en Allemagne. Shurik avait contracté la diphtérie avant de sombrer dans la dépression. Il ne voulait pas repartir, il voulait rester en Russie. Mais s'il le faisait – c'est-à-dire s'il désertait, comme il en parlait si souvent –, que lui arriverait-il en Russie ? Il ne pouvait pas tirer sur un Russe, mais il ne tirerait jamais non plus sur un Allemand. Le but de Shurik avait toujours été de bâtir un pont entre les deux pays et les deux cultures, il se voyait comme un réconciliateur, un homme d'harmonie et de paix. Aujourd'hui, il était perdu dans les limbes entre ces deux nations ; soudain, il n'appartenait plus ni à l'une ni à l'autre ; il était seul.

Ce fut probablement la seconde grave crise émotionnelle qu'il eût traversée. Il regardait tristement ses bottes couvertes de boue ; il disait qu'il ne les laverait jamais, qu'il ne nettoierait jamais cette terre qui était celle de la Russie.

L'automne prenait ses quartiers dans la plaine de Moscovie. Hans écrivit, dans une lettre à sa famille :

> Alex a presque recouvré la santé, mais il ne quitte pas le camp. Je dois donc encore aller pêcher tout seul. Mais l'automne est magnifique ici. Pouvez-vous imaginer à quoi ressemblent les immenses forêts de bouleaux qui se parent progressivement de toutes les couleurs de la fin de l'été, de l'or doux au rouge pourpre. Le soleil brille continuellement, le vent d'automne chasse les nuages – tout à l'heure, un des médecins m'a mis en colère en me reprochant ma coupe de cheveux peu militaire. *Jawohl, Herr Stabsarzt…* le temps viendra où nous vivrons autrement la Russie, où nous laisserons pousser nos barbes aussi longues que nous le pourrons, jusqu'à ce qu'elles touchent la terre, si cela nous plaît.

À l'évidence, ils étaient tous déprimés par l'avancée continuelle des troupes allemandes en Russie, et même par l'idée de rentrer au pays ; mais il n'y avait rien à faire, ni pour Alex ni pour eux, si ce n'est discuter du « plan » (pour reprendre la formule énigmatique de Willi dans son journal) : la relance des activités de résistance une fois qu'ils seraient rentrés à Munich.

Le jour du départ approchait, et il y avait de la fièvre dans l'air. Willi nota ce jour-là : « Dernier matin, préparatifs, adieux à Sina et aux enfants. C'est très dur pour moi. » L'amitié s'était approfondie, exaltée aussi, même entre ceux qui étaient restés en Allemagne, comme Christel Probst. Tout à la fin de l'intermède russe, il écrivit à Hans une lettre dans laquelle il lui confiait que lui aussi avait été touché par la Russie. Il s'épanchait avec une liberté et une confiance qu'on n'aurait pas attendues d'un jeune Allemand.

Dans une lettre à ses amis en date du 18 octobre 1942, postée de Ruhpolding, Christel écrit :

> C'est étrange que votre première lettre ne me parvienne que maintenant ; la semaine dernière, vous m'avez

Hans Scholl, co-fondateur du mouvement de la Rose blanche, avec sa sœur Sophie et Christoph Probst, le 23 juillet 1942. Cet été-là, les quatre premiers tracts sont distribués en deux semaines.

EIN DEUTSCHES FLUGBLATT

DIES ist der Text eines deutschen Flugblatts, von dem ein Exemplar nach England gelangt ist. Studenten der Universität München haben es im Februar dieses Jahres verfasst und in der Universität verteilt. Sechs von ihnen sind dafür hingerichtet worden, andere wurden eingesperrt, andere strafweise an die Front geschickt. Seither werden auch an allen anderen deutschen Universitäten die Studenten „ausgesiebt". Das Flugblatt drückt also offenbar die Gesinnungen eines beträchtlichen Teils der deutschen Studenten aus.

Aber es sind nicht nur die Studenten. In allen Schichten gibt es Deutsche, die Deutschlands wirkliche Lage erkannt haben ; Goebbels schimpft sie „die Objektiven". Ob Deutschland noch selber sein Schicksal wenden kann, hängt davon ab, dass diese Menschen sich zusammenfinden und handeln. Das weiss Goebbels, und deswegen beteuert er krampfhaft, „dass diese Sorte Mensch zahlenmässig nicht ins Gewicht fällt". Sie sollen nicht wissen, wie viele sie sind.

Wir werden den Krieg sowieso gewinnen. Aber wir sehen nicht ein, warum die Vernünftigen und Anständigen in Deutschland nicht zu Worte kommen sollen. Deswegen werfen die Flieger der RAF zugleich mit ihren Bomben jetzt dieses Flugblatt, für das sechs junge Deutsche gestorben sind, und das die Gestapo natürlich sofort konfisziert hat, in Millionen von Exemplaren über Deutschland ab.

Manifest der Münchner Studenten

Erschüttert steht unser Volk vor dem Untergang der Männer von Stalingrad. 330.000 deutsche Männer hat die geniale Strategie des Weltkriegsgefreiten sinn- und verantwortungslos in Tod und Verderben gehetzt. Führer, wir danken Dir !

Es gärt im deutschen Volk. Wollen wir weiter einem Dilettanten das Schicksal unserer Armeen anvertrauen ? Wollen wir den niedrigsten Machtinstinkten einer Parteiclique den Rest der deutschen Jugend opfern ? Nimmermehr!

Der Tag der Abrechnung ist gekommen, der Abrechnung unserer deutschen Jugend mit der verabscheuungswürdigsten Tyrannei, die unser Volk je erduldet hat. Im Namen des ganzen deutschen Volkes fordern wir von dem Staat Adolf Hitlers die persönliche Freiheit, das kostbarste Gut der Deutschen zurück, um das er uns in der erbärmlichsten Weise betrogen hat.

In einem Staat rücksichtsloser Knebelung jeder freien Meinungsäußerung sind wir aufgewachsen.

G.39

Le dernier des six tracts de la Rose blanche attaquant le régime nazi d'Hitler. Il a été réimprimé par la Royal Air Force britannique qui en largua des dizaines de milliers d'exemplaires sur l'Allemagne en juillet 1943.

De gauche à droite, dans le groupe au centre de la photo, le sympathisant Hubert Fürtwangler, Hans Scholl, Willi Graf et Alexander Schmorell, rejoints par Sophie Scholl à la gare de l'Est de Munich, avant leur départ pour le front de l'Est.

Christoph Probst, né le 6 novembre 1919, à Murnau, et executé le 22 février 1943 à Munich.

Alexander Schmorell, né le 16 septembre 1917 à Orenbourg en Russie, et exécuté le 13 juillet 1943 à Munich.

Willi Graf, né le 2 janvier 1918 à Kuchenheim, et exécuté le 12 octobre 1943 à Munich.

Le professeur Kurt Huber, né le 24 octobre 1893, à Chur, et exécuté le 13 juillet 1943 à Munich.

Jürgen Wittenstein en partance pour le front de l'Est.

Hans Scholl et Alexander Schmorell à bord d'un train militaire en route pour le front de l'Est, en juillet 1942.

Hubert Furtwängler, Hans Scholl, Willi Graf et Alexander Schmorell sur le front russe à l'été 1942.

Le quartier général de la Gestapo à Munich, où les membres de la Rose blanche ont été interrogés.

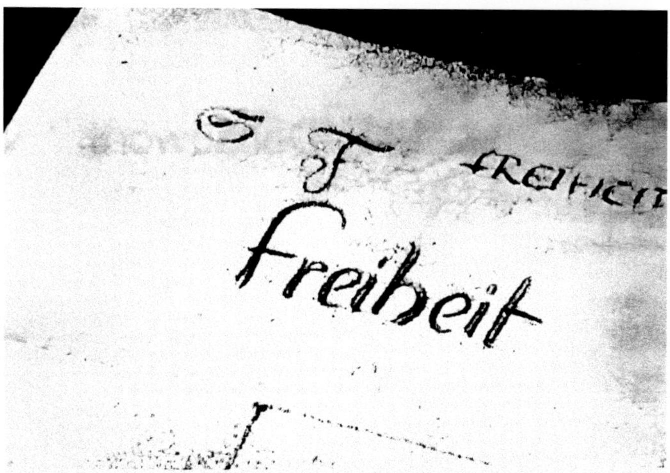

Le verso de l'acte d'accusation de Sophie Scholl, où elle inscrivit « *Freiheit* » (liberté).

Roland Freisler, président du tribunal du peuple de 1942 à 1945, surnommé « le juge-pendeur d'Hitler ».

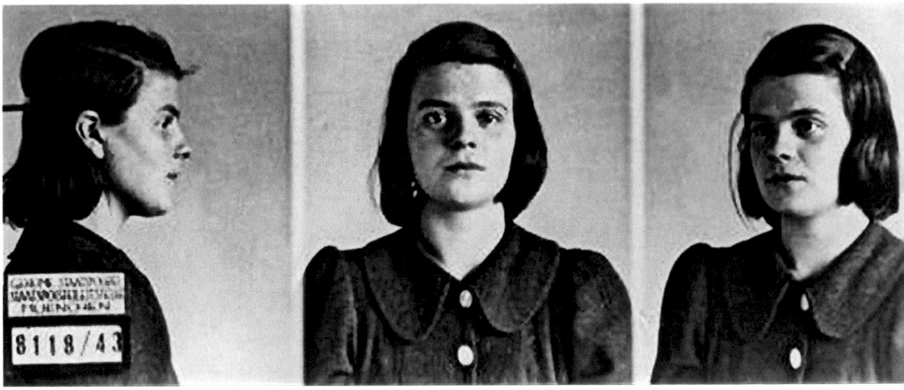

Photos d'identité judiciaire de Sophie Scholl, prises lors de son arrestation par la Gestapo le 18 février 1943.

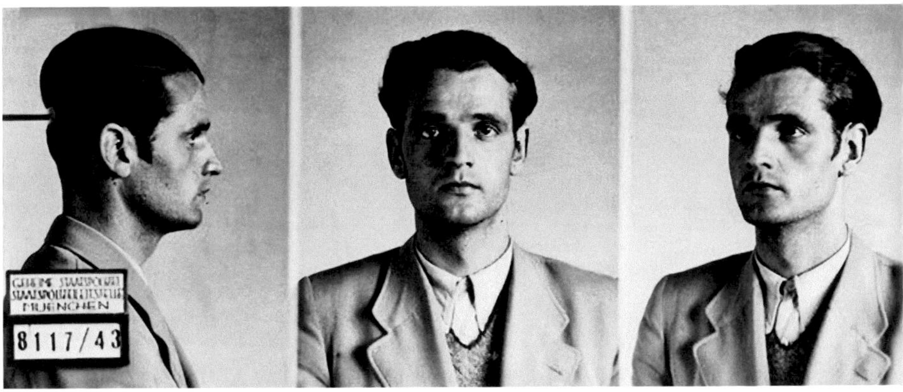

Photos d'identité judiciaire de Hans Scholl, prises lors de son arrestation par la Gestapo le 18 février 1943.

Photos d'identité judiciaire de Christoph Probst, prises lors de son arrestation par la Gestapo le 18 février 1943.

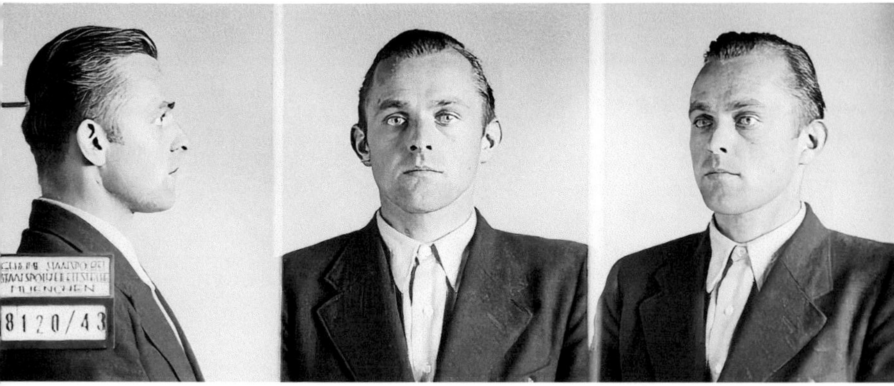

Photos d'identité judiciaire de Willi Graf, prises lors de son arrestation par la Gestapo le 18 février 1943.

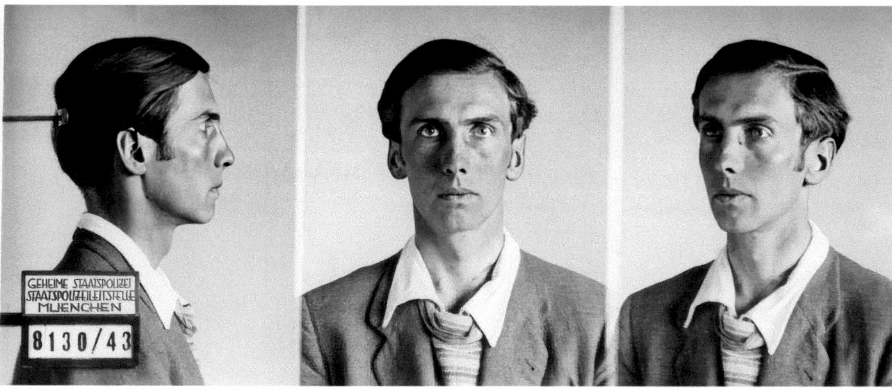

Photos d'identité judiciaire d'Alexander Schmorell, prises lors de son arrestation par la Gestapo le 24 février 1943.

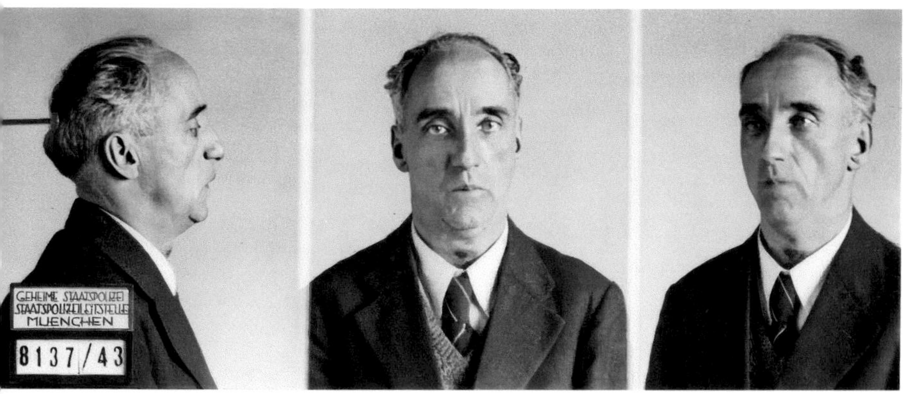

Photos d'identité judiciaire du professeur Kurt Huber, prises lors de son arrestation par la Gestapo le 26 février 1943.

Des tracts en bronze en guise de Mémorial de la Rose blanche sont exposés à l'entrée de l'université de Munich.

Timbre-poste commémoratif de Sophie Scholl datant de 1964.

Plaque de la Geschwister-Scholl-Platz à Munich.

> énormément manqué. C'est vrai, j'ai tout vécu et tout vu comme si j'avais été avec vous, et j'ai souvent ressenti la douleur de notre séparation. Je sens de plus en plus que ma vie exige de vraies amitiés masculines, des échanges intellectuels mais, plus encore, des échanges à cœur ouvert.
> J'ai loué une chambre pour Herta et Mischa à Ruhpolding et j'y vais souvent. Je joue des toccatas et des fugues de Bach. Puis, après le petit déjeuner, les enfants descendent. *Ach*, Hans, quand on est assis comme ça, dans une pièce bien chauffée, un petit qui joue avec une voiture et l'autre sur tes genoux, ça va vraiment droit au cœur, et on n'est pas certain d'avoir mérité tant de bonheur et de grâce. Être avec les enfants est une telle joie que j'ai souvent le sentiment que cela ne pourrait pas durer...
> Dimanche matin, j'ai lu votre lettre et j'y ai trouvé les réponses aux questions que j'avais posées dans nos discussions. Tes mots m'ont profondément ému et je comprends très bien ce que vous avez tous vécu en Russie.
> Je me réjouis de passer l'hiver à skier et à faire des randonnées en montagne avec vous, mes chers Hans et Alex. Nous continuerons également à partager nos intérêts communs et nos obligations dans la ville.
> Je pense souvent à vous et je suis profondément convaincu que rien ne peut vous arriver en Russie.

Au front, ils avaient maintenant vu et vécu beaucoup de choses ; ils ne pouvaient plus se retenir comme ils l'avaient fait si longtemps en Allemagne. Ils commencèrent à se servir de leurs poings. Quelques jours avant de quitter Gzhatsk, en octobre, ils se battirent avec des responsables du parti en visite au front, qui étaient assis à une table voisine dans une taverne. Ils s'en sortirent sans se faire prendre.

Hans raconta plus tard à sa sœur Inge qu'un jour, comme le train qui le ramenait en Allemagne s'était arrêté, il avait vu une jeune fille portant l'étoile de David sur la poitrine ; elle réparait des rails sur la ligne, avec d'autres personnes portant des insignes jaunes sur leurs vêtements. Son visage était pâle, ses traits creusés ; ses yeux étaient au-delà du chagrin et de la terreur. Impulsivement, Hans lui tendit ses rations. Elle leva les yeux sur lui, puis sur son uniforme. Elle jeta le paquet par terre.

Il le ramassa, l'essuya et cueillit une des marguerites qui poussait au bord de la voie ferrée. Il déposa le paquet à ses pieds, avec la marguerite dessus, et lui dit : « Je voulais vous offrir un petit plaisir. » Puis il remonta dans le train.

Lorsqu'il se retourna, la jeune fille était là, debout, regardant le train s'éloigner, la fleur dans les cheveux.

Ils avaient maintenant l'habitude de défier les ordres. À Wjasma, au lieu de rester patiemment dans une longue file d'attente pour être épouillés avant de partir pour l'Allemagne, ils allèrent faire un tour en ville pour faire une dernière folie. Avec tout l'argent qui leur restait, ils achetèrent un samovar qui leur servit pendant le long voyage en train : ils eurent du thé chaud jour et nuit.

Ils ne ramenèrent pas que des poux et un samovar : ils firent aussi passer quelques armes en contrebande. Tous trois étaient prêts à se battre. À la frontière polonaise, ils manquèrent de se faire prendre. Le train s'était de nouveau arrêté et, cette fois, ils virent les gardes allemands maltraiter, battre et piétiner des prisonniers de guerre russes. Ils ne purent contenir leur rage : Alex, Hans et Willi sautèrent du train et, en jurant, tombèrent sur les gardes. Le train s'ébranla et, avant que les gardes stupéfaits ne pussent réagir, ils remontèrent à bord.

En novembre, ils étaient de retour en Allemagne. Ils passèrent par Berlin et se rendirent directement à Munich pour rejoindre leur unité, où ils eurent la permission de passer quelques jours chez eux avant la rentrée universitaire.

Comme Manfred Eickemeyer, ils avaient vu par eux-mêmes ; ils avaient traversé un univers qui dépassait leur capacité à le décrire ou à l'exprimer. Hans écrivit, quelques jours après son retour en Allemagne :

> Loin de toute pensée politique (qui ne m'est pas si étrangère, et même plus proche de moi que jamais ; j'y reviendrai plus tard), je suis aujourd'hui reconnaissant à Dieu d'avoir dû aller en Russie. C'est là que j'ai enfin appris à ne pas tant me prendre au sérieux, mais à inverser ma manière de penser – en tournant mon esprit vers l'extérieur, vers la réalité concrète.

Ce qu'ils avaient vu et fait en Russie, et sur le chemin du retour, aujourd'hui encore on n'en a qu'une connaissance incomplète. Mais ils étaient peut-être déjà dans le viseur de la Gestapo. On ne sait toujours pas précisément ce que cache cette note énigmatique du journal de Willi, le 11 novembre 1942, juste après leur arrivée de Berlin à Munich, épuisés : « La *Kriminalpolizei* nous a rendu visite, mais ensuite je me suis rendormi. »

Ce que l'on sait, en revanche, c'est que leur colère, muette mais froidement exprimée dans leurs lettres et les journaux intimes, avait pris une nouvelle dimension. C'était maintenant, seulement, que le combat allait vraiment commencer.

13

Même si Sophie avait quelques motifs de se réjouir, dans les premiers jours d'octobre 1942, elle ne semblait pas sortir de la déprime.

La bonne nouvelle était que Robert Scholl avait été libéré sans explication après n'avoir purgé que deux de ses quatre mois de prison – mais il lui était désormais interdit d'exercer son métier. Sophie était venue à bout de ses huit semaines de travail pour l'effort de guerre, et maintenant, comme elle l'écrivit à Fritz Hartnagel qui avait été transféré à Stalingrad, Hans revenait de Russie :

> Je devrais être heureuse qu'il soit de retour parmi nous, et je le suis, et j'imagine déjà les jours que nous pourrons passer ensemble dans notre petit appartement de Munich… et pourtant, je ne peux pas être tout à fait heureuse. Nous vivons dans une insécurité qui ne se laisse jamais oublier, et ne permet pas de faire des plans pour le lendemain et les jours qui suivent. Elle plane sur moi jour et nuit et ne me quitte pas d'une minute. Quand viendra enfin le temps où nous n'aurons plus besoin de nous concentrer de toutes nos forces et de toute notre vigilance sur des choses qui n'en valent pas la peine ? Avant de prononcer le moindre mot, on doit l'examiner sous toutes les coutures pour vérifier qu'il n'y a pas la moindre ambiguïté. La confiance dans les autres doit s'effacer devant la méfiance et la vigilance. Oh, c'est épuisant et décourageant.

Sophie était aux prises avec un désespoir qui semble avoir eu une dimension personnelle, au-delà des préoccupations que lui inspiraient sa famille et la guerre. Il semble qu'elle ait ressenti une forte inclination pour Alex Schmorell, dès son arrivée à Munich, et que ces sentiments soient restés sans retour. Dans son journal, pendant la période où Alex, Hans et Willi étaient en Russie, elle fait souvent référence à Alex, parfois de manière indirecte. Puis, le 10 octobre 1942, elle écrit :

> Ce matin, j'étais chez les Schmorell [à Munich] dans la chambre de Shurik, je cherchais des livres. Quels rêves fallacieux on peut se créer ! Il y a quelques mois, je pensais encore que mes sentiments pour Shurik étaient plus forts que pour n'importe qui d'autre. Mais ce n'était qu'une illusion ! Ce n'était que ma vanité, elle voulait posséder une personne qui avait de la valeur aux yeux des autres. Je déformais mon image de moi-même, d'une manière ridicule.

Ce n'était pas un temps pour des débuts prometteurs. L'atmosphère en Allemagne devenait lugubre. L'hiver approchait, le charbon pour le chauffage se faisait rare, les raids aériens sur Munich et l'Allemagne du Sud devenaient plus fréquents. La perspective de passer les nuits d'hiver dans des caves noires glaciales pendant que sifflaient les bombes mettait la population au désespoir.

Munich subit son premier raid aérien direct dans la nuit du 30 octobre 1942. Un aristocrate vivant à la campagne, à l'extérieur de Munich, décrivit le spectacle dans son journal. Il évoque

> [...] l'éblouissement d'une hideuse lumière rouge, déchirant la nuit d'automne sous la pleine lune. J'ai entendu au loin des détonations sourdes. [...] Il avait fallu trois minutes pour que le son se propage, trois minutes au

> cours desquelles là-bas, les victimes haletaient, étouffaient, mouraient. À la fin, tout le ciel à l'ouest n'était plus qu'une gigantesque nappe de feu.

Les blagues contre Hitler circulaient plus que jamais. Elles n'étaient pas particulièrement drôles, mais elles étaient dangereuses ; plus les dirigeants allemands se sentaient en difficulté, plus les peines encourues pour avoir tenu ces propos étaient sévères.

Lorsque la Rose blanche se réunit à nouveau à Munich, début novembre, pour le début du semestre d'hiver à l'université, le moral de la nation était tombé très bas. Non seulement l'offensive allemande avait été stoppée à Stalingrad, mais les Russes avaient lancé une contre-offensive massive.

Malgré les rodomontades incessantes de l'appareil de propagande de Goebbels, qui célébrait victoire sur victoire, Hans, Willi et Alex avaient pu constater par eux-mêmes que les troupes allemandes étaient épuisées, qu'elles n'avaient ni les vêtements ni le matériel adéquats pour affronter l'hiver russe, et que les circuits logistiques fonctionnaient de manière chaotique – quand ils fonctionnaient. Les informations diffusées par la radio « du peuple » n'étaient que mensonges ; ils savaient aussi par les « émissions ennemies », celles de la radio suisse et de la BBC, que les forces anglo-américaines avaient débarqué en Afrique du Nord et que la machine industrielle américaine, désormais totalement adaptée à la guerre, fournissait sans cesse des munitions, du carburant et des machines aux Russes et aux Britanniques.

L'invasion de l'Europe par les Alliés, pensaient-ils, se rapprochait.

Dans la Franz-Joseph-Strasse, les discussions quotidiennes étaient souvent véhémentes. Avec des bombardements plus fréquents, la propriétaire de Hans et Sophie avait fui pour la campagne en leur laissant l'appartement. Les amis passaient à toute heure, et le « plan » était devenu le principal, voire l'unique sujet de conversation lorsqu'ils étaient seuls. Mais on n'en parlait jamais lorsque se présentait un parent ou un ami qui n'appartenait pas au premier cercle, afin d'éviter toute anxiété aux « étrangers » et de les protéger au cas où le pire surviendrait. Anneliese Graf, la sœur de Willi, était venue faire ses études à Munich, et elle resta quelques semaines chez Sophie et Hans avant de se trouver une chambre. Elle ne sut jamais rien de leurs opérations secrètes.

Gisela Schertling, une séduisante jeune femme que Sophie avait rencontrée au camp de travail du château à l'époque du service national du travail, était elle aussi venue à l'université, où elle étudiait l'histoire de l'art. Hans l'avait toujours trouvée attirante, mais aujourd'hui plus que jamais. Peut-être les manières sereines et imperturbables de Gisela l'aidaient-elles à apaiser son propre tumulte intérieur ; dans cette nouvelle liaison, il trouvait probablement un contraste rafraîchissant par rapport à sa relation orageuse avec Traute, désormais terminée. Si le groupe fut sans doute surpris, Gisela fut bien accueillie – mais pas en tant que membre de la Rose blanche. Traute restait de son côté pleinement engagée, n'hésitant pas à prendre des risques pour faire connaître la Rose blanche à Hambourg et à Vienne.

Leur double vie reprit : conférences, cliniques, appels, concerts ; Willi prenait des leçons d'escrime ; Alex et lui répétaient *Le Messie* de Haendel dans la chorale Bach, pour le concert de Noël.

Christoph Probst, qui n'avait pas été envoyé au front, fut transféré à Innsbruck avec une unité médicale de la Luftwaffe. Sa femme Herta attendait leur troisième enfant et il hésitait à quitter Munich, proche de son domicile, mais il n'avait pas le choix. Hans et Alex ne pourraient plus bénéficier de ses jugements à froid et de ses critiques acerbes, à un moment où le danger montait.

La première question était comment procéder après cette interruption de près de quatre mois. Pour Hans, Alex et Willi, le séjour en Russie avait été une période de réflexion et de prise de décision. Ils ne voyaient plus le monde de la même façon. Ils voulaient sortir de leur perspective d'étudiants munichois, pour s'engager dans quelque chose de plus grand, avec plus de sens et d'impact.

Ils voulaient étendre leurs activités à d'autres villes allemandes. Ils allaient créer des cellules de résistance dans les principales universités, et à partir de là, ils informeraient les Allemands des réalités qu'on leur cachait, pour leur faire comprendre que, même si les mensonges continuaient, la guerre était perdue, et qu'ils devaient, au nom de leur dignité et de leur conscience, se soulever contre Hitler et le Troisième Reich. Ce nouveau programme exigeait de l'argent, bien davantage qu'ils n'en avaient eu jusque-là, et il leur faudrait recruter de nouveaux membres parmi leurs amis et connaissances, dans toutes les villes où ils avaient des relations.

Plus important encore, aux yeux de Hans et Alex, ils devaient se connecter au mouvement national de résistance. Ils savaient maintenant qu'il existait. En écoutant les émissions étrangères, ils avaient appris l'arrestation par la Gestapo de Harro Schulze-Boysen et d'Arvid Harnack, ainsi que d'un grand nombre d'autres personnes, à Berlin, en août et septembre 1942. Quelques centaines d'hommes et de femmes avaient été arrêtés dans le cadre d'une action rapide et terrifiante contre la discrète organisation de résistance surnommée par la Gestapo *Die Rote Kapelle* (l'Orchestre rouge). Les procès s'étaient tenus à huis clos et la presse nazie n'en avait pas parlé ; on n'en discutait jamais en public : si l'on était au courant, on était soi-même suspect.

Mais pour la Rose blanche, malgré l'horreur des arrestations, des tortures, des procès et des exécutions imminentes, l'existence même de la *Rote Kapelle* mettait du baume au cœur. L'un de ses dirigeants, Harro Schulze-Boysen, était *Oberleutnant* au ministère de l'Air ; sa belle-mère, une comtesse, était une amie proche du maréchal Göring en personne. Arvid Harnack, issu d'une famille d'érudits distingués, était l'autre grande figure des cercles clandestins agissant à Berlin et dans ses environs. Fonctionnaire d'assez haut rang au ministère de l'Économie, il avait été chargé d'analyser les plans de guerre économiques américains et soviétiques.

Quand ces figures connues de la scène berlinoise avaient été démasquées, Adolf Hitler avait été en proie à une peur panique : les ennemis n'étaient plus ces abstractions lointaines et informes appelées communistes ou sociaux-démocrates ; ils se trouvaient maintenant dans son propre repaire, ils travaillaient dans ses ministères, ils descendaient des familles distinguées auxquelles il avait presque fini par accorder sa confiance.

La *Rote Kapelle* était un réseau très étendu, avec des cellules et groupes actifs non seulement à Berlin, mais aussi dans les pays occupés, à Paris, Bruxelles et Amsterdam, et même dans la Suisse neutre. Ils avaient commencé à s'organiser dans les années 1930 et avaient même réussi à survivre au traumatisme du pacte germano-soviétique de 1939, qui avait temporairement fait de ces ennemis jurés, l'Union soviétique et l'Allemagne nazie, des alliés. Après l'invasion de la Russie en 1941, ils avaient commencé à diffuser des émissions sur les ondes. La plupart des membres étaient marxistes, mais il y avait aussi des gauchistes de toutes obédiences, et certains étaient proches de la gauche modérée. Ils diffusaient des journaux et des tracts clandestins dans la région de Berlin, maintenaient le contact avec le Parti communiste allemand, ou ce qu'il en restait, dans les usines berlinoises, et ils entretenaient également des liens avec les communautés de travailleurs forcés étrangers qui vivaient dans les camps autour de la ville. Ils aidaient à falsifier des documents pour faire sortir d'Allemagne, clandestinement, des juifs et des militants recherchés par la police. Leur principal contact avec l'étranger était les services de renseignements soviétiques. Ils disposaient d'hommes clés occupant de hautes positions dans l'armée, la Luftwaffe et la marine, et ils étaient en mesure de transmettre aux Soviétiques des informations fiables sur les plans stratégiques des nazis.

Mais ils avaient été trahis par un parachutiste soviétique capturé par l'*Abwehr*, le contre-espionnage allemand. Remis à la Gestapo, il avait craqué sous la torture et l'Orchestre rouge avait été totalement démantelé.

C'était la première fois que Hans et Alex entendaient parler d'une résistance organisée en Allemagne, et qui plus est, une résistance qui s'étendait jusqu'aux rangs les plus élevés du haut commandement allemand.

La destruction de ce réseau avait porté un coup presque fatal au mouvement de résistance allemand. Il avait fallu des années pour l'organiser, des années de planification minutieuse, de précautions infinies et de formation : non seulement ses membres devaient apprendre la clandestinité, mais ils devaient aussi gérer les énormes risques encourus, et savoir comment se comporter sous la torture ou lors d'un contre-interrogatoire. Pendant près d'une décennie, les hommes et les femmes impliqués avaient vécu une vie de mensonges et de tromperies.

Lorsque Arvid et Mildred Harnack s'étaient rendus aux États-Unis dans les années 1930, à une époque où Arvid était encore considéré comme une étoile montante du ministère de l'Économie, leurs amis américains les avaient suppliés de ne pas retourner en Allemagne. Ils n'avaient rien voulu entendre, et beaucoup avaient pensé que le succès d'Arvid leur était monté à la tête, qu'ils étaient devenus nazis. Ce n'est que lorsque tomba la terrible nouvelle de leur exécution que leurs amis étrangers comprirent enfin.

Mais pour la poignée de jeunes étudiants munichois, seuls et sans contacts, ces nouvelles furent un immense réconfort. Il y avait des résistants au sein de la Wehrmacht, et de l'État. Il leur fallait trouver moyen d'entrer en contact avec eux.

C'est Alex qui trouva le lien. Son amie artiste Lilo Ramdohr était proche de Falk Harnack, le frère cadet d'Arvid. Hans et Alex lui demandèrent de le contacter à son unité militaire et d'organiser une rencontre. Elle accepta.

Ils n'étaient pas très rassurés, au début, à l'idée de se rendre à Chemnitz, une ville proche de la frontière tchécoslovaque, où Harnack était affecté. Ils n'avaient ni laissez-passer ni permis de voyage. Dans les trains, les contrôles étaient de plus en plus fréquents : la police militaire, la police criminelle et la Gestapo montaient régulièrement à bord pour vérifier les papiers de tous les voyageurs, en particulier sur les lignes qui passaient près des frontières d'autres pays. Si on les arrêtait, ils seraient accusés de désertion.

Mais ils décidèrent d'y aller et, du point de vue de Hans et d'Alex, la réunion de Chemnitz s'avéra un succès. Depuis la mort de son frère, Harnack se considérait comme un lien entre tous les groupes de résistance restants, et il était heureux d'y accueillir la Rose blanche.

Après avoir critiqué assez sévèrement les tracts qu'ils avaient apportés, il leur expliqua que la résistance se construisait, ou se reconstruisait, sous la forme d'une sorte de front uni, des militaires à droite jusqu'aux communistes à gauche.

Les jeunes adhéraient à ce principe. Mais ils avaient mille questions. Y avait-il vraiment une résistance militaire ? De quelle importance ? Que préparait-elle ?

Harnack se garda bien de leur donner des noms ou des lieux, mais il leur révéla qu'il existait un groupe de militaires qui préparait un putsch. Ils avaient l'intention de tuer Hitler et de renverser le gouvernement.

Hans et Alex n'en croyaient pas leurs oreilles. Depuis tout ce temps qu'ils en parlaient et qu'ils l'espéraient, ils n'avaient jamais vraiment cru que cela se produirait. Il leur fallait absolument rejoindre le mouvement, se présenter personnellement. Ils iraient à Berlin.

Harnack promit de voir ce qu'il pourrait faire ; en attendant, ils resteraient en contact.

Avec ce sentiment particulier d'appartenir à quelque chose de plus grand que soi, ils revinrent à Munich nimbés d'une confiance et d'une autorité nouvelles. Désormais, ils allaient construire leur propre sous-réseau étudiant et universitaire au sein de la résistance allemande, en créant dans toutes les universités des cellules qui distribueraient les tracts de la Rose blanche ou qui, si elles le souhaitaient, rédigeraient leurs propres tracts. L'une des premières étapes sur cette nouvelle route était Stuttgart.

Hans et Alex rendirent visite à Eugen Grimminger, un ami de Robert Scholl qui avait eu la gentillesse, étant lui aussi expert-comptable, de s'occuper de son cabinet pendant qu'il était en prison. Grimminger était ouvertement antinazi, mais il était prudent. Sa femme Jenny était une « juive de sang » et elle vivait avec le risque constant d'être arrêtée et déportée dans un camp.

Ils ne pouvaient pas risquer que leur conversation avec Grimminger fût surprise ; ils ne pouvaient pas se rencontrer en intérieur, maison, café ou restaurant. Ils choisirent plutôt de faire une longue marche à travers la ville, pour finalement se retrouver dans un terminal de fret en bordure de la ville. Hans exposa leurs projets à Grimminger, évoqua à demi-mot un putsch à venir et il semble qu'il suggéra, ou du moins laissa entendre, que Grimminger pourrait jouer un rôle important dans le nouveau gouvernement après la chute d'Hitler, et qu'il pourrait être choisi pour occuper un poste politique clé. Hans savait déjà que Grimminger avait des contacts avec des industriels du sud-ouest de l'Allemagne qui réfléchissaient au futur gouvernement d'après-guerre.

Les trois hommes faisaient les cent pas derrière une rampe de chargement déserte, tout à leur discussion. Finalement, sur le chemin du retour, Hans demanda une contribution financière à Grimminger. Sans argent, plaidait-il, le plan ne pourrait pas fonctionner. Grimminger hésitait, reculait. Il demanda du temps pour y réfléchir.

C'est ce qu'il fit et, quelques semaines plus tard, il prit l'une des décisions les plus imprudentes de sa vie. Il envoya à Hans un chèque de 500 Reichsmarks, une somme considérable. Mais il était possible de suivre la trace du chèque, et c'est ce que ferait plus tard la Gestapo.

Traute Lafrenz rentra chez elle à Hambourg, emportant avec elle un lot de tracts de la Rose blanche à montrer à ses vieux amis Heinz Kucharski et Greta Rothe. Comme le groupe de Munich, ces jeunes gens et leurs amis se réunissaient régulièrement pour parler d'art et évoquer la triste situation de leur pays. À la différence des membres de la Rose blanche, c'étaient des amateurs de swing et de jazz américain.

Dans l'Allemagne nazie, ce genre de musique faisait l'objet d'un culte secret au sein de certains groupes de jeunes. Officiellement désapprouvée et interdite en tant que « produit racialement inférieur » des Noirs afro-américains, elle exerçait un attrait magnétique. La liberté du rythme, l'expression sauvage des sentiments dans le son, le tempo erratique et improvisé enfiévraient les jeunes, qui s'arrangeaient pour dénicher des disques, les écouter ensemble et former ainsi des embryons de conspirations. Le contraste entre Benny Goodman, Glenn Miller ou Louis Armstrong et l'éternel battement de tambour des marches militaires allemandes était si flagrant que le simple fait d'admettre son admiration pour cette musique étrangère était en soi une déclaration subversive.

À un moment, Goebbels avait distribué à Berlin un film montrant des Noirs américains dansant d'une manière totalement désinhibée ; le but de l'opération était de montrer au public allemand le comportement et les mouvements d'une race inférieure, proche de l'animalité. Mais les séances faisaient toujours salle comble ; certains jeunes revinrent dix ou quinze fois. Ils en sortaient souriants, ils se sentaient vivants, c'était une expérience qu'ils n'oublieraient jamais. Goebbels retira le film du marché, tout en continuant à se faire projeter en privé des films américains, en particulier des comédies musicales hollywoodiennes, pour son propre plaisir.

En tout cas, les amis de Traute Lafrenz lurent les tracts avec intérêt et déclarèrent qu'ils pourraient sans doute les faire circuler, mais qu'ils devraient d'abord en parler avec d'autres membres du groupe. Certains se laissèrent convaincre ; plus tard, ils seraient connus sous le nom de « Branche hambourgeoise de la Rose blanche ».

Jürgen Wittenstein, l'étudiant en médecine qui avait partagé les expériences de Hans, Willi et Alex sur le front russe, n'était pas directement impliqué dans les affaires de la Rose blanche, mais il accepta de se rendre à Berlin pour contacter Helmut Hartert, une autre connaissance commune, qui était étudiant à l'université. Hartert s'avéra beaucoup plus prudent que Hans Scholl. Il accepta de soutenir le groupe de Munich en créant une « cellule » à Berlin, mais il souhaitait rédiger ses propres tracts. Il désapprouvait le ton antimilitariste de la Rose blanche. Il dit à Wittenstein qu'on ne pouvait pas laisser tomber les siens quand leur vie était en jeu, mais il était prêt à écrire des tracts appelant au renversement des nazis. Il se procura une ronéo et se mit au travail.

Début décembre, Hans et Alex passèrent voir Kurt Huber chez lui à Gräfelfing, dans la banlieue de Munich. Le moment était venu de lui dire la vérité sur les auteurs des tracts de la Rose blanche. Le professeur fut surpris, mais il conservait des doutes sur l'utilité des tracts : il fallait envisager une action plus radicale. Dans la petite pièce où sa fille Birgit faisait ses devoirs – la seule pièce chauffée de la maison –, il dit aux jeunes hommes : « Si le sang ne coule pas, *ça ne marchera pas !* » Il ajouta que la Wehrmacht était la seule institution capable de détruire les nazis. Hans répondit que la Rose blanche avait des contacts à Berlin avec des personnes liées à l'armée. Huber fut stupéfait ; on lui avait dit qu'il existait des groupes de résistance au sein de la Wehrmacht, mais il n'en savait pas davantage. Hans lui parla des projets de putsch. Le professeur s'enflamma : c'était une bonne nouvelle, et oui, bien sûr, maintenant il allait soutenir la Rose blanche.

Les cercles s'élargissaient. La force de persuasion de Hans Scholl lui permit de recruter Josef Söhngen, qui possédait une librairie sur la Maximilianplatz, au cœur de la ville. Pour les initiés, c'était dans sa librairie qu'on devait aller pour se procurer des ouvrages de Franz Kafka, Thomas Mann et de nombre d'auteurs interdits. C'était aussi un endroit où se rencontraient des personnes de la même sensibilité, *Einwandfrei* – des gens fiables, qui échangeaient des nouvelles, des rumeurs et des idées.

La plupart des membres du groupe de la Rose blanche fréquentaient la librairie, mais Hans avait noué une relation plus personnelle avec le propriétaire, un célibataire excentrique. Söhngen vivait seul dans un appartement au-dessus de sa boutique, et il arrivait qu'au milieu de la nuit, Hans apparaisse, épuisé et pâle : il s'effondrait dans un fauteuil, demandait un verre de vin et tombait dans un profond silence.

Söhngen était en relation avec un historien de l'art, Giovanni Stepanov, qui vivait à Capri et entretenait des liens avec les milieux antifascistes italiens. Söhngen accepta d'organiser une rencontre avec Hans la prochaine fois que Stepanov viendrait donner des conférences à Munich. Un mouvement de résistance inter-européen semblait s'esquisser, les perspectives étaient prometteuses. L'historien de l'art vint à Munich, mais pendant les vacances de Noël, à un moment où Hans était chez ses parents à Ulm. Stepanov devait revenir à Munich en février 1943, mais il eut des problèmes de visa et le voyage fut reporté. Lorsqu'il revint, il était trop tard : Hans Scholl n'était plus là.

Avec une énergie frénétique, par des essais et tentatives qui parfois n'aboutissaient pas, le groupe continuait à se développer. Sophie était chargée de la trésorerie ; elle distribuait l'argent là où l'on en avait besoin, et tentait de tenir une sorte de comptabilité. Lorsqu'elle se rendait à Ulm le week-end ou pendant les vacances, elle travaillait avec Hans Hirzel, encore lycéen, et ses camarades Franz Müller et Heinrich Guter ; ils imprimaient des tracts et les envoyaient par la poste. On travaillait derrière l'orgue de l'église Martin Luther, où le père de Hirzel, qui ne savait rien de tout cela, était pasteur.

Willi Graf eut moins de succès avec ses vieux amis de l'Ordre gris, Fritz Leist, Adalbert Grindl et Hermann Krings. Ils étaient tous étudiants à Munich et Willi passait beaucoup de temps avec eux ; ils priaient, discutaient théologie et travaillaient à la révision de la liturgie. Mais pour les amis de Willi, la fin ne justifiait pas les moyens, et en faisant usage de la force, on se rabaissait au niveau des criminels. Hitler serait détruit par les forces de la guerre qu'il avait lui-même mises en mouvement. Ils n'allaient pas interférer avec le processus.

La déception de Willi, et peut-être les doutes qu'il avait sur lui-même, s'aggrava lorsqu'il rentra à Sarrebruck pendant les vacances de Noël. Il avait l'intention de recruter des amis en Sarre et en Rhénanie. Lors d'une réunion de l'un des groupes de jeunes catholiques dont il avait fait partie des années auparavant, à Sarrebruck, il eut l'occasion de s'entretenir avec nombre de ses anciens camarades, désormais officiers dans la Wehrmacht. Le consensus général parmi eux était qu'il fallait d'abord gagner la guerre, et qu'ensuite seulement on pourrait entreprendre quelque chose pour se débarrasser des nazis.

Willi fut découragé par cette attitude, mais lors de la réunion il réussit à établir un contact utile. Heinz Bollinger était l'assistant d'un professeur de philosophie à l'université de Fribourg, et ils passèrent un certain temps à discuter. Leur isolement par rapport aux autres et la proximité de leurs opinions leur apparurent immédiatement. Willi lui rendit visite quelques jours plus tard. Bollinger l'informa qu'il y avait à Fribourg des professeurs antinazis, et qu'avec son collègue Helmut Bauer, ils étaient en train d'y créer un petit cercle.

Le jeune universitaire lui présenta son frère Willi Bollinger, médecin à l'hôpital militaire de Sarrebruck. Ce dernier se déclara prêt à distribuer des tracts dans la région et il montra à Willi Graf le petit arsenal de mitrailleuses et de pistolets qu'il s'était constitué.

Grâce aux Bollinger, ce voyage n'était pas totalement un échec. Willi Graf rentra à Munich quelque peu découragé, mais décidé à continuer à chercher des recrues en Rhénanie. Dès que possible, il ferait parvenir une ronéo à Willi Bollinger à Sarrebruck.

En à peine deux mois, de novembre 1942 au début janvier 1943, l'opération Rose blanche était passée d'une action isolée et quelque peu chimérique menée par des étudiants idéalistes et romantiques à un réseau en pleine expansion qui s'étendait dans le sud-ouest de l'Allemagne, jusqu'à la Sarre, et faisait des incursions timides mais prometteuses vers le nord, à Hambourg et, plus important encore, à Berlin.

14

Le groupe se retrouva à Munich en janvier 1943, après que chacun eut fêté Noël en famille.

Il était temps de rédiger un nouveau tract, le cinquième. On avait pris des contacts dans d'autres villes, ainsi qu'à Munich, et on avait levé des fonds. Le « plan » était désormais opérationnel. Une nouvelle année commençait, une année d'espoir pour la Rose blanche : l'invasion alliée était imminente, croyaient-ils, et ils avaient développé une nouvelle approche pragmatique et pleine de sens. Le nouveau tract, comme par le passé, fut rédigé par Hans et Alex, qui firent chacun un brouillon. Mais cette fois, ils demandèrent son avis à Kurt Huber, qui pourrait en réviser le style. Ils se rendirent chez lui ; de temps en temps, il passait à l'appartement des Scholl après ses cours.

Cette nouvelle collaboration ne fut pas des plus faciles. Huber lut les deux versions ; il trouva celle d'Alex inacceptable, tant sur le plan du contenu que pour le style ; même si Alex n'était pas devenu communiste, Huber jugeait que ses réactions à l'égard de la Russie l'avaient rendu moins critique à l'égard de l'Union soviétique. Huber accepta à contrecœur le texte de Hans, auquel il apporta quelques corrections, tout en précisant qu'il n'était pas non plus très satisfait de cette version. De son point de vue, depuis leur retour de Russie les jeunes hommes avaient changé. Il les trouvait peut-être un peu plus durs, un peu plus à gauche. Dans ce qu'ils appelaient « pragmatisme », il voyait une perte du credo idéaliste de l'individualisme.

Du point de vue conservateur qui était celui du professeur Huber, une bonne partie des éléments présents dans le cinquième et avant-dernier tract de la Rose blanche devait avoir du mal à passer. Qu'il ait accepté de les aider atteste son désespoir, son désir de participer, de riposter. Lui aussi, désormais, avait franchi la ligne.

Pour la première fois, le nom « La Rose blanche » n'apparaît pas sur le tract. Les auteurs présentaient désormais leurs écrits comme des « Tracts du mouvement de résistance en Allemagne », un titre qui en imposait. Huber était contre. Il avait admiré dans la Rose blanche un symbole de pureté et de courage personnels ; le nouveau nom impliquait une lourde structure organisationnelle qui ne lui plaisait guère. Mais Hans et Alex eurent gain de cause.

Intitulé « Appel à tous les Allemands », le tract commençait par un avertissement : « La guerre approche de sa fin inévitable [...]. Hitler ne peut pas gagner la guerre, seulement la prolonger. »

Un paragraphe assez bref exhortait les Allemands à rompre avec les nazis, puis le tract évoquait le monde que le « mouvement » envisageait quand la guerre serait finie :

> Les desseins impérialistes visant la puissance, d'où qu'ils viennent, doivent être neutralisés à jamais. On doit empêcher à jamais le retour au pouvoir d'un militarisme prussien unilatéraliste. Ce n'est que dans le cadre d'une coopération généreuse et ouverte entre les peuples d'Europe que l'on pourra jeter les bases d'une véritable reconstruction. Tout pouvoir centralisé, comme celui exercé par l'État prussien en Allemagne et en Europe, doit être éliminé. [...] L'Allemagne à venir doit être fédéraliste. La classe ouvrière doit être libérée de ses dégradantes conditions d'esclavage par une forme raisonnable de socialisme.

Le tract poursuivait en défendant les droits civils fondamentaux – liberté d'expression, de religion, protection de chaque individu contre les empiètements de gouvernements capricieux – et se terminait, comme toujours, avec la demande de faire passer l'information.

Il n'y avait pas de citations de Goethe, Schiller ou Lao-tseu, pas d'efforts pour s'adresser à un public « cultivé ». Le tract était court, assez précis, il proposait un programme politique pour l'avenir.

Pour Kurt Huber, presque chaque ligne du manifeste politique des derniers paragraphes était probablement un anathème. Malgré son éducation sud-allemande, c'était un admirateur passionné de l'État et de l'armée prussiens. Le fossé entre la Prusse et la plupart des anciens duchés et États princiers d'Allemagne était immense. Il ne s'agissait pas seulement d'un ressentiment politique de la part des habitants du Sud qui se souvenaient qu'en 1871 la Prusse avait créé et pris le contrôle du nouvel empire allemand ; c'était aussi une question de style, d'habitudes sociales, de valeurs et d'attitudes – l'éternel schisme entre le Nord « froid » et le Sud « chaud » que l'on rencontre apparemment dans de nombreux pays.

Dans le Sud, en Bavière, en Bade et en Souabe, la Prusse était synonyme d'austérité spartiate, de bruits de bottes et d'une langue allemande parlée à l'impératif, à mi-chemin entre l'aboiement et le coup de feu. Les habitants du Sud cultivaient leurs griefs depuis soixante-dix ans ; ils avaient été annexés et unifiés par un peuple antipathique dont les valeurs sévères et l'arrogance non dissimulée les faisaient bouillir de colère.

Ce sentiment s'exprimait dans les tracts de la Rose blanche : c'était la Prusse qui était tenue pour responsable de l'ascension d'Adolf Hitler, et de la guerre qu'il avait décidé de lancer.

Kurt Huber était un grand admirateur des idéalistes allemands, Kant, Hegel, Fichte, qui avaient développé et affiné leurs systèmes philosophiques dans le monde prussien. Il ne pouvait souscrire à cette vision un rien simpliste de l'histoire allemande, dont on lui rebattait les oreilles dans les groupes de discussion auxquels il participait. La Prusse, pensait-il, avait apporté à l'Allemagne bien plus que le claquement d'un fouet ; ce n'était pas la Prusse qui était responsable de l'ascension d'Adolf Hitler, lequel était né en Autriche, dans le « Sud » facile et doux, et qui par ailleurs avait lancé son mouvement de masse non pas dans le Nord, en Prusse, mais dans l'insouciante et gracieuse ville de Munich.

Dans les discussions véhémentes qu'il avait avec les étudiants, Huber s'opposa peut-être aussi à l'expression « socialisme raisonnable », mais aucune de ses suggestions pour modifier le ton ou le contenu ne fut acceptée ; il eut le dessous.

La brochure était rédigée, elle fut révisée et éditée, puis les opérations d'impression commencèrent. La Gestapo estimerait plus tard qu'entre 8 000 et 10 000 exemplaires de l'« Appel à tous les Allemands » furent diffusés, soit vingt fois plus que les quatre premiers tracts. Alex acheta une nouvelle machine à écrire, ainsi qu'une ronéo plus puissante. Sophie et Traute faisaient le tour des magasins de la ville pour acheter le papier spécial nécessaire, ainsi que des enveloppes et des timbres. Dans chaque magasin, dans chaque bureau de poste, elles faisaient la queue patiemment, conscientes que les employés étaient à l'affût de tout comportement suspect et de toute demande sortant de l'ordinaire.

La nouvelle ronéo était plus grosse, mais il fallait toujours l'actionner à la main. Les tracts étaient imprimés un par un, soir après soir. Il fallait changer les pochoirs, les cylindres se cassaient, la tension nerveuse devenait de nouveau insupportable. Pour rester éveillés et opérationnels pendant la journée, ils prenaient des pilules que les médecins se procuraient dans les cliniques militaires où ils travaillaient.

Une autre menace était les bombardements ; non seulement ils mettaient leur vie en danger, mais on craignait également que l'atelier fût touché et que le matériel et les fournitures entreposés dans la cave ne fussent éparpillés dans la rue, dévoilant toute l'opération.

Hans mit au point un stratagème : si les bombes se rapprochaient de Schwabing, il appelait Josef Söhngen et lui demandait un livre précis. Si le libraire répondait qu'il l'avait, cela signifiait que la voie était libre. Hans et Alex mettaient alors la ronéo dans une valise qu'ils transportaient à travers les rues noires, pour finalement la déposer dans la cave de Söhngen. La découverte de matériel d'impression dans une librairie ne serait pas aussi accablante que dans le studio d'un architecte.

Mais au bout du compte, jour après jour, nuit après nuit, malgré les retards, les pannes et les nerfs en pelote, les tracts étaient tirés et prêts à partir au courrier.

Le quartier général de la Gestapo à Munich était installé dans le palais Wittelsbach, l'une des nombreuses résidences construites par la famille royale de Bavière. Il s'agissait d'un bâtiment massif en briques rouges, conçu dans le style des autres bâtiments de l'État bavarois édifiés à Munich au milieu du XIXe siècle. Il n'existe plus aujourd'hui, détruit par les bombes et jamais reconstruit, mais son histoire ne disparaîtra jamais tout à fait de la ville de Munich ; les expériences des hommes et des femmes entre ses murs reflètent les oscillations ironiques et tragiques du passé bavarois.

Le palais avait accueilli des princes royaux et leurs courtisanes, comme la fameuse Lola Montez, à l'époque simple de l'Europe du milieu du XIXe siècle. Après la Première Guerre mondiale, il avait été le siège de la république d'Eisner, si vite anéantie par les forces de la droite réactionnaire. En 1943, depuis les premiers jours du Troisième Reich, elle servait de centre de coordination des activités de la Gestapo en Bavière ; dans ses caves, on torturait, ses archives étaient remplies de dénonciations de voisins zélés et envieux et de rapports des *Spitzel*, les mouchards de la Gestapo.

Robert Mohr était un fonctionnaire de la Gestapo qui avait travaillé dans la police à Munich depuis la fin de la Première Guerre mondiale. Un matin de janvier 1943, il fut convoqué d'urgence par son chef de service, l'*Oberregierungsrat* Schäfer. Très nerveux, celui-ci lui tendit une feuille de papier.

Il s'agissait de l'« Appel à tous les Allemands ». Mohr lut le tract et attendit. Schäfer lui ordonna de laisser de côté tous les autres dossiers et de tout mettre en œuvre pour trouver les auteurs du tract. Des centaines d'exemplaires étaient apparus dans la ville, peut-être davantage. Les collaborateurs volontaires et rémunérés de la Gestapo en avaient signalé dans les salles de cinéma, sur les bancs des parcs, dans les halls d'immeubles, dans les cabines téléphoniques. Schäfer ajouta de manière inquiétante que « les tracts créent le plus grand trouble aux plus hauts niveaux du parti et de l'État ». Bien qu'il n'eût cité aucun nom, il faisait sans aucun doute référence à Heinrich Himmler, chef des SS et de toutes les forces de sécurité, y compris la Gestapo – et peut-être même à Adolf Hitler.

La voix tremblante d'indignation, Schäfer annonça à son subordonné que la Gestapo de Munich avait été chargée de trouver les coupables et de « mettre fin à l'affaire ».

Mohr commença à enquêter et découvrit rapidement que les tracts commençaient à apparaître à Stuttgart, à Vienne, à Ulm, à Francfort et à Augsbourg. Ils étaient envoyés par la poste et aucun n'était expédié de la ville où ils apparaissaient. Ceux reçus à Stuttgart portaient le cachet de Vienne, ceux reçus à Francfort avaient été postés à Salzbourg.

C'était la première fois qu'une telle chose se produisait depuis dix ans que durait le régime nazi. La Gestapo se trouvait soudain confrontée à un bombardement massif de littérature subversive, provenant selon elle de l'extrême gauche, et issu de l'intérieur du Reich, mais pas d'un endroit particulier ; ces papiers indignes semblaient surgir de façon désordonnée dans tout le pays. Tout cela était-il le fait d'un petit groupe ? Ou bien, alors que le moral à l'intérieur du pays et sur le front se dégradait, s'agissait-il de la première manifestation d'une organisation de résistance à l'échelle nationale ? Les tracts allaient-ils déclencher une réaction en chaîne que les nazis ne pourraient plus contrôler ? Est-ce que cette résistance était forte ?

La chasse à l'homme de la Gestapo commençait sérieusement.

Afin d'attiser les craintes et l'inquiétude des autorités et de donner l'impression d'un vaste réseau, le groupe de Munich avait mis au point un plan audacieux. Ils emportaient les tracts dans des sacs à dos et des valises, prenaient le train vers d'autres villes, et de là les postaient vers une autre ville. Lorsqu'ils montaient dans le train à Munich – ils voyageaient toujours seuls –, ils laissaient la valise dans un compartiment sur le porte-bagages, puis trouvaient un siège dans un autre compartiment, le plus loin possible.

Les trains étaient bondés ; souvent, il n'y avait pas de siège du tout, et l'on se tenait debout ou perché sur des strapontins dans les longs couloirs étroits. Souvent, ils ne partaient pas à l'heure, car les bombardements alliés avaient détruit de nombreuses voies, et il fallait du temps pour les réparer.

Les expéditions de la Rose blanche étaient sombres, froides et chaotiques. Il était devenu dangereux de voyager ; les trains, mais aussi les tramways, étaient contrôlés par la Gestapo et la police militaire, les piétons étaient parfois arrêtés dans la rue. Tous les citoyens devaient avoir leurs papiers sur eux à tout moment, et surtout lorsqu'ils voyageaient ; les étudiants de Munich savaient parfaitement que chaque voyage pouvait être le dernier. La police traquait non seulement les « subversifs », déserteurs et autres fugitifs, mais aussi ceux qui se livraient au marché noir de denrées alimentaires, une pratique de plus en plus répandue avec les pénuries et la faim croissante.

Les trains empruntés par les étudiants arrivaient souvent à destination au milieu de la nuit. Ils récupéraient leurs bagages dans le compartiment où ils les avaient rangés et descendaient dans l'obscurité, souvent dans des gares bombardées, essayant de ne pas éveiller les soupçons en marchant dans les rues froides et noires, à la recherche de boîtes aux lettres dans des endroits discrets. Puis ils retournaient à Munich, leur valise vide.

Ils avaient élaboré des explications plausibles pour chaque voyage, au cas où ils seraient arrêtés et interrogés, et ils avaient même réussi à se procurer de faux documents de voyage. Chacun des étudiants fit un voyage de ce type, chacun accepta les risques.

Hans alla à Salzbourg et envoya 150 lettres. Alex se rendit à Linz et à Vienne avec une valise remplie de 1 400 tracts ; il en posta 400 de Vienne à Francfort, fit un bref arrêt à Linz pour en poster 200 de plus, et posta finalement le reste depuis Salzbourg sur le chemin du retour, immensément soulagé quand la valise fut vide.

L'aspect le plus désagréable de ces voyages était probablement le fait qu'on les entreprenait seul, et non à deux. On attirait ainsi moins l'attention et cela réduisait les coûts, mais ces expéditions furent sans doute leurs moments de terreur les plus intenses. Mais, au fil des années, ils avaient appris à se fondre dans le décor. Ils savaient prendre un air froid et distant, garder un visage impénétrable, un regard vide, se soumettre aux contrôles de sécurité sans trembler.

Sophie fit sa tournée dans la région Augsbourg-Ulm-Stuttgart, d'où elle envoya environ 800 tracts. Chez ses parents, elle eut envie de montrer à son père l'un des tracts, qu'elle prétendit avoir trouvé à Munich. Comme elle l'espérait, il témoigna de son admiration devant ce signe de résistance. Mais soudain, il se tourna vers elle, troublé. « Sophie, j'espère que vous deux n'avez rien à voir avec tout cela ? »

Elle répondit, indignée : « Comment peux-tu même y penser ? Il se passe des choses à Munich, mais nous ne nous en mêlons pas. »

Mais avec Susanne Hirzel, sa vieille amie de l'époque du séminaire Fröbel, elle s'ouvrit davantage : « Si Hitler passait à côté de moi et que j'avais un pistolet, je tirerais. Si les hommes ne le font pas, alors c'est une femme qui devra le faire. Il faut faire quelque chose pour éviter d'être soi-même coupable. »

À Ulm, Sophie donna également à Hans Hirzel quelques exemplaires du nouveau tract, qu'ils ronéotypèrent ensuite dans l'église de son père. Hirzel, Franz Müller et Heinrich Guter trouvèrent des noms et des adresses dans l'annuaire téléphonique, tapèrent les enveloppes et les postèrent.

En une occasion, à Munich, la nouvelle amie de Hans, Gisela Schertling, aida Sophie à poster un lot d'enveloppes. Sophie les transportait dans son sac à dos ; elle demanda à son amie de maintenir la boîte aux lettres ouverte afin qu'elle pût y déposer rapidement ses enveloppes. Gisela Schertling accepta, mais ne demanda jamais ce que Sophie faisait de manière aussi discrète – peut-être préférait-elle ne pas le savoir. Le voyage le plus dangereux, et de loin, fut celui de Willi Graf. Sans permission ni permis de circuler, il partit pour la Rhénanie, en uniforme. Dans sa grande valise, il transportait non seulement des tracts, mais aussi une ronéo.

Il était décidé à gagner le soutien de ses anciens camarades des groupes de jeunes catholiques, malgré leurs premiers refus. Même en prenant la précaution de se séparer de ses bagages très chargés, il s'en fallut de peu qu'il ne se fasse arrêter.

Le 21 janvier 1943, il était à Cologne avec ses amis ; mais sans succès. Il se rendit le même jour dans la ville voisine de Bonn, où il avait été étudiant, et ses propositions ne reçurent pas un accueil plus chaleureux. Poursuivant son voyage, portant toujours sa lourde valise, il arriva à Sarrebruck et alla voir Willi Bollinger à l'hôpital militaire où il travaillait comme infirmier.

Ce dut être un grand soulagement lorsque Bollinger accepta de prendre la ronéo et quelques tracts à reproduire. Willi passa la nuit chez lui, évitant tout contact avec sa famille. Avant son départ, le lendemain, Bollinger lui remit des faux papiers pour la suite de son périple, ainsi que des formulaires de voyage vierges, déjà tamponnés et signés, qui pourraient être utilisés pour de futures expéditions de la Rose blanche.

Willi fit ensuite escale à Fribourg, puis à Ulm, distribuant quelques tracts aux deux ou trois personnes en qui il avait confiance et dont il savait qu'elles l'aideraient.

Ce fut un long voyage, avec de nombreuses correspondances et de nombreuses occasions d'être contrôlé ; sa valise était une véritable bombe à retardement, et tous ces efforts donnèrent quelques résultats positifs, mais quelques-uns seulement.

On ne sait pas ce que furent les réactions de Willi. De retour à Munich, on lit dans son journal qu'il se rendit à l'appel, écouta une stupide harangue nazie et, le soir, assista « à un concert de violoncelle tout à fait satisfaisant ».

15

Le 13 janvier 1943, pour la première et la dernière fois sous le Troisième Reich, eut lieu une manifestation d'étudiants, à Munich. Une explosion de rage spontanée, de courte durée – mais elle eut lieu.

Ce jour-là, étudiants et professeurs avaient été convoqués à l'auditorium principal du Deutsches Museum, un énorme dépôt d'objets scientifiques et technologiques situé sur une île de l'Isar, de l'autre côté de la ville. Le musée avait été choisi pour célébrer le 470e anniversaire de la fondation de l'université, dont aucune des salles n'était assez vaste pour accueillir autant de professeurs et d'étudiants en même temps, ainsi que d'éminents représentants de l'État, du parti et de l'armée.

À leur arrivée, la plupart des étudiants, en particulier les filles, reçurent l'ordre de monter au balcon, car la salle principale était réservée aux hommes en uniforme : les étudiants soldats, les vétérans qui venaient avec des béquilles et des cannes, et les officiers de la SS et des forces armées. Les professeurs, vêtus de toges, avaient été autorisés à s'asseoir à leurs côtés ; Kurt Huber se tenait parmi eux.

Sur l'estrade, drapée d'une bannière proclamant la solennité et l'importance de l'événement, se trouvaient les dirigeants locaux, régionaux et nationaux de l'Association des étudiants nationaux-socialistes, en uniforme comme toujours.

Toutes les sorties étaient surveillées par les SS.

Comme les étudiants de la Rose blanche avaient fait le serment, ainsi qu'ils le disaient dans un de leurs tracts, de boycotter tous les rassemblements et assemblées nazis même s'ils recevaient l'ordre d'y assister, ils n'étaient pas présents. Cependant, leurs amies Gisela Schertling, Anneliese Graf (la sœur de Willi) et Katharina Schüddekopf, la doctorante de Kurt Huber, étaient présentes, au balcon, assises au premier rang.

Le *Gauleiter* de Bavière, Paul Giesler, avait remplacé le *Gauleiter* Wagner, victime d'une attaque cérébrale et qui mourrait quelques mois plus tard. Giesler devait prononcer le discours principal. Encore plus brutal et primitif que Wagner, il se considérait comme un « homme du peuple ». Il méprisait les intellectuels et l'université, une attitude loin d'être rare chez les nazis.

L'objectif de Giesler à cette occasion était de remonter le moral des Bavarois pour l'effort de guerre. On savait Hitler furieux contre les Munichois qui n'étaient pas à la hauteur de ses attentes. Ils se montraient maussades et peu enthousiastes à l'idée d'envoyer leurs fils et leurs pères sur le front russe qui s'effondrait ; le Führer estimait qu'ils méritaient tous les bombardements qu'ils subissaient.

Giesler commença par affirmer que l'université était partie intégrante de la société national-socialiste et que, dans peu de temps, les étudiants se trouveraient dans la « cabine de pilotage » de la vie allemande. Il était donc impératif que les établissements d'enseignement supérieur ne restent pas les enclaves cloîtrées d'une pensée intellectuelle puérile. Les « intellects tordus » et les « esprits faussement intelligents » étaient inacceptables et n'étaient pas l'expression de la « vraie vie ». Il s'excitait et, dans la tradition des orateurs politiques allemands, se mit à beugler.

« La vraie vie, rugit-il, ne nous est transmise que par Adolf Hitler, avec ses enseignements légers, joyeux et tournés vers la vie ! »

Nul tonnerre d'applaudissements ne salua cette déclaration. Il poursuivit en faisant l'éloge des étudiants qui étaient montés au front ou qui allaient bientôt partir, et de ceux qui travaillaient dans les usines pour l'effort de guerre. Puis vint l'attaque : il y avait beaucoup d'étudiants à l'université, dit-il, qui étaient « sans talent » ou manquaient de « sérieux ». Ils prenaient de l'espace et des chambres meublées aux plus méritants. Une fois encore, sa voix s'éleva : l'université n'était pas un poste de secours pour les « filles bien élevées » qui se dérobaient à leur devoir de guerre.

La salle était de plus en plus agitée. On entendait maintenant des bruits de pas et des huées. Elles se firent de plus en plus fortes, et de plus en plus fréquentes. L'auditorium était sous tension. Les filles au balcon étaient furieuses ; certaines se penchaient et lançaient des invectives furieuses au *Gauleiter.*

Leur désapprobation stimulait Giesler. Il s'adressa à elles en criant : « La place naturelle d'une femme n'est pas à l'université, mais dans sa famille, aux côtés de son mari. Les filles qui sont ici, dit-il, devraient remplir leur devoir de mère au lieu d'étudier. »

Le public était de plus en plus bruyant ; il y avait du mouvement, de l'agitation, des cris fusaient de partout. C'est à ce moment que Giesler passa vraiment les bornes. Les femmes, hurla-t-il en couvrant le vacarme, devraient offrir un enfant au Führer chaque année. Puis, avec un sourire en coin, il ajouta : « Et pour les étudiantes qui ne sont pas assez jolies pour attraper un homme, je serai heureux de leur prêter l'un de mes adjudants. » Et il ajouta : « Je vous promets que *ça*, ce sera une expérience splendide ! »

L'enfer se déchaîna. On tapait des pieds pour protester, on criait. Giesler tenta de continuer, mais sa voix était couverte par le tumulte.

À ce stade, une vingtaine de jeunes femmes avaient quitté le balcon, furieuses, mais elles avaient rapidement été arrêtées par les étudiants en chemise brune et les SS. À présent, les SS poussaient dehors les filles restées au balcon. Des étudiants venus d'en bas se précipitèrent pour les aider ; des bagarres éclatèrent quand des groupes de garçons tentèrent de libérer leurs condisciples.

Un des leaders des jeunes nazis fut capturé par les autres étudiants, qui lui crièrent qu'ils le garderaient en otage jusqu'à ce que les filles fussent libérées. Les bagarres se poursuivaient dans les deux étages et dans le hall à l'extérieur de l'auditorium. Des commandos appelés en renfort commençaient à arriver sur les lieux. Les étudiants, avec les étudiantes enfin libérées, sortirent du musée en courant, formèrent de petits groupes et commencèrent à marcher en procession le long de l'Isar, en direction de l'université.

Ils se tenaient les bras et marchaient en chantant.

Les gens s'arrêtaient net pour les regarder, c'était à ne pas y croire. Il y avait dans l'air un sentiment de gaieté, de bonne volonté fraternelle et de chaleur que beaucoup n'avaient jamais connu de leur vie.

Lorsqu'ils atteignirent la Ludwigstrasse, ils durent se disperser avant que les forces spéciales de la police ne rompissent leurs rangs. La manifestation ne pouvait pas durer plus longtemps.

Mais le moment resta gravé dans les mémoires : tout Munich en faisait des gorges chaudes. Dans la *Mensa*, la cafétéria des étudiants, dans les amphithéâtres et les couloirs de l'université, chacun racontait son histoire ; ils utilisaient un mot qu'ils n'avaient jamais employé auparavant : ils parlaient de « victoire ».

La « rencontre » au musée eut un tel impact que Paul Giesler se sentit obligé d'organiser une autre rencontre avec les étudiants, un peu plus tard en janvier. Il s'excusa à contrecœur de ses remarques sur les femmes, mais avertit ensuite l'assemblée qu'il fermerait l'université et renverrait tous les hommes au front et toutes les femmes à l'usine si les « désordres » se poursuivaient.

Lorsque leurs amis leur apprirent la nouvelle du « soulèvement » au Deutsches Museum, Willi, Sophie, Hans et Alex ne se tinrent plus de joie. Ils faisaient un lien direct entre leurs tracts et ces événements ; l'objectif des tracts était de fomenter des troubles : leur plan fonctionnait donc !

Ils décidèrent de redoubler d'efforts. Ils imprimèrent rapidement 1 300 exemplaires supplémentaires de l'« Appel à tous les Allemands » et les diffusèrent dans Munich. Ils étaient presque hors d'eux, excités et tendus. Christoph passa à ce moment-là ; sa femme attendait son troisième enfant. Il observa ses amis et s'inquiéta ; il leur recommanda d'être prudents. Les réalités n'avaient pas changé, quelle que fût l'euphorie avec laquelle ils envisageaient l'avenir ; la terreur était encore et toujours présente ; il sentait qu'ils couraient un réel danger.

Mais ils ne l'écoutèrent pas, et Willi nota avec jubilation dans son journal : « La pierre commence à rouler. »

16

La capitulation avait eu lieu trois jours auparavant, mais l'annonce radiophonique du 3 février 1943 frappa l'Allemagne comme un coup de tonnerre. Cette fois, le « bulletin spécial », qui interrompait les programmes habituels, ne commença pas par des fanfares triomphantes, mais par les lents battements d'un tambour. Puis un long silence inquiétant. Puis à nouveau le son du tambour. Puis le deuxième mouvement, lugubre, de la *Cinquième Symphonie* de Beethoven. Enfin, une voix se mit à parler du ton qu'on emploie pour les funérailles : « La bataille de Stalingrad est terminée. Fidèle, jusqu'à son dernier souffle, à son serment au drapeau, la 6e armée, sous la direction inspirée du général feld-maréchal von Paulus, a été vaincue. Ils sont morts pour que l'Allemagne vive. »

Malgré les rumeurs qui circulaient depuis des semaines sur l'encerclement de l'armée allemande à Stalingrad, et malgré le silence du ministère de la Propagande sur les événements qui se déroulaient sur le front du sud-est, la nation était en état de choc. C'était l'une des plus grandes défaites de l'histoire allemande, et le premier gros revers de la Wehrmacht – un revers terrible, en fait – au cours de la Seconde Guerre mondiale. Après des années passées à écouter des voix enthousiastes claironnant de nouvelles invasions et des victoires éclatantes sur tous les fronts, cette annonce fut un coup dur ; les Allemands suffisamment âgés pour se souvenir de la guerre – et qui s'autorisent à le faire – se rappellent précisément où ils se trouvaient et ce qu'ils faisaient lorsque la nouvelle fut annoncée sur les ondes.

La bataille de Stalingrad avait commencé près de six mois plus tôt, en septembre 1942. La 6e armée, avec quelque 300 000 hommes venus de tous les segments du front de l'Est, avait attaqué la ville sur la Volga. La presse et la radio en avaient fait une bataille clé pour la destruction du bolchevisme, mais après les premières déclarations, on attendit en vain l'annonce d'une victoire rapide. À la mi-novembre, l'Armée rouge, rassemblant tous les hommes et toutes les armes encore disponibles après dix-huit mois où elle avait connu revers sur revers, lança une énorme contre-attaque et encercla les 300 000 Allemands.

La situation devenait désespérée. Le général von Paulus demanda l'autorisation de rompre l'encerclement et de faire retraite. Hitler refusa. Il ordonna à la 6e armée de tenir bon et de se battre jusqu'au dernier homme. En janvier 1943, dans le glacial hiver russe, l'armée soviétique lança sa dernière offensive ; le 31 janvier, tout était fini.

Lors des cérémonies solennelles et pompeuses organisées pour les 200 000 morts de Stalingrad, personne ne mentionna les 90 000 prisonniers capturés par les Russes et conduits dans des camps de prisonniers en Sibérie. Maigres, malades, en haillons et gelés, ils furent emmenés au plus profond des steppes russes, tombant et mourant à mesure qu'ils avançaient. Goebbels fit annuler toutes les représentations théâtrales, les films et les concerts, pour pleurer les hommes tombés au combat. Mais ces 90 000 hommes titubants furent considérés comme morts : pour les dirigeants nazis, le mot « reddition » n'existait pas, et ceux qui s'étaient rendus furent rayés de l'histoire. La plupart d'entre eux ne revinrent jamais.

Les rapports de la Gestapo en Bavière à cette époque indiquent que le moral de la population avait atteint son point le plus bas depuis le début de la guerre. Les gens en voulaient à Hitler, ils se sentaient manipulés et maltraités : Stalingrad était le tournant de la guerre et l'Allemagne finirait par perdre. Munich et d'autres villes du sud voyaient un afflux considérable de réfugiés en provenance des villes industrielles du nord, qui avaient été détruites par les bombardements. Un sentiment d'épuisement, de confusion, de chagrin et de peur flottait dans l'air, et les gens commençaient à avoir très faim.

Stalingrad fut une tragédie pour Kurt Huber, comme s'il avait vécu lui-même la souffrance, la mort et la trahison. Il était ébranlé jusqu'au tréfonds de son être ; c'était un moment historique pour la nation allemande. Quelques jours plus tard, il prit une décision capitale : il rédigerait lui-même un tract.

Il y travailla toute la nuit, couchant enfin sur papier tout le chagrin et la rage qu'il avait scellés en lui depuis dix ans. Au petit matin, Clara Huber entra dans son bureau. Elle le trouva assis devant sa machine à écrire, et lut par-dessus son épaule. Profondément choquée, elle le supplia de détruire son texte. Il lui dit de ne pas s'en mêler : moins elle en savait, mieux c'était. Elle comprit qu'il n'y aurait aucun moyen de le convaincre.

Le sixième et dernier tract de la Rose blanche ne revendiquait pas d'affiliation au « Mouvement de la résistance » ou à la Rose blanche. Il s'adressait simplement aux « étudiants » ; il était censé exprimer l'esprit de la jeunesse, des étudiants de l'université et des soldats morts à Stalingrad.

« Notre peuple est profondément ébranlé par la mort de nos hommes à Stalingrad », commençait-il,

> 300 000 Allemands ont été conduits à la mort, de manière insensée et irresponsable, par la brillante stratégie de ce caporal de la Première Guerre mondiale. Führer, nous vous remercions ! [...] Nous avons grandi dans un État où la liberté d'exprimer son opinion avait été supprimée. Les Jeunesses hitlériennes, les SA et les SS ont essayé de nous droguer, de nous révolutionner, de nous enrégimenter pendant les années les plus prometteuses de notre vie.

Évoquant le récent soulèvement des étudiants, Huber poursuivait :

> Les *Gauleiter* insultent l'honneur des étudiantes avec des plaisanteries grossières, et les étudiantes allemandes de l'université ont donné une réponse digne de ce nom à cette atteinte à leur honneur. Des étudiants allemands ont défendu leurs compagnes et les ont soutenues. [...] C'est le début de la lutte pour notre libre autodétermination. [...]
> Pour nous, il n'y a désormais qu'un seul mot : lutter – contre le parti ! Luttez ! Sortez de toutes les organisations du parti ! Sortez des amphithéâtres dirigés par les *SS Unterland Oberführer* et les chantres du parti !
> Liberté et honneur ! Pendant dix longues années, Hitler et ses camarades ont écrasé, avili et distordu ces beaux mots allemands jusqu'à la nausée. [...]
> Le nom de l'Allemagne restera à jamais entaché de honte si la jeunesse allemande ne se soulève pas enfin. [...] Étudiantes ! Étudiants ! Le peuple allemand nous regarde ! La Bérézina et Stalingrad sont en flammes à l'Est ; les morts de Stalingrad nous implorent !

Le texte de Huber fut finalement imprimé pratiquement tel quel, à l'exception d'une ligne cruciale. Le désaccord entre Huber et Hans Scholl sur cette ligne allait provoquer une rupture définitive.

Depuis le début de l'année, les événements filaient à un rythme effréné ; en février, l'élan semblait hors de contrôle.

Après avoir appris la nouvelle de Stalingrad, dans la nuit du 3 février 1943, Hans, Alex et Willi sortirent dans les rues noires et peignirent les mots « Liberté » et « À bas Hitler » sur les murs des immeubles d'habitation, des bâtiments publics et de l'université. À certains endroits, ils ajoutèrent une croix gammée blanche, barrée d'un trait rouge.

Ils montaient la garde à tour de rôle, avec un pistolet chargé.

Ils ne se firent pas prendre, et le lendemain, les réactions dans toute la ville montraient que l'effort en valait la peine. Les gens étaient rassemblés devant l'université, observant en silence les ouvrières russes qui tentaient d'effacer les lettres des murs, sous la surveillance des gardes. Les lettres étaient énormes, bien tracées, claires ; il n'y avait aucun moyen de les éviter, de ne pas les remarquer. Traute Lafrenz se trouvait là lorsque Hans Scholl arriva à l'université ce jour-là. Il marchait comme il le faisait toujours, à grandes enjambées, la tête légèrement penchée en avant. Il ne regardait pas autour de lui, malgré la foule, mais il avait un « petit sourire triomphant » sur le visage. En entrant dans le bâtiment – il ne sembla pas remarquer les femmes qui récuraient avec leurs seaux et leurs brosses –, son sourire s'élargit. Un étudiant enthousiaste s'approcha et dit à Hans : « Tu as vu ? Tu as vu ? »

Hans éclata de rire et répliqua : « Non – vu quoi ? »

C'est à peu près à ce moment-là que Falk Harnack arriva en ville. Pour la Rose blanche, c'était un événement d'importance. Il signifiait qu'à Berlin, « l'organe central » du mouvement de résistance les prenait au sérieux. Harnack rencontra d'abord Alex et Hans en privé et le lendemain, à l'exception de Christoph, tout le groupe se réunit dans l'appartement de la Franz-Joseph-Strasse. Sophie, Willi, Hans, Alex et Kurt Huber étaient présents ; c'est apparemment à cette occasion que Huber remit à Hans le brouillon du sixième tract.

Harnack se rendit compte que le groupe était chargé à bloc. Ils étaient presque fiévreux, leurs yeux brillaient d'épuisement, et surtout, ils étaient pris par l'exaltation : leur travail contribuait à créer à Munich une atmosphère révolutionnaire.

Peut-être surévaluaient-ils un peu leur impact. Mais ils n'avaient pas tort, tant s'en faut, sur l'ambiance à Munich. Les dossiers de la Gestapo relatifs à ces journées de février mentionnent des rumeurs en ville selon lesquelles les gens répondaient au salut *Heil Hitler !*

par une gifle. Le rapport ajoutait : « Il est également déconseillé de porter l'insigne du parti à la boutonnière. »

Devant le groupe blotti dans la chambre glaciale de Hans, Harnack fit un point sur l'état de la résistance : un putsch était possible à tout moment et le débarquement des Alliés en Europe était imminent. Le mouvement de résistance allemand était très favorable à une collaboration avec la Rose blanche, mais il leur fallait d'abord accepter le principe d'une large coalition des forces de gauche et de droite. Il invitait Hans et Alex à Berlin, le 25 février 1943 ; le rendez-vous aurait lieu à l'église du Souvenir de l'empereur Guillaume.

Harnack passa aux projets d'après-putsch, qui devaient également être approuvés par le groupe : tous les militants nazis devaient être arrêtés et sévèrement punis ; les membres du parti seraient privés de leur droit de vote ; et seuls trois partis politiques seraient autorisés à être représentés dans le nouveau parlement : marxiste, libéral et chrétien.

La discussion s'échauffa lorsqu'ils passèrent aux affaires étrangères. Huber déclara qu'il ne travaillerait pas avec les Soviétiques : l'individualisme et la démocratie occidentaux étaient les seuls systèmes qu'il pût accepter. Alex rétorqua qu'il était peu judicieux de dépendre exclusivement de l'Occident. Bien qu'il ne fût pas communiste, lui-même croyait que l'Union soviétique deviendrait une des grandes puissances du monde de l'après-guerre.

Falk Harnack devait partir. On confirma le rendez-vous à Berlin avec Hans et Alex, ou au moins avec Hans. Mais l'atmosphère avait tourné au vinaigre. Kurt Huber était furieux.

Après le départ de Harnack, le professeur déclara qu'à l'avenir il refuserait de travailler avec lui. Les autres n'étaient pas d'accord : l'un d'eux irait à Berlin.

On discuta alors du tract de Huber. Le groupe était d'accord pour le diffuser tel quel, en supprimant une ligne où Huber avait écrit que les étudiants devaient « soutenir notre glorieuse Wehrmacht ». Hans et Alex trouvaient l'idée inacceptable. Huber insista ; il refusait de céder. Hans prit la mouche : l'armée était un pilier de l'État nazi et elle n'avait rien de glorieux. Il est probable qu'à cet instant ils se mirent à crier : Hans et Alex soutenaient qu'on pouvait créer un réseau de résistance chez les appelés, mais pas au sein de l'institution militaire.

C'est à ce moment-là, semble-t-il, que Huber demanda à reprendre son texte. Soit l'essai serait imprimé dans son intégralité, soit il ne le serait pas du tout.

Les autres refusèrent : ses remarques étaient importantes et ils voulaient les faire circuler à l'université.

Il semble qu'il n'ait pas insisté, mais la brève et périlleuse collaboration de Kurt Huber avec la Rose blanche venait de s'achever. Furieux, blessé et profondément déçu par ces étudiants qu'il avait fini par considérer comme ses protégés, le professeur quitta l'appartement en trombe.

Il ne reverrait plus jamais Hans Scholl.

17

Ils firent encore deux autres sorties, les nuits du 8 et 15 février, pour proclamer sur les murs de la ville la liberté face à la tyrannie nazie. Ils allèrent jusqu'à peindre au pochoir les mots « À bas Hitler » sur la Feldherrnhalle, l'immense loggia florentine qui termine la Ludwigstrasse au centre de la ville. Ce mémorial dédié aux généraux bavarois qui avaient soutenu Napoléon dans son expédition contre la Russie avait été le théâtre du putsch d'Hitler en 1923. À l'époque, il avait tenté de renverser le gouvernement bavarois, sans succès. Après sa prise de pouvoir en 1933, on avait posé une plaque commémorative en l'honneur des martyrs de la SA sur le côté de l'imposante loggia. Chaque année, les dirigeants nazis s'y rendaient en pèlerinage, pour l'anniversaire de la tentative.

Désormais, des équipes de SS en uniforme veillaient jour et nuit sur la plaque commémorative, avec un poste de garde supplémentaire juste de l'autre côté de la rue. Chaque citoyen qui passait devant le mémorial était tenu de lever le bras et de faire le « salut allemand » ; s'il ne le faisait pas, les SS l'arrêtaient pour l'interroger.

De nombreux Munichois faisaient des détours pour l'éviter. Mais lors d'une de ces nuits de février 1943, c'est là que se rendirent Hans, Alex et Willi et, à quelques mètres de la garde d'honneur SS, ils barbouillèrent les murs de la Feldherrnhalle avec de la peinture. Au matin, la ville se réveilla avec les mots « Liberté ! » et « À bas Hitler ! » inscrits au fronton du temple sacré du Troisième Reich. L'impensable s'était produit : le saint des saints avait été profané.

À peu près au même moment, Christoph passa voir ses amis et leur dit sans ambages que ces incursions nocturnes étaient dangereuses et insensées. La tension qu'il éprouvait valait bien la leur : sa femme avait accouché d'une petite fille et se trouvait à l'hôpital avec une fièvre puerpérale. Mais, surtout, il se préoccupait beaucoup pour ses amis. Il discuta vivement avec Hans et Alex : les nazis n'avaient pas encore été chassés du pouvoir et ils étaient d'autant plus vicieux et dangereux qu'ils étaient terrifiés à l'idée de perdre leur emprise. La terreur régnait ; dans plusieurs villes, des personnes avaient été exécutées simplement pour avoir dit à voix haute que la guerre ne se passait pas bien.

Christoph accepta cependant une requête de ses amis : rédiger un tract appelant à un cessez-le-feu et à des négociations avec les Alliés, qui serait principalement distribué sur le front. Quelques jours plus tard, il envoya à Hans un projet écrit de sa main. Il y était question d'une « fin honorable de la guerre » et il avait même l'audace de proposer la création d'un nouvel ordre international, qui pourrait être placé sous le parrainage du président américain Franklin D. Roosevelt.

Ce projet – jamais imprimé, jamais diffusé – allait lui coûter la vie.

Même si le groupe semble avoir refusé de ralentir ses activités et de prendre moins de risques, ils avaient aussi le sentiment, de plus en plus net, qu'ils pouvaient se faire prendre d'un instant à l'autre.

La personnalité de Hans semblait changer. Il passait à côté de ses amis sans les voir ; il semblait vivre dans un monde intérieur, insensible aux conditions qui l'entouraient ; ses manières étaient distraites, il avait perdu sa confiance en lui et son enthousiasme. Il dit un jour à Gisela Schertling qu'il était suivi. Plus tard, Josef Söhngen, le propriétaire de la librairie, se souviendrait que Hans lui avait donné l'impression d'avoir des contacts secrets au sein même de la Gestapo : il savait peut-être qu'ils étaient sur sa trace.

De fait, depuis le mois de janvier, la Gestapo de Munich recherchait fébrilement les auteurs des tracts. Lorsque les graffitis antinazis avaient fait leur apparition sur les murs, les enquêteurs de la sécurité avaient fait le lien avec « l'agitation » des étudiants après le discours du *Gauleiter* Giesler, mais pas avec les tracts. Ils ciblaient désormais l'université et firent circuler une feuille offrant une récompense au personnel qui aurait des informations sur la « campagne de diffamation ».

La Gestapo disposait d'un dossier sur Hans depuis sa participation au mouvement de jeunesse clandestin, qui lui avait valu d'être arrêté en 1937 ; elle était également certainement au courant des sentiments de Robert Scholl et de la peine de prison qu'il avait purgée.

Il existait d'autres éléments d'information qui pouvaient fuiter. En novembre 1942, Hans Hirzel, lycéen d'Ulm et fervent admirateur de Hans Scholl, avait tenté de recruter de nouveaux partisans pour la campagne de tracts de la Rose blanche. Il s'était adressé à un camarade de classe en mentionnant, entre autres, le nom de Hans. Le garçon s'avéra être un informateur de la Gestapo. Lorsque Hirzel l'apprit, il parvint à convaincre le jeune espion qu'il avait perdu la tête et qu'il ne fallait pas trop prendre au sérieux les histoires de tracts et de conspiration qu'il lui avait racontées. L'informateur sembla convaincu ; en tout cas, la Gestapo d'Ulm ne bougea pas. Hirzel fit prévenir Hans Scholl à Munich, mais rien ne se passa. Quelque temps plus tard, il tenta à nouveau de persuader un camarade de participer aux activités clandestines ; il fut à nouveau dénoncé à la Gestapo.

Le 17 février 1943, Hans Hirzel fut convoqué au siège de la Gestapo à Ulm pour un interrogatoire. Il ressortit libre. Il voulut à tout prix avertir Hans Scholl que de gros problèmes se profilaient. Il se rendit chez les Scholl et dit à Inge de contacter immédiatement son frère à Munich, en utilisant leur code de danger, *Machtstaat und Utopie* (« L'État absolu et l'utopie »), titre d'un livre de l'éminent historien allemand Gerhard Ritter.

Inge appela immédiatement son futur fiancé, Otl Aicher, qui était en permission et logeait chez Carl Muth à Munich. Elle lui demanda de faire passer le message à Hans.

Après avoir contacté Hans dans la soirée, Otl Aicher se présenta, comme convenu, à l'appartement de la Franz-Joseph-Strasse à 11 heures le lendemain matin, 18 février 1943. Mais il n'y avait personne. Il repartit et revient une demi-heure plus tard. Cette fois, la porte s'ouvrit. C'est la Gestapo qui l'accueillit.

18

À Berlin, ce jeudi 18 février 1943, le palais des sports était plein à craquer de fidèles du parti. Le ministre de la Propagande, Joseph Goebbels, préparait ce moment depuis janvier. On avait réalisé des analyses minutieuses des sondages d'opinion, on avait travaillé à ranimer la flamme des courants les plus radicaux du parti et de la population ; à présent, des représentants soigneusement choisis de la communauté allemande du *Volk* étaient rassemblés pour saluer leur Führer.

Mais Hitler lui-même était reclus dans l'isolement de la Tanière du Loup, son quartier général secret, au plus profond d'une forêt de Prusse orientale. Il y ruminait depuis Stalingrad, une bataille dont il avait promis qu'elle marquerait un tournant vers la victoire. Dans le Reich, les familles de ceux qui avaient perdu la vie en Russie étaient prises sous les bombardements, qui s'intensifiaient avec une fureur inattendue. Les innocents comme les coupables périssaient par dizaines de milliers dans les flammes vertes du phosphore.

Goebbels allait maintenant faire quelque chose de significatif pour redonner confiance et moral au Führer et, ce faisant, retrouver une place prépondérante à ses yeux. Ce jour serait la manifestation la plus importante de toute la carrière de Goebbels. Il allait l'orchestrer comme s'il mettait en scène le *Crépuscule des dieux* de Wagner, transformant la défaite ignominieuse face aux « sous-hommes » slaves en dernier combat du surhomme allemand, l'apothéose du Reich de mille ans.

Il y avait 15 000 personnes dans la salle. Au-dessus de l'estrade, derrière la tête de Goebbels, sur une énorme banderole étaient inscrits les mots « Guerre totale – guerre plus courte ». Des microphones étaient prêts à retransmettre dans chaque foyer allemand les paroles prononcées en cette occasion historique ; les caméras des actualités tournaient déjà, balayant les rangées de visages. Devant l'estrade se trouvaient des blessés du front de l'Est et à leur côté des infirmières de la Croix-Rouge en blouse blanche. Les premiers rangs étaient occupés par des ministres, des hauts responsables du parti, des généraux de la Wehrmacht. Derrière eux se trouvait un échantillon du *Volk* allemand lui-même, sélectionné dans tout le pays : commerçants, employés de bureau, artistes, ingénieurs, fonctionnaires, simples soldats, enseignants, rassemblés pour chanter en chœur une réponse aux questions que Goebbels allait poser.

Il commença. Son discours se composait de dix questions, conçues pour susciter l'excitation et amener le public au summum de l'émotion. Il voulait qu'ils fassent l'expérience d'une libération d'énergie orgasmique, d'une négation de soi.

« Je vous le demande », lança Goebbels alors que le silence se faisait. « Croyez-vous, comme le Führer et comme nous tous, à la victoire finale et totale du peuple allemand ? Êtes-vous déterminés à suivre le Führer contre vents et marées dans la lutte pour la victoire, même si cela pèsera lourd sur vos épaules ? »

« *Ja !* » explosa le public comme un seul homme.

« Je vous le demande, vous et le peuple allemand êtes-vous prêts, si le Führer l'ordonne, à travailler dix, douze, ou s'il le faut quatorze et seize heures par jour, et à donner le meilleur de vous-mêmes pour la victoire ? »

« *Ja !* » cria la foule, encore plus fort.

Le peuple allemand accepterait-il la mobilisation de toutes les femmes ?

La peine de mort pour les tire-au-flanc et les profiteurs ?

Le public s'enflammait, on agitait des drapeaux et des bannières, des cris s'élevaient : « *Sieg Heil !* » et « Führer, commande, nous te suivons ! »

Goebbels faisait monter la foule à un niveau d'excitation qu'elle n'avait jamais connu auparavant. Le moment était venu de poser l'ultime question.

« Je vous le demande, hurla-t-il, *wollt Ihr den Totalen Krieg* ? Voulez-vous la guerre totale ? S'il le faut, une guerre plus totale et plus absolue que nous ne pouvons même l'imaginer aujourd'hui ? »

La foule se leva et hurla son assentiment dans un paroxysme d'enthousiasme, les mains et les doigts tendus avec une telle ferveur que les bras semblaient presque prêts à sortir de leurs épaules.

« Êtes-vous d'accord pour que tous ceux qui s'opposent à l'effort de guerre de quelque manière que ce soit le paient de leur tête ? »

« Je vous l'ai demandé, finit-il d'une voix cassée, les yeux jetant des éclairs, et vous m'avez donné vos réponses. Vous faites partie du *Volk* allemand et, par votre bouche, la volonté du peuple allemand s'est manifestée. »

« Maintenant, nation, lève-toi ! Que la tempête se déchaîne ! »

Deux jours plus tôt, le 16 février, Sophie avait écrit une lettre à son ami Fritz Hartnagel, la dernière qu'elle lui enverrait. À ce moment, elle savait déjà qu'il était sain et sauf ; il avait été blessé et évacué par l'un des derniers avions en partance de Stalingrad. Elle lui parlait de sa vie, de ses sentiments et des événements qui se déroulaient en Allemagne. « Juste un petit salut avant d'aller en cours », lui écrivit-elle ce mardi-là, à Munich.

> Je crois que je t'ai déjà dit que j'étais rentrée chez moi dix jours pour donner un coup de main. Même si je n'ai pas eu beaucoup de temps pour m'occuper de mes propres affaires, ce séjour m'a vraiment fait du bien, ne serait-ce que parce que mon père est si heureux quand je viens et semble si surpris quand je pars, et parce que ma mère se lance dans mille petites tâches. Cet amour qui ne demande rien en retour est quelque chose de merveilleux.

> C'est l'une des plus belles choses qui m'aient jamais été données.
> Les 150 kilomètres qui séparent Ulm de Munich me changent si rapidement que je suis stupéfaite de moi-même. D'une enfant inoffensive et facile à vivre, je me transforme en une personne indépendante et autonome. Cela m'a fait du bien de vivre seule, même si parfois je ne suis pas très à l'aise, car j'ai vraiment été gâtée. Mais je ne me sens en sécurité et au chaud que lorsque je ressens cet amour désintéressé, et cela n'arrive pas très souvent.

Le 18 février fut une belle journée de printemps à Munich. Un peu après 10 heures, Hans et Sophie quittèrent leur appartement de Schwabing. Hans portait une grosse valise.

Ils arrivèrent à l'université un peu avant 11 heures, alors que les cours n'étaient pas encore terminés. Le *Lichthof*, la grande cour intérieure surplombée d'un plafond de verre qui formait une voûte, était vide. Soudain, Traute Lafrenz et Willi Graf descendirent les marches de marbre et se dirigèrent vers eux. Ils étaient sortis de classe plus tôt que prévu pour se rendre dans une clinique médicale située dans un autre quartier de la ville, où ils suivaient tous les deux un cours. Ils regardèrent Sophie et Hans, puis la valise, et attendirent probablement une explication, qui ne vint pas. Tous quatre convinrent de se revoir dans la soirée.

Dans le tramway, Traute dit à Willi qu'elle avait une « drôle d'impression ». Willi haussa les épaules, mais elle savait qu'il était inquiet lui aussi. Pendant le cours, à la clinique, il semblait nerveux et pour une fois il ne somnola pas.

Après que leurs amis eurent quitté le *Lichthof*, Hans et Sophie ouvrirent la valise. Ils sortirent des lots de tracts rédigés par Kurt Huber et les placèrent devant les portes des amphithéâtres, sur les rebords des fenêtres et dans les vastes escaliers qui menaient des salles de classe au rez-de-chaussée. Ils en déposèrent entre 700 à 1 800 – les estimations varient. Lorsqu'ils eurent fini, les cours n'étaient pas encore terminés et ils décidèrent de quitter le bâtiment.

En jetant un coup d'œil dans la valise, ils virent qu'il leur restait encore quelques tracts. Ils montèrent l'escalier jusqu'à l'étage supérieur, sous le plafond voûté, et là, depuis la balustrade, ils les dispersèrent dans le *Lichthof*.

À ce moment-là, deux choses arrivèrent. Dans la cour apparut un gardien d'immeuble entre deux âges, Jakob Schmid, qui leur cria : « Vous êtes en état d'arrestation ! » Et, au même moment, les portes des salles de cours s'ouvrirent et une masse d'étudiants commença à en sortir. Le mugissement de la voix de Jakob Schmid dut résonner dans la vaste salle voûtée. Hans et Sophie descendirent l'escalier en courant et se mêlèrent aux autres étudiants, espérant se perdre dans la foule. Mais Jakob Schmid était tenace et déterminé : c'était un membre loyal de la SA et du parti, et il tenait sa chance.

Jakob Schmid les rattrapa et leur cria à nouveau : « Vous êtes en état d'arrestation ! » Ils s'arrêtèrent de courir et se tinrent tranquilles ; tout en eux semblait s'arrêter, devenir mou, se vider.

Sous les yeux des étudiants horrifiés, Hans et Sophie furent conduits sans protester dans le bureau du recteur Wüst.

À présent, l'alerte avait déjà été donnée et toutes les sorties de l'université, des deux côtés, étaient fermées. Les étudiants et les professeurs se rassemblèrent anxieusement dans le grand hall, certains lisant les tracts, d'autres regardant nerveusement au loin ; Kurt Huber était de ceux-là.

On appela l'équipe de Robert Mohr au palais Wittelsbach ; le mystère des tracts semblait enfin percé.

Quand il arriva, le jeune homme et la jeune femme donnaient l'impression d'être extrêmement détendus. Il douta que ce fussent les coupables. Il ordonna aux agents de la Gestapo de descendre dans le hall pour ramasser tous les tracts, puis demanda aux suspects leurs papiers d'identité. Ceux-ci les lui remirent sans montrer la moindre nervosité. Les documents étaient en ordre.

Il les regarda attentivement, ce frère et cette sœur si calmes et si tranquilles ; ils ne se ressemblaient pas beaucoup, si ce n'est qu'ils avaient tous deux les cheveux et les yeux foncés. Il se rendit compte qu'il s'agissait de jeunes étudiants bien élevés, manifestement issus d'une bonne famille. L'idée qu'ils se livraient à des actes subversifs lui paraissait inconcevable ; le *Pedell* (« gardien ») s'était manifestement trompé. Il leur demanda pourquoi ils portaient une valise vide. Ils donnèrent une réponse simple : ils rentraient chez eux à Ulm et avaient décidé de partir un jour plus tôt. Mais pourquoi une valise vide ? Ils allaient ramener à Munich des vêtements et du linge propres.

Mohr ne savait pas quoi faire, il était presque convaincu de leur innocence. Puis, en quelques instants, la situation bascula. Ses hommes avaient rassemblé tous les tracts des étudiants dispersés dans le hall, ainsi que ceux éparpillés dans les couloirs. Ils les avaient apportés dans le bureau du recteur et ils étaient en train de mettre les derniers dans la valise. C'était exactement ce qu'elle pouvait contenir.

Mohr donna l'ordre d'emmener Hans et Sophie au siège de la Gestapo ; à ce moment-là, Hans sortit de sa poche un morceau de papier, le déchira en morceaux et essaya de l'ingérer. Ils lui tombèrent dessus et récupérèrent les fragments, morceau par morceau : c'était le brouillon du tract que Christoph Probst avait écrit sur la paix quelques jours auparavant.

Hans garda son sang-froid malgré ce qui venait de se passer. C'était un bout de papier, dit-il, qui lui avait été donné par un étudiant qu'il ne connaissait pas ; il ne l'avait même pas lu, il n'en connaissait pas le contenu, mais il avait senti que d'une manière ou d'une autre ce serait retenu contre lui.

On leur passa les menottes et on les emmena à travers la foule vers une voiture banalisée qui attendait devant l'entrée de l'université. Ils ne regardèrent ni à droite ni à gauche ; il y avait dans cette foule des gens qui étaient leurs amis ; ils ne voulaient pas les mettre en danger.

Alexander Schmorell se tenait dans la foule à l'extérieur de l'université. Il regarda la Gestapo emmener Hans et Sophie. Le groupe avait mis au point un plan d'évasion, et à présent Alex devait essayer de le mettre en application. Il se rendit immédiatement dans la chambre de Willi Graf ; il n'y avait personne, mais il laissa un message crypté pour le prévenir. Il espérait que son ami pourrait le recevoir à temps et le retrouver le lendemain au Starnberger Bahnhof, une petite gare adjacente à la gare centrale de Munich, d'où partaient les trains à destination des régions alpines de la Bavière, au sud.

Mais d'ici là, il lui fallait passer sur place toute une journée ; il se demanda frénétiquement où il pourrait se cacher en toute sécurité. Il appela ses parents. Sa mère décrocha. Elle lui dit rapidement : « Alex ! La police est là. » Il raccrocha.

Dans la confusion et la terreur, il pensa soudain à son amie Lilo Ramdohr. Il pouvait lui faire confiance et, surtout, elle n'avait aucun lien direct avec la Rose blanche. Il irait passer la nuit chez elle.

Willi Graf passa toute la journée à la clinique universitaire ; il n'entendit pas parler des arrestations. Il rentra chez lui, avec l'intention de rencontrer Hans et Sophie le soir même. À 6 h 30, il entra dans son appartement de la Mandlstrasse ; la Gestapo l'attendait. Avec sa sœur Anneliese, ils furent emmenés au palais Wittelsbach.

Robert Mohr choisit d'interroger personnellement Sophie Scholl et confia Hans à un autre agent, Anton Mahler. Mohr était intrigué par cette jeune femme à l'air innocent, qui ne semblait pas du tout intimidée alors qu'elle se trouvait au milieu des agents de la Gestapo dans un bâtiment aux fenêtres et aux portes grillagées.

Il n'était toujours pas convaincu de la culpabilité de Hans et de Sophie, et hésitait encore à les laisser prendre leur valise et partir pour Ulm.

L'interrogatoire du frère et de la sœur dura dix-sept heures, dans des salles séparées. La Gestapo n'apprit d'abord pas grand-chose. Les étudiants niaient toute implication, répétant qu'ils ne connaissaient personne qui fût engagé dans une telle opération. Ils n'en démordaient pas.

Puis on reçut le rapport de la deuxième perquisition dans les chambres de la Franz-Joseph-Strasse, et le château de cartes s'écroula. La Gestapo avait trouvé un lot important de timbres de 8 pfennigs, ceux-là mêmes qui étaient utilisés pour envoyer les courriers. Plus grave encore, ils avaient trouvé une lettre à Hans écrite de la main de Christoph : l'écriture correspondait à celle de la feuille de papier que Hans avait tenté de détruire.

Ignorant tout de ce qui se passait, Christoph, à Innsbruck, était en grand danger.

Sans avoir eu la possibilité de se consulter, et après un interrogatoire qui avait duré toute la journée du jeudi et une partie de la nuit, Hans et Sophie finirent par passer aux aveux. Tous deux déclarèrent, comme le prévoyait le plan de dernière chance du groupe, qu'ils étaient, eux et seulement eux, responsables des actions de la Rose blanche. Ils ne dévièrent plus de cette position. Lorsqu'ils furent conduits dans leurs cellules après cette longue séance d'inquisition, ils s'effondrèrent sur leurs couchettes. On leur donna des « cellules d'honneur », avec une fenêtre à barreaux, des toilettes et même des draps blancs sur le lit, mais le plafonnier restait éclairé jour et nuit, signe qu'ils étaient des candidats à la mort. Chacun partageait sa cellule avec un autre détenu, dont le rôle principal était d'empêcher toute tentative de suicide.

La compagne de Sophie était une prisonnière politique nommée Else Gebel, qui travaillait comme employée de bureau au siège de la Gestapo pendant la journée et était enfermée la nuit.

Else s'émerveilla du calme imperturbable de Sophie ; elle ne pouvait croire que cette jeune fille innocente soit associée de quelque manière que ce fût à une « conspiration » et à des faits relevant de la « haute trahison ».

Avant de tomber dans son lit, ce vendredi matin, Sophie dit brièvement à Else qu'elle n'avait pas craqué lors du contre-interrogatoire, qu'elle n'avait pas fait de faux pas, qu'elle n'avait pas donné de noms, qu'elle était seule, avec son frère, à être impliquée et que, pour l'instant, eh bien, c'était déjà un triomphe.

À peu près à la même heure, ce vendredi, la Gestapo fit une visite à l'école Bergmann où étaient affectés les étudiants en médecine. Alex ne s'était pas présenté à l'appel. Une alerte fut lancée : une affiche avec sa photo et sa description, accompagnée d'une bannière indiquant « Criminel recherché – 1 000 RM de récompense », fut imprimée et diffusée dans toute l'Allemagne du Sud.

Alex avait réussi à arriver chez Lilo sans difficulté ; elle l'avait hébergé pour la nuit, comme il l'avait prévu. Elle l'avait beaucoup aidé ces derniers mois ; elle avait contacté Falk Harnack pour lui, elle avait conservé une partie du stock de tracts et du matériel dans son appartement et elle avait même apporté une contribution financière à l'aventure de la Rose blanche. Mais elle s'était tenue à l'écart du groupe ; sa relation avec Alex était une affaire privée ; lorsque la pression montait et se rapprochait du point d'explosion, il pouvait se réfugier auprès de Lilo et de son art.

Encore une fois, elle vint à son aide. Elle réussit à se procurer un passeport yougoslave et fit remplacer la photo par celle d'Alex ; avec l'aide d'un voisin imprimeur en qui elle avait confiance, elle fabriqua de faux documents de voyage. Le plan d'Alex était de passer en Suisse. Dans un premier temps, il disparaîtrait temporairement dans un camp de prisonniers russes près d'Innsbruck ; plus tard, lorsque l'atmosphère se serait calmée, il emprunterait les cols des Alpes qu'il connaissait si bien pour rejoindre la frontière suisse.

Le vendredi 19 février, Alex et Lilo se rendirent à la gare de Starnberg pour y retrouver Willi Graf. Lilo attendit à l'extérieur pendant qu'Alex entrait pour chercher Willi. Au bout d'un moment, Alex ressortit seul. Ils quittèrent les lieux immédiatement ; la tension remontait. Alex dit à Lilo que Willi n'était pas là et que la gare était pleine d'agents de la Gestapo et de la police ; tous les papiers et tous les billets de train étaient contrôlés.

Comme chaque vendredi, Christoph Probst se présenta à la caisse de l'unité pour recevoir sa paie hebdomadaire. Il comptait aller voir sa femme qui, plusieurs semaines après la naissance du bébé, était encore à l'hôpital. Au lieu de recevoir son enveloppe, il fut invité à se présenter à son supérieur.

Lorsqu'il entra dans le bureau, quelqu'un ferma la porte derrière lui. Deux agents de la Gestapo se tenaient dans la pièce avec sa valise. Ils lui ordonnèrent d'enlever son uniforme de l'armée de l'air et de mettre des vêtements civils. Ils lui passèrent les menottes, le poussèrent vers la sortie et le firent monter dans une voiture qui démarra en trombe en direction de Munich.

Tout se passa si vite et de façon si inattendue qu'il ne comprit probablement pas ce qui lui arrivait. Mais il y avait un signe menaçant, qu'en tant que soldat il sut probablement reconnaître : en civil, il n'était plus sous la protection relativement bénigne de l'armée ; il était à présent entre les mains de la Gestapo.

Dans sa cellule, Sophie Scholl apprit par Else Gebel qu'un autre membre de leur groupe avait été arrêté. Sophie savait déjà que Willi Graf avait été pris et qu'il se trouvait dans une cellule située à l'étage supérieur ; par l'intermédiaire d'Else, elle put lui faire passer clandestinement une cigarette sur laquelle était griffonné le mot « liberté ». S'ils avaient attrapé quelqu'un d'autre, c'était sûrement Alex. Else promit de vérifier le nom du nouveau prisonnier.

Lorsqu'elle revint plus tard après son travail de bureau, elle dit à Sophie : « C'est Christoph Probst. »

Sophie s'effondra, pour la première et la dernière fois. Christel : père de trois enfants, sa femme malade, et tout son univers tournant autour de sa jeune famille qui s'agrandissait dans ce village tranquille. Ils avaient tous essayé de l'éloigner du péril ; il n'avait presque rien fait qui pût être qualifié de trahison.

Lentement, elle se calma ; il serait certainement condamné à une peine relativement légère ; il n'avait rien fait ; et s'il allait en prison, il serait libéré dès que les Alliés envahiraient le pays, dans huit semaines peut-être. Elle retrouvait lentement son calme et sa sérénité.

Le vendredi soir, Lilo retourna en reconnaissance au Starnberger Bahnhof ; pendant ce temps, à la maison, Alex passait de nouveaux vêtements, différents de ceux qui étaient décrits sur l'avis de recherche. Lilo revint déconfite : il n'y avait aucun moyen de passer, les points de contrôle de la police étaient toujours en place. Alex décida que le samedi matin, points de contrôle ou pas, il prendrait le train pour Innsbruck. Il devait quitter Munich.

Au palais Wittelsbach, les interrogatoires se poursuivirent toute la journée du samedi. Robert Mohr tenta de persuader Sophie de confesser ses péchés et de se déclarer en faveur du national-socialisme. « J'ai essayé avec toute la force de persuasion dont je pouvais faire preuve, écrirait-il plus tard, de lui expliquer qu'elle n'était pas idéologiquement en phase avec son frère, qu'elle lui avait fait confiance et l'avait suivi sans penser aux conséquences de ses actes. Sophie Scholl a tout de suite compris ce que j'essayais de faire et elle a résolument refusé d'entrer dans ce jeu. Cela aurait pourtant été le seul moyen d'avoir la vie sauve. »

Elle rétorqua qu'elle n'était pas sous la coupe de son frère et qu'elle connaissait effectivement les conséquences de ses actes. Mohr tenta de lui expliquer la « vision du monde » national-socialiste, de lui montrer ce qu'Adolf Hitler avait accompli.

« Vous vous trompez, répondit-elle. Je referais la même chose, car ce n'est pas moi qui ai tort. C'est *vous* qui n'avez pas la bonne vision du monde. »

Mohr interrompit alors l'interrogatoire et renvoya la jeune femme dans sa cellule. À sa surprise, Else Gebel lui avait préparé un petit festin : du thé, quelques saucisses, du pain, du beurre, des biscuits et des cigarettes, tous offerts par des prisonniers et des gardiens.

Elles profitèrent de ce moment, de ce repas, conscientes du sentiment d'inquiétude et de solidarité qui semblait émaner de toutes les cellules et de toutes les salles.

Sophie put se détendre et même sourire ; elle s'arrangea pour faire monter clandestinement une partie de la nourriture à Hans.

Alex réussit à se rendre à Innsbruck le samedi matin. À son arrivée, il appela à Munich une Ukrainienne qui avait des contacts avec le chef russe du camp de prisonniers soviétiques situé à proximité. Cette femme accepta de faire le voyage jusqu'à Innsbruck pour l'y retrouver. La pression redescendait : s'il pouvait entrer clandestinement dans le camp, il avait encore toutes ses chances.

Il attendit le train de Munich à la gare d'Innsbruck. Il arriva, mais sans la femme. Alex resta là, seul, désespéré. Il lui fallait trouver une autre façon de s'enfuir.

Le dimanche matin, Sophie fut sortie de sa cellule pour recevoir l'acte d'accusation officiel du tribunal du peuple, envoyé de Berlin. Les Scholl et Christoph Probst étaient accusés de haute trahison. Elle retourna dans sa cellule, lut attentivement le document et ses mains se mirent à trembler.

Elle s'approcha de la fenêtre à barreaux. C'était une journée exceptionnellement chaude, pleine des parfums et des bruits du printemps. Dehors, les gens endimanchés se promenaient pour profiter du beau temps. La lumière du soleil pénétrait dans la cellule. « Une si belle journée ensoleillée, dit-elle doucement, et je dois mourir. »

Elle se ressaisit, se raisonna, se parla à elle-même. Combien de gens mouraient sur les champs de bataille, combien de jeunes vies pleines d'espoir ? Quelle différence sa mort ferait-elle, si leurs actions avaient réveillé des milliers de personnes ? Car, c'était sûr, les étudiants se soulèveraient.

Elle se tourna alors vers Else Gebel et lui parla de sa mère, la plus grande inquiétude qu'elle eût encore. Comment prendrait-elle la perte de deux enfants d'un coup, quand un troisième se battait en Russie ? Ce serait insupportable. Son père souffrirait, mais il comprendrait.

La crise était passée, ses mains ne tremblaient plus. Elle avait accepté ce qui allait arriver.

D'Innsbruck, Alex réussit à se rendre à Mittenwald, une ville qu'il connaissait bien pour y avoir fait du ski et des randonnées en montagne. Quelque temps auparavant, il s'était lié d'amitié avec un cocher russe qui travaillait au Schloss Elmau, un château transformé en station thermale à la périphérie de la ville. Il eut de la chance : le cocher accepta de le cacher, alors que les avis de recherche étaient désormais placardés sur les vitrines des magasins et les bureaux de poste des plus petits villages.

Il fut arrêté par deux policiers qui lui demandèrent ses papiers. Ils regardèrent le nom slave sur le laissez-passer, scrutèrent Alex un moment, et le laissèrent partir.

Deux fois, la chance lui avait souri. Maintenant, s'il pouvait faire profil bas et organiser discrètement son passage à travers les cols de montagne, il avait une chance de s'en sortir.

L'avocat de la défense commis d'office rendit visite à Hans et Sophie dans leurs cellules, à contrecœur. Sa visite était une pure formalité, dont il lui fallait s'acquitter. Le procès était fixé au lendemain, lundi 22 février, au palais de justice de Munich. Il ne s'agissait pas d'une procédure pénale ordinaire : elle relevait de la compétence du tribunal du peuple, à Berlin. Ce nom et celui de son président, Roland Freisler, suffisaient à instiller la terreur dans le cœur des citoyens, même les plus apathiques et les plus indifférents. Le nom de Freisler dans une salle d'audience était synonyme d'abus, de dégradation et de mort. Plus tard, après l'échec du complot militaire visant à tuer Hitler en juillet 1944, ce fut Freisler qui, dans son tribunal du peuple, railla et maltraita les généraux, colonels et hauts fonctionnaires qui avaient participé à son organisation ; la plupart d'entre eux seraient ensuite exécutés, comme les membres de la *Rote Kapelle* deux ans plus tôt, étranglés au bout de crochets à viande. Les cris frénétiques de Freisler à l'encontre des accusés pendant les procès étaient filmés en secret et, chaque soir, on les montrait au Führer.

Quoi que Sophie sût du tribunal du peuple, elle réussit à réagir avec calme, disant à l'avocat qu'elle était aussi responsable des prétendus crimes que son frère, et qu'elle s'attendait à recevoir la même peine que lui. Elle lui demanda si Hans avait le droit d'être exécuté par un peloton d'exécution, puisqu'il était dans l'armée et qu'il avait été au front, ce qui pouvait lui valoir cet « honneur ».

L'avocat fut déconcerté par la froideur de la question, il botta en touche. Mais la question suivante le stupéfia encore plus : elle voulait savoir si elle serait pendue ou décapitée.

Ébranlé par son franc-parler, il se retira au plus vite.

La fin approchait. Robert Mohr passa voir les prisonniers et leur proposa d'écrire des lettres à leurs parents.

Les lettres furent courtes. Ils remerciaient leurs parents pour l'amour et la chaleur qu'ils leur avaient donnés toute leur vie, et leur demandaient pardon pour la douleur et le désespoir qu'ils leur causaient. Ils n'auraient pas pu agir autrement ; ils étaient sûrs que leurs parents comprendraient et que l'avenir justifierait leurs actes.

Christel écrivit à sa mère :

> Je t'en prie, n'aie pas peur si je ne suis pas venu te voir comme prévu samedi dernier, ni de ce que je vais maintenant te raconter. Au lieu d'obtenir mon laissez-passer habituel samedi dernier, j'ai été arrêté et emmené à Munich. Par un développement malheureux, j'ai été amené ici à la prison de la Gestapo. Ne crois pas que j'exagère en disant que ma situation ne pourrait pas être meilleure. Nous sommes bien traités et la vie dans cette cellule me semble si agréable que je n'ai pas d'angoisse particulière à l'idée d'y rester longtemps. [...]
>
> Ton amour est plus précieux que jamais. Oh, que je te cause d'inquiétude ! Tout cela est tellement lié à notre destin que je te prie de ne pas me reprocher mon irresponsabilité. Vous savez tous, mère, sœur, femme et enfants, que je ne vis que pour vous. [...]
>
> Je ne peux exprimer combien j'ai ressenti ton amour, combien ton amour a aidé mon petit Vincent [...] la petite Herta [...].
>
> Et même si quelque chose doit me détruire, j'espère que ces créatures douces et innocentes pourront vivre ; je ne peux pas imaginer qu'elles puissent souffrir. Je ne sais pas comment les choses vont se passer. Je sais seulement que rien n'est impossible à supporter pour nous.
>
> Tous mes vœux à Heinz ! Oh, maman ! Vous avez enduré tant de choses avec Herta et maintenant c'est moi qui suis malchanceux. Mais nous savons que les mères sont plus importantes pour les enfants que les pères.
>
> Je ne me sens pas séparé de toi. Je sens que tu es près de moi, ma chère mère. Je t'embrasse et je reste toujours ton fils, Christel.

Sophie écrivit également à Inge et lui demanda d'envoyer ses dernières salutations à Carl Muth et de lui exprimer sa profonde et éternelle admiration. La dernière lettre qu'elle écrivit fut pour Fritz Hartnagel, quelque part en Russie.

La Gestapo n'envoya aucune de ces lettres, mais par un de ces caprices si courants dans les États totalitaires, celles de Christoph Probst à sa mère et à sa sœur Angelika furent conservées, et les destinataires purent même les lire en présence de fonctionnaires de la Gestapo après sa mort. La famille ne fut pas autorisée à les emporter. Mais la mère de Christoph n'oublierait jamais les mots : « Je te remercie de m'avoir donné la vie. Quand j'y pense, c'était le seul chemin vers Dieu. Ne sois pas triste que j'aie pris un raccourci. Bientôt, je serai plus proche de toi que jamais. Je vous préparerai à tous une splendide réception. »

Il écrivit à Angelika : « Je meurs sans aucune haine. »

Les lumières restèrent allumées toute la nuit dans leurs cellules.

19

C'est le vendredi, au lendemain de l'arrestation, que la famille Scholl apprit la terrible nouvelle. Trois amis, Traute Lafrenz, Otl Aicher et Jürgen Wittenstein, les appelèrent ; il n'y avait aucun doute sur la gravité de la situation. Par chance, Werner, le plus jeune des enfants, avait reçu une permission après son retour du front et se trouvait à la maison avec ses parents. La famille apprit que, les samedis et dimanches, aucune visite n'était autorisée au quartier général de la Gestapo ; il faudrait se morfondre à Ulm tout le week-end. Ils partiraient pour Munich le lundi matin par le premier train.

À 7 heures du matin, le lundi 22 février, les trois détenus furent extraits de leur cellule. Else Gebel eut du mal à contrôler ses émotions lorsqu'elle dit au revoir à Sophie, qui restait calme. Plus tard, Else retourna dans la cellule déserte pour récupérer ses affaires. Une feuille de papier était posée sur le lit soigneusement fait de Sophie : c'était l'acte d'accusation officiel. Au verso, Sophie avait écrit un mot : « Liberté ! »

Sur le mur blanc et nu de la cellule de Hans, ils trouvèrent quelques mots griffonnés au crayon : *Allen Gewalten zum Trotz sich erhalten.* « Malgré toutes les puissances qui se rapprochent, tiens-toi debout », la citation de Goethe préférée de son père.

Vers 9 heures, les agents de la Gestapo emmenèrent les trois prisonniers au palais de justice, un édifice gris, immense et intimidant, à quelques pâtés de maisons de la gare centrale de Munich.

Il n'était pas exceptionnel de tenir un procès aussi rapidement après la capture et les interrogatoires ; et c'était un événement d'une importance nationale. C'est Heinrich Himmler lui-même, à Berlin, qui avait décidé du déroulement de la procédure. L'objectif premier était désormais d'avertir tous les étudiants de se tenir à l'écart des feux de la résistance ; plusieurs options avaient été envisagées pour le démontrer de manière brutale et spectaculaire. Le *Gauleiter* de Munich voulait que les trois étudiants fussent pendus publiquement sur la Marienplatz, la place centrale de Munich. Une autre idée était de les pendre devant l'université. Himmler rejeta les deux propositions, soulignant que les exécutions publiques pourraient avoir un effet de provocation et entraîner d'autres manifestations. Les exécutions auraient lieu, mais secrètement et sans tarder.

Le procès, qui se tenait devant le tribunal du peuple, devait suivre toutes les procédures légales, mais personne n'avait le moindre doute sur son issue.

La salle d'audience était pleine à craquer. Le public était constitué exclusivement d'invités, presque tous en uniforme brun ou noir. Aucun membre de la famille des accusés n'était présent ; ils n'avaient été officiellement informés ni de l'arrestation ni du procès.

Le président du tribunal, Roland Freisler, arriva dans un tourbillon éblouissant de robes écarlates. D'autres juges prirent place sur une longue table de part et d'autre de Freisler ; c'étaient des représentants du ministère bavarois de la Justice, des SS et des SA. Derrière eux, un portrait d'Adolf Hitler était accroché au mur.

Roland Freisler est entré dans l'histoire peu glorieuse du Troisième Reich comme l'un des personnages les plus répugnants des cercles du pouvoir. Son parcours est étrange. On a du mal à saisir si ses zigzags idéologiques étaient totalement opportunistes, ou s'ils étaient motivés, au moins en partie, par les sautes d'humeur qui caractérisent souvent les vrais croyants. Dans sa jeunesse, pendant la Première Guerre mondiale, Freisler avait été prisonnier de guerre en Russie. Il y avait appris à parler couramment le russe et était devenu, semble-t-il, un bolchevik convaincu. Il retourna en Allemagne après la fin de la guerre et, en 1925, se convertit pour devenir un national-socialiste dévoué et fanatique. Il restait cependant un grand admirateur des techniques de terreur staliniennes et étudia les tactiques d'Andreï Vychinski, le procureur des procès à Moscou dans les années 1930. Hitler appelait Freisler « notre Vychinski », mais il avait tort. Freisler ne força jamais les accusés – conspirateurs divers, généraux, étudiants, professeurs, avocats – à se mettre à genoux ; ils ne durent jamais confesser leur « culpabilité », ils ne durent pas supplier d'être réintégrés dans la communauté du *Volk*. Dans l'Allemagne nazie, aucune « réhabilitation » ne précédait l'exécution. Selon les critères de Vychinski, les techniques de Freisler auraient été un échec flagrant.

Ce lundi matin, les trois étudiants accusés s'assirent sur le côté de la chambre, chacun flanqué de deux gardes. Ils étaient amaigris, ratatinés, épuisés, mais se tenaient droits sur leurs chaises.

À 10 heures, le procès s'ouvrit. Hans et Sophie Scholl ainsi que Christoph Probst furent officiellement accusés d'avoir aidé et encouragé l'ennemi et d'avoir commis des actes de haute trahison. Le ministère public réclamait la mort.

La quantité d'accusations, de serments, d'attaques et d'insultes que Freisler lança contre eux est à peine concevable. Il semblait incontrôlable ; c'était son style depuis qu'il avait acquis la réputation d'être l'exécuteur des hautes œuvres d'Hitler. Il semblait se délecter d'une sorte de démence qui s'éteignait et se rallumait sans crier gare. La chambre était remplie de silence et de terreur ; cet homme fou, dans sa robe rouge éblouissante, pouvait faire exactement ce qu'il voulait – et ils le savaient tous.

Il hurlait, criait, agitait sauvagement les manches de sa robe ; les procureurs et les avocats restaient muets. On apporta les preuves : les tracts, la ronéo, la peinture et les pochoirs pour les graffitis. Les trois témoins de l'accusation se tenaient prêts et attendaient d'être appelés à la barre : c'étaient les interrogateurs de la Gestapo, Mohr et Mahler, ainsi que le héros du jour, le gardien Jakob Schmid, qui avait déjà reçu une récompense de 3 000 Reichsmarks et une promotion à l'université.

Mais aucun témoin ne fut appelé : on n'en avait pas besoin, les trois accusés avaient déjà avoué. Freisler se contenta de poursuivre sa tirade. À plusieurs reprises, une jeune voix s'éleva pour le contredire : c'était, étonnamment, celle de Sophie Scholl. « Il fallait bien que quelqu'un s'y mette, osa-t-elle. Ce que nous avons dit et écrit, c'est ce que pensent beaucoup de gens. Mais ils n'osent pas le dire à voix haute ! »

Des cris de réprobation fusaient de l'estrade où siégeaient les juges.

Les débats touchaient à leur fin. Chaque prisonnier, conformément à la procédure pénale, fut autorisé à faire une dernière déclaration. Sophie et Hans choisirent de garder le silence.

Christoph Probst se leva et vint à la barre. Il tenta d'expliquer qu'il avait agi dans l'intérêt de son pays. Son seul désir était de mettre fin à l'effusion de sang et d'épargner à l'Allemagne la souffrance de nouveaux Stalingrad. L'assistance criait son indignation, les insultes et les injures jaillissaient de toutes parts. Freisler fit une remarque sur la proposition de Christoph de faire appel au président Roosevelt ; ce seul nom déclencha une nouvelle crise de hurlements. Christoph se tint debout calmement, regardant droit devant lui, jusqu'à ce que le tumulte s'apaise.

Il demanda alors la clémence, qu'on lui laissât la vie, pour sa femme malade et ses trois jeunes enfants.

Ces mots furent accueillis par un silence de plomb. Soudain, Hans Scholl prit la parole : il déclara que Christoph n'avait pratiquement rien à voir avec la campagne de tracts et qu'il fallait faire preuve d'indulgence.

Freisler lui répondit d'un ton sec : « Si vous n'avez rien à dire pour votre défense, fermez-la ! »

L'heure du verdict approchait. Soudain, il y eut un mouvement précipité à l'entrée de la chambre, des voix s'élevèrent, il y eut des cris, de la confusion.

Robert et Magdalena Scholl venaient d'arriver, avec Werner. Ils avaient pris le train de bonne heure et avaient été accueillis à la gare par un Jürgen Wittenstein désespéré, qui leur avait annoncé que le procès avait déjà commencé.

Mme Scholl l'avait regardé et avait demandé : « Est-ce qu'ils vont mourir ? »

Jürgen avait hoché la tête, au bord des larmes. « Si j'avais un char d'assaut, s'était-il écrié, je les ferais sortir. Puis je ferais sauter le tribunal et je les emmènerais à la frontière ! »

Ils avaient parcouru au pas de course la longue rue qui menait au palais de justice.

Robert Scholl se fraya un chemin à travers les gardes et avança dans l'allée, suivi par les autres membres de la famille. Il réussit à atteindre l'avocat de la défense. Il s'approcha sans ménagement et lui chuchota : « Allez voir le président du tribunal et dites-lui que le père est ici et qu'il veut défendre ses enfants ! »

L'avocat stupéfait suivit les instructions de M. Scholl. La salle d'audience bourdonnait de curiosité et de confusion. Freisler semblait perplexe, il attendait une explication.

L'avocat de la défense se dirigea vers l'estrade. Il chuchota la demande de Scholl à l'oreille de Freisler.

Le juge fit un grand geste de rejet, puis, pointant Robert Scholl du doigt, ordonna en hurlant à pleins poumons qu'il soit expulsé du tribunal. Des gardes entourèrent la famille et la traînèrent dehors. Mme Scholl s'évanouit, mais revint vite à elle.

Robert Scholl rugit : « Il y a une justice plus haute que celle-ci ! » Et, au moment où les portes se refermaient, il ajouta : « Ils entreront dans l'histoire. »

M. et Mme Scholl et Werner restèrent seuls dans le couloir en plein air qui bordait la salle d'audience.

Bientôt, le public sortit en masse de la salle ; Freisler et ses collègues s'étaient retirés pour le verdict. Les Scholl attendirent assis sur un banc. Les autres firent comme s'ils n'existaient pas, à l'exception d'un jeune étudiant en droit, nommé Leo Samberger. Il avait reçu des tracts de la Rose blanche par la poste, il avait pu entrer dans la salle d'audience et il avait suivi les débats avec une horreur grandissante. Il s'approcha de la famille, se présenta et suggéra qu'ils déposent immédiatement un appel à la clémence ; c'était la seule option qui leur restait.

La foule revint dans la salle pour entendre le verdict. Les Scholl attendirent. Quelques minutes plus tard, les portes s'ouvrirent. La famille lut le verdict sur tous les visages : les enfants étaient condamnés à mort.

Hans n'avait fait aucune déclaration pour sa défense, mais lorsque Freisler annonça la sentence, il cria : « Ce sera bientôt votre tour de vous tenir là où nous sommes maintenant ! » On lui passa les menottes, ainsi qu'à Sophie et Christoph, et ils furent escortés hors de la salle d'audience. Werner Scholl, qui était en uniforme, put se frayer un chemin dans la foule. Il leur serra la main, les larmes aux yeux. Hans put lui poser la main sur l'épaule et lui glisser : « Reste fort, pas de compromis. »

Les condamnés montèrent dans une fourgonnette et on les emmena à la prison de Stadelheim, où avaient lieu la plupart des exécutions dans la région de Munich. Tout allait très vite, trop vite.

Accompagnés de Leo Samberger, les Scholl se rendirent au bureau du procureur général et plaidèrent la clémence pour leurs enfants et pour Christoph. Ils apprirent où on avait emmené les prisonniers ; la famille se rendit à Stadelheim sans perdre de temps ; Munich était une ville qu'ils ne connaissaient pas.

Robert Scholl réussit on ne sait comment à se faire admettre dans la prison, avec sa famille. Ce fut peut-être la première et dernière exception faite à Stadelheim, où les condamnés n'avaient pas le droit de recevoir de visiteurs. Apparemment, on savait déjà dans la prison comment les jeunes étudiants s'étaient comportés entre les mains de la Gestapo et lors de ce procès indigne. Le personnel de l'établissement éprouvait une certaine admiration pour eux ; les employés de ces lieux n'étaient pas membres de la SS ou de la Gestapo ; ils se considéraient comme des « fonctionnaires normaux », qui accomplissaient leurs tâches désagréables quel que soit le régime au pouvoir. Mais, compte tenu de ce qu'ils avaient vu et fait au fil des ans, c'est un quasi-miracle qu'ils se soient laissé émouvoir par la Rose blanche. Car les gardes enfreignirent les règles : ils permirent à Hans de voir sa famille dans une salle de réception.

On lui avait déjà fait revêtir l'uniforme rayé des bagnards ; son visage était décharné et ses traits étaient tirés. Il serra la main de tout le monde par-dessus la barrière et dit à ses parents qu'il n'avait aucun sentiment de haine, que « tout cela » était derrière lui. Son père le prit dans ses bras, l'assurant qu'il allait entrer dans l'histoire et qu'il y avait une justice dans le monde.

Alors qu'il était sur le point d'être emmené, Hans demanda à ses parents de saluer ses amis. Lorsqu'il prononçait un nom, les larmes lui montaient aux yeux. Il se détourna, essayant de se contrôler.

Il se laissa emmener par les gardes.

Puis on fit entrer Sophie. Elle portait encore ses propres vêtements : une veste, un chemisier et une jupe. Elle sourit aux visiteurs. Elle semblait plus petite, mais sa peau était fraîche et claire. Elle accepta les friandises que sa mère avait apportées – Hans les avait refusées – en disant que oui, elle avait faim, car elle n'avait pas déjeuné.

« Sophie, Sophie, se lamentait Mme Scholl, tu ne franchiras plus jamais cette porte. »

« Oh, maman, répondit-elle, toujours souriante, qu'est-ce que c'est que ces quelques années de toute façon ? »

« Sophie... souviens-toi, Jésus », dit sa mère. « Oui, répondit-elle, mais toi aussi. »

On l'emmena. Robert Mohr la trouva en pleurs dans la cellule d'accueil.

Christoph Probst était progressivement devenu un catholique fervent. Il n'avait jamais été baptisé, et maintenant, dans sa cellule de condamné, il demanda à voir un prêtre. Lorsque le père arriva, ils parlèrent et prièrent ensemble, puis ils s'agenouillèrent devant une petite table qui leur servit d'autel. Christoph Probst reçut sa première communion et les derniers sacrements.

Hans et Sophie prièrent avec l'aumônier protestant, en lisant dans leur cellule quelques-uns de leurs psaumes préférés. Ils communièrent tous les deux.

Soudain, les portes de leurs cellules s'ouvrirent. On les menotta et on les fit sortir. Dans un couloir, près d'une porte donnant sur la cour, ils se retrouvèrent ensemble, sans gardien. Une fois de plus, on enfreignit les règles : « Tenez, fumez une cigarette ensemble », murmura une voix.

Ils fumèrent en silence. Christoph dit alors : « Je ne savais pas qu'il était aussi facile de mourir. »

La porte de la cour s'ouvrit. De l'autre côté, il y avait un petit bâtiment où se trouvait la guillotine. Sophie fut la première à y aller. Elle traversa la cour en se tenant droite, escortée par les gardes. Elle pénétra dans le bâtiment. Il était 17 heures, trois heures s'étaient écoulées depuis la fin du procès. Un bruit lourd se fit entendre. C'était fini.

Lorsque ce fut le tour de Hans, il traversa rapidement la cour et, avant de franchir le seuil, il se retourna et cria de façon que sa voix fût entendue à travers toutes les fenêtres grillagées alentour : « Vive la liberté ! »

20

Le temps resta clément à Munich pendant la majeure partie du mois de février, avec un air de printemps. Mais les régions alpines du sud étaient en proie à de violentes tempêtes.

Alex n'avait pas le choix : à Mittenwald, quelqu'un l'avait reconnu et l'avait dénoncé à la police ; il devait partir sur-le-champ. Il se fraya un chemin dans un sentier de montagne, qui disparut rapidement sous ses pieds. Il n'avait ni bottes ni vêtements adéquats, ses provisions s'épuisaient. Devant lui s'étendait un mur blanc, aveuglant. Il continua pendant quelques heures, puis se rendit compte que cela ne servait à rien. Il n'avait plus de force, ni personne vers qui se tourner.

Il fit demi-tour, il n'y avait rien d'autre à faire. Il devait revenir à Munich.

Les Scholl étaient rentrés à Ulm le lundi soir, pensant que leurs enfants étaient encore vivants. Ils mirent au point la procédure d'appel qui, espéraient-ils, pourrait retarder l'exécution de plusieurs mois.

Le mardi, la nouvelle des exécutions fut rendue publique sur des affiches placardées dans la ville et à l'université, ainsi que par des avis spéciaux dans la presse munichoise. Les citoyens étaient informés que trois étudiants avaient été jugés et exécutés le même jour pour haute trahison ; ils étaient qualifiés d'*Einzelgänger*, d'étrangers et de fauteurs de troubles qui avaient « défié sans vergogne l'esprit du peuple allemand ».

Le mercredi 24 février, on célébrait l'anniversaire de la fondation du parti national-socialiste. Pour marquer cette occasion, mais certainement aussi en pensant à la Rose blanche, le Führer en personne envoya une proclamation à Munich, la « capitale du mouvement ». Les membres loyaux du parti étaient exhortés à rester inébranlables malgré les attaques et à renforcer la détermination allemande en anéantissant sans pitié les saboteurs. « Le parti doit briser la terreur par une terreur décuplée, clamait le message d'Hitler. Il doit anéantir les traîtres, quels qu'ils soient, quel que soit leur déguisement. » Apparemment, les traîtres se cachaient même parmi les étudiants de bonne famille, qui, dans leur majorité, étaient normalement apolitiques. Pour s'assurer qu'ils le restassent, il fallait faire des exemples.

Le 27 février, le ministre de la Propagande Joseph Goebbels exigea que les étudiants hostiles fussent soumis à des châtiments corporels, qu'on pourrait leur administrer à discrétion.

C'en était fini du sentiment enivrant de solidarité et de liberté qui avait animé les étudiants. C'était comme si le soulèvement n'avait jamais eu lieu. Un rassemblement spécial pour démontrer la loyauté envers l'État et le Führer fut organisé dans le grand auditorium, où Kurt Huber avait donné tant de conférences. Des centaines d'étudiants furent au rendez-vous pour exprimer leur « indignation » face aux traîtres qui avaient vécu parmi eux. Ils se levèrent et réservèrent une ovation retentissante à l'homme qui avait sauvé l'université de l'infamie et de la révolution, le *Pedell* Jakob Schmid. Il se leva, s'inclina et tendit les bras pour recevoir les applaudissements tumultueux.

Tous les étudiants ne réagirent pas ainsi. Quelques jours après l'exécution de Hans, Sophie et Christoph, de nouveaux graffitis apparurent sur les murs de l'université : « Scholl est vivant ! On peut briser le corps, mais jamais l'esprit ! » Et le jour de l'anniversaire d'Adolf Hitler, le 20 avril, le lendemain du procès des derniers membres de la Rose blanche, on découvrit sur le portrait d'Hitler à l'université l'inscription « Ennemi numéro un de l'Allemagne ».

Le graffiti fut immédiatement enlevé, mais il réapparut le lendemain, cette fois-ci peint à l'huile.

Telles furent les réactions isolées et solitaires de quelques-uns, découragés mais animés d'une envie d'agir, fût-ce modestement. Lisa Grote, qui était étudiante à l'époque, se souviendrait plus tard : « Ils avaient déposé une vingtaine de tracts dans notre boîte aux lettres à Schwabing. Je les ai distribués lors de mes promenades en ville. Lorsque les Scholl ont été tués, notre courage a été brisé. J'ai perdu beaucoup d'autres jeunes amis, aussi honnêtes et innocents que ce frère et cette sœur. Mais la peine n'a jamais été aussi profonde. À cause du sentiment de culpabilité – celui-là ne s'était pas enfui en criant dans les rues. »

Pour les autres membres et amis de la Rose blanche, ceux qui étaient déjà en prison, comme Willi Graf, et ceux qui n'y étaient pas encore, commença une terrible période d'attente. L'un après l'autre, ils furent extraits de leur domicile par la Gestapo et interrogés, parfois pendant des heures, souvent pendant des jours et des semaines ; la tache de l'incrimination s'étendait de Munich aux villes de toute l'Allemagne du Sud. Traute Lafrenz, Gisela Schertling et Katharina Schüddekopf firent partie de la première vague, puis vinrent Hans Hirzel, le lycéen d'Ulm, sa sœur Susanne, et leurs amis Franz Müller et Heinrich Guter. À Stuttgart, Eugen Grimminger fut arrêté, et à Fribourg, ce fut le tour de Heinz Bollinger, le contact de Willi à l'université.

La vague se propageait, toujours plus largement ; les cellules du palais Wittelsbach étaient pleines à craquer.

Le soir de la proclamation du Führer à Munich, le 24 février, deux jours après les exécutions et près d'une semaine après les premières arrestations, la Royal Air Force déclencha un bombardement massif sur la ville de Munich.

Une jeune femme nommée Marie-Luise se trouvait dans un bunker près de son appartement, blottie contre d'autres femmes. Le raid semblait se dérouler presque directement au-dessus de

Schwabing, le quartier où elle habitait. Elle était dans un état de grossesse avancé et, comme les autres femmes dans le bunker, elle était extrêmement agitée.

Soudain, la porte du bunker s'ouvrit et Alexander Schmorell apparut. Il était épuisé, haletant, à peine capable de se tenir debout. Il s'écria : « Marie-Luise ? » C'était une de ses anciennes petites amies, et à peu près la seule de ses connaissances à Munich qui ne fût pas liée d'une manière ou d'une autre à ses activités. Lorsque le bombardement avait commencé, il arrivait à la gare centrale ; il avait pris la direction de l'appartement de Marie-Luise sur la Habsburgerplatz.

La jeune femme cria : « Shurik ! » Mais toutes ses voisines le dévisagèrent avec horreur.

« Marie-Luise, implora-t-il d'une voix faible, sors un instant. Il faut que je te parle. » Il resta dans la petite antichambre du bunker.

Elle ne bougea pas, rivée à son siège, le visage figé par la peur. Elle ne lui répondit pas. Elle se tourna vers ses voisines et murmura quelque chose. Alex s'assit sur un banc et attendit. Les chuchotements s'intensifiaient. Les femmes disaient à Marie-Luise qu'il n'y avait qu'une seule chose à faire pour se protéger : appeler le gardien de l'immeuble pour qu'il arrête Alex.

Il resta assis en l'attendant, saisissant peut-être des fragments de leurs chuchotements frénétiques entre les sifflements furieux des bombes. Il ne pouvait pas bouger. Pendant sept jours et sept nuits, il avait couru comme un lièvre pour conserver sa liberté. Il avait tout donné.

Lorsque le signal de fin d'alerte retentit, les femmes appelèrent le gardien de l'immeuble et celui-ci informa Alex qu'il était en état d'arrestation. Il n'opposa aucune résistance. Quelques minutes plus tard, une voiture de la Gestapo s'arrêtait devant la maison.

On ne sait pas si quelqu'un toucha la récompense de 1 000 marks.

À Berlin, le lendemain, jeudi 25 février, Falk Harnack attendit en vain Hans Scholl à l'église du Souvenir de l'empereur Guillaume.

Ce devait être le début d'une nouvelle phase de la résistance nationale, la mise en relation d'étudiants avec des officiers, des fonctionnaires et des théologiens de l'Église confessante, dont la plupart, plus d'un an plus tard, seraient impliqués dans le complot du 20 juillet pour assassiner Adolf Hitler.

La rencontre n'eut jamais lieu. Le 27 février, Harnack retourna à son unité de Chemnitz. Il y trouva une lettre de Lilo Ramdohr. Elle disait simplement : « Nos amis du front sont tombés. » Ce n'était plus qu'une question de jours, il le savait, avant que la Gestapo ne vînt le chercher.

Attendre à l'aube que l'on frappe à la porte : cette image est devenue un symbole ; elle exprime la texture de la peur qui régnait sous le Troisième Reich pour ceux qui n'appartenaient pas à la *Volksgemeinschaft* : les juifs, et les dissidents qui avaient franchi la ligne de démarcation. Attendre, chaque jour et chaque nuit, en sachant que l'on frappera et qu'il n'y aura pas de pitié. Un social-démocrate d'Augsbourg, Eugen Nerdinger, alors membre d'un groupe clandestin, a tenté d'exprimer ce qu'il ressentait dans un poème publié récemment dans un recueil de mémoires de résistants inconnus. En voici la traduction[4] :

Tu es assis dans ton lit, écoutant la nuit.
Combien de nuits de ce genre as-tu attendu,
As-tu demandé dans l'inconnu :
Viendront-ils me chercher aujourd'hui ?
Matin après matin, ils sont venus les chercher,
Ceux qui étaient tes amis.
Le matin devient gris, tu regardes ta chambre,
Tu vois la lumière derrière les rideaux,

4. *Halts Maul-sonst kommst nach Dachau !* dir. Sabine Asgodom, Bund Verlag, 1983.

Tu sais que ta mère, tout près de toi, est éveillée.
Comme toi et se demande comme toi,
Viendront-ils me chercher aujourd'hui ?
La maison est calme, aucun bruit,
Il n'y a que toi et elle qui s'agitent.
Vont-ils venir me chercher aujourd'hui ?
Calme est la rue, les lampes sont pâles.
Au loin, les horloges sonnent.
Viendront-ils me chercher aujourd'hui ?
Les voisins dorment.
Ils ne bougeront pas
Quand ils viendront te chercher.
L'immobilité hurle, insupportable.
Quand nous emmèneras-tu enfin, elle et moi ?
Une voiture s'arrête, des pas dans la cour.
Un coup à la porte, du bruit dans l'escalier.
Ils sont là maintenant.

Pour Kurt Huber, cette période d'attente dut être angoissante. Il était peu probable que son nom ne fût pas prononcé dans les interrogatoires de ses étudiants par la Gestapo. Il était présent au *Lichthof* lors de l'arrestation de Hans et Sophie ; il vit sans doute que c'était son tract qu'ils distribuaient. Il suivit les nouvelles de leur procès, de leur exécution ; il rentra chez lui et brûla des papiers et des documents, se débarrassa de certains livres. Il apprit la vague d'arrestations, il savait que certains, même involontairement, citaient des noms. Il était pâle, silencieux, insomniaque. Sa femme était à la campagne, tentant de troquer leurs quelques objets précieux contre de la nourriture, et elle avait pris avec elle leur petit garçon.

Il était seul à la maison avec sa fille Birgit, fantôme silencieux attendant l'aube à la fin de chaque nuit.

Il était 5 heures du matin, le vendredi 26 février, quand la cloche sonna. Birgit descendit l'escalier en courant pour répondre. Trois hommes en civil se tenaient à l'extérieur. Ils lui demandèrent poliment si son père était à la maison. Elle répondit que oui, mais qu'il dormait. Ils lui dirent que cela n'avait pas d'importance et entrèrent en la bousculant. Une vague d'angoisse et de peur traversa la jeune fille de 12 ans ; elle les dépassa en courant, grimpa l'escalier quatre à quatre, ouvrit la porte de la chambre de ses parents et cria : « Poppi, Poppi, la police est là ! »

Kurt Huber se redressa dans son lit, les yeux écarquillés de terreur.

Ils avaient fini par arriver.

21

Quelques jours après que les Scholl se furent rendus à Munich pour enterrer Hans et Sophie dans le cimetière près de la prison de Stadelheim, tous les membres de la famille – à l'exception de Werner, qui avait repris le service actif – furent placés en *Sippenhaft*. L'expression, comme tant d'autres, s'était glissée dans le vocabulaire social du Troisième Reich, sa signification choquante étant en quelque sorte neutralisée par le fait qu'elle était imprimée sur des formulaires bureaucratiques et intégrée dans les systèmes juridique et pénal. Pour les autorités, et donc pour la société qu'elles contrôlaient, c'était une « procédure normale » d'arrêter les parents, époux, frères et sœurs ou enfants des « criminels politiques », tout comme était normale l'implication selon laquelle la culpabilité se transmettait par le sang – normale, du moment qu'il y avait des formulaires signés, tamponnés et scellés dans le dossier de la famille.

La Gestapo était revenue frapper à leur porte et, cette fois, ils durent tous partir. Ils furent interrogés sans relâche ; un agent de Munich évoquait constamment, d'un ton inquiétant, les camps de concentration. Mme Scholl et Inge furent mises à l'isolement. Inge contracta la diphtérie et l'état de santé de sa mère s'affaiblissait de jour en jour. Finalement, à la fin du mois de juillet 1943, elles furent libérées.

C'est en août qu'eut lieu le procès familial et les femmes purent enfin revoir Robert Scholl, pour la première fois depuis des mois. Tous s'étaient résignés à l'idée d'être renvoyés en prison. À leur grande surprise, le juge condamna M. Scholl à une peine de deux ans, mais laissa les femmes en liberté.

Dans le cas de Willi Graf, la *Sippenhaft* signifiait l'arrestation et la détention de sa sœur Anneliese. Elle fut placée dans la même cellule qu'Angelika, la sœur de Christoph Probst.

Après la fin des premiers contre-interrogatoires menés 24 heures sur 24 au palais Wittelsbach, Willi Graf fut emmené dans une autre prison de Munich, Neudeck. Au cours d'une sortie dans la cour, où les prisonniers politiques étaient autorisés à prendre l'air, Willi eut l'occasion de parler brièvement avec Franz Müller, le lycéen d'Ulm qui avait aidé Sophie Scholl et Hans Hirzel à imprimer les tracts et à les faire circuler.

Ils se retrouvèrent ensuite dans le même bloc et il devint vite évident que malgré tout ce qu'on lui avait fait subir, Willi avait conservé le moral. En quelques chuchotements, les deux jeunes gens évoquèrent une évasion ; un jour, alors qu'ils faisaient la queue devant le robinet d'eau, ils allèrent jusqu'à discuter la meilleure manière de se défaire des gardiens. Puis Willi fut brusquement transféré dans une autre prison.

Les Schmorell aussi furent emprisonnés après la capture de leur fils. Alex, lorsqu'il avait été trahi dans cette cave de Schwabing, ne savait pas que Hans Scholl avait déjà été exécuté. Tous les membres du groupe avaient convenu, longtemps auparavant, que si l'un d'eux était pris, il assumerait l'entière responsabilité de toutes les actions de la Rose blanche. Il n'était plus nécessaire qu'Alex le fasse mais, inconscient de la situation réelle, c'est ce qu'il fit. Il ne nia rien, et refusa d'impliquer qui que ce fût d'autre. La Gestapo s'acharna sur lui jour et nuit ; il avait en permanence une lampe braquée sur les yeux et trois personnes différentes l'interrogeaient d'une manière irrégulière et imprévisible.

Après son arrestation, Falk Harnack vit Alex dans le couloir du palais Wittelsbach. Les yeux d'Alex étaient brûlants, son visage enflammé ; en se croisant, ils « se saluèrent en silence ».

Kurt Huber ne partagea pas sa cellule avec des prisonniers politiques, mais avec des criminels. Le but était probablement de punir de manière particulièrement sadique un professeur sensible et malade. Il avait été déchu de son statut de professeur d'université et de fonctionnaire, et son doctorat avait été déclaré nul et non avenu. C'était une humiliation particulièrement vive pour un homme dont la vie avait été consacrée à la recherche, mais cela signifiait également que Clara Huber et ses enfants avaient perdu tout droit à une pension, et qu'ils se retrouveraient dans le dénuement le plus total. Il existe également des preuves, des témoignages d'autres détenus dans l'affaire qui ont vu Huber après les interrogatoires, qu'il avait été battu, et peut-être pire.

Malgré son état, le professeur commença à travailler fiévreusement dans sa cellule, entre deux séances avec la Gestapo, à des articles sur la musique folklorique et, surtout, à son livre sur Leibniz. Cette plongée dans la création intellectuelle était probablement la seule façon pour lui de tenir le coup, et il pensait – il espérait – que ses écrits pourraient d'une manière ou d'une autre apporter une aide financière à sa famille.

Il ne savait pas et, pour une raison inconnue, personne n'était autorisé à le lui dire, que Clara Huber se trouvait également en *Sippenhaft*, avec la sœur de Kurt.

Mme Huber était revenue de la campagne pour apprendre de sa fille affolée que son mari avait été arrêté. Elle parcourut la ville à la recherche d'avocats, de conseils, de soutien ; il n'y en avait pas. Amis et voisins traversaient la rue pour l'éviter ; des commerçants qu'elle connaissait depuis des années ignoraient sa présence. Elle se rendit à l'université et arrêta un professeur qui avait été assez proche de Huber. Il siffla comme si elle avait la lèpre : « Mon Dieu, écartez-vous ! Personne ne doit vous voir avec moi ! »

Mais, contrairement à son mari, Clara Huber était prête lorsque la Gestapo était arrivée ; elle savait à l'avance qu'elle serait arrêtée. Le lendemain de l'arrestation de son mari, elle avait essayé de lui apporter de la nourriture et des affaires de toilette. Les gardiens lui avaient refusé l'entrée de la prison, mais elle avait surpris leur conversation : l'un d'eux avait dit qu'on allait l'arrêter elle aussi.

Elle rentra chez elle, acheva les travaux de réparation, de couture et de reprise qui devaient être faits, et mit des vêtements chauds. Ils arrivèrent peu après et la placèrent dans une cellule avec la sœur de Kurt, en face d'Angelika Probst et d'Anneliese Graf ; elle fit aussi la connaissance d'Else Gebel. Elle fut interrogée pendant sept heures d'affilée, mais elle ne savait pas grand-chose et, heureusement, comme elle en témoigna plus tard, les officiers étaient « plutôt stupides » et il n'était pas difficile d'éluder leurs questions. On lui fit écrire des lettres à son mari comme si elle était en liberté et que « tout allait bien ».

La Gestapo interdit à Birgit Huber de dire à quiconque que ses parents étaient en prison : ils étaient partis en voyage. L'enfant, qui avait 12 ans, était surveillée et suivie en permanence.

Une seule fois, dans un acte de miséricorde soudain et inexplicable, elle fut autorisée à rendre visite à son père, à deux conditions : elle ne devait pas lui dire que sa mère était emprisonnée, et elle n'avait « pas le droit de pleurer ». Elle promit de faire ce qu'on lui ordonnait.

Ce fut un bref intermède d'angoisse contenue pour eux deux. Comme elle montait l'escalier pour partir, elle se retourna ; il se tenait en bas et la regardait, les yeux fixés sur elle, l'observant, s'imprégnant de ses moindres mouvements, de ses moindres gestes. Elle savait qu'elle ne le reverrait jamais.

Mais elle ne pleura pas.

22

Le dimanche 18 avril 1943, les New-Yorkais et d'autres Américains attablés devant leur petit déjeuner dominical ouvrirent le *New York Times*. Parmi les titres : « Les insultes nazies provoquent une révolte des étudiants. Une femme, son frère et un autre soldat décapités pour avoir publié des tracts antinazis »[5]. C'est la première fois que la population américaine entendait parler de la Rose blanche ; malgré la difficulté de faire circuler l'information en temps de guerre, l'histoire avait fuité d'une manière ou d'une autre et elle était parvenue à Stockholm une semaine auparavant. L'article du *Times* évoquait l'émeute provoquée par les remarques insultantes du *Gauleiter* Giesler à l'égard des étudiantes et rapportait que le lendemain de son discours, les murs des maisons de Munich portaient l'inscription suivante : « Vengeance pour Stalingrad ! Nous voulons retrouver notre liberté ! » L'article citait des extraits du tract de Kurt Huber, avec sa condamnation de la répression de la liberté de pensée et d'expression par les nazis, et son appel à la jeunesse allemande, au nom de la liberté et de l'honneur, à fonder une nouvelle Europe.

Le lendemain, à Munich, se tenait le deuxième procès de la Rose blanche. Le 19 avril, un jour avant l'avant-avant-dernier anniversaire du Führer, une fourgonnette verte passa dans toutes les prisons de Munich pour embarquer les quatorze hommes et femmes qui allaient être jugés. Ce furent d'étranges retrouvailles. Certains accusés ne

5. Voir l'annexe IX

s'étaient pas revus depuis leur arrestation, deux mois auparavant, d'autres se rencontraient pour la première fois. Le fourgon fut fermé hermétiquement, mais des rayons de soleil passaient par les étroites fentes et on pouvait apercevoir les rues de Munich. « Belle ville », murmura Falk Harnack avec une pointe d'ironie. Kurt Huber ne saisit pas l'ironie et répondit sombrement : « Ceux que les dieux aiment, ils les punissent. »

Le procès ne se déroula pas dans la précipitation, cette fois-ci : l'instruction avait procédé à deux mois d'interrogatoires, à des analyses de dossiers, des recoupements, et tout avait été soigneusement préparé pour le procureur et les juges. Il s'agissait d'un procès spectacle, d'un nettoyage en règle de la Rose blanche. Les trois principaux accusés étaient Alexander Schmorell, Willi Graf et Kurt Huber. Tous étaient accusés de haute trahison.

Le palais de justice avait été bouclé par la police. Les quatorze prisonniers descendirent de la fourgonnette.

Roland Freisler, venu de Berlin, présidait à nouveau cette session spéciale munichoise du *Volksgerichtshof*, le tribunal du peuple. La salle d'audience était bondée, mais cette fois, à côté des uniformes bruns et noirs, on voyait le maire de Munich, ainsi que des généraux de l'armée et de la Luftwaffe.

Le procès commença à 9 heures et dura quatorze heures ; les accusés n'eurent droit à aucun rafraîchissement, à l'exception de gobelets d'eau apportés par un garde pris de pitié lorsque les autres firent une pause déjeuner.

Après que les accusés eurent pris place, chacun entre deux gardes, les cinq juges entrèrent en scène. Trois d'entre eux étaient en uniforme. Roland Freisler, toujours aussi écarlate, s'installa au centre.

On procéda à la lecture à voix haute des noms des accusés et des charges retenues contre eux. Outre les trois têtes d'affiche, on trouvait Eugen Grimminger de Stuttgart, Heinz Bollinger et Helmut Bauer, les contacts de Willi à Fribourg, Hans et Susanne Hirzel d'Ulm, Franz Müller et Heinrich Guter, également d'Ulm, Traute

Lafrenz, Gisela Schertling et Katharina Schüddekopf, étudiantes à Munich et, enfin, Falk Harnack. Tous se voyaient reprocher d'avoir aidé et encouragé la Rose blanche dans ses activités subversives. La plupart des accusés avaient une vingtaine d'années, deux étaient d'âge moyen et quatre étaient encore des adolescents.

Pendant la lecture à haute voix des tracts de la Rose blanche devant la Cour, un vent de colère commença à souffler dans les rangs des spectateurs. Soudain, l'avocat de Kurt Huber, choisi par ce dernier en raison de ses relations utiles au sein du parti et du gouvernement, se dressa de son siège, le bras tendu pour le salut nazi. « *Heil* Hitler ! » s'écria-t-il. Se tournant vers Freisler, il lui dit qu'il ne pouvait être l'avocat de la défense dans cette affaire, et qu'il devait se retirer. En tant qu'Allemand et gardien de la loi allemande, il ne pouvait tolérer d'entendre des insultes à l'encontre de son Führer.

Freisler était content. Il donna son accord. L'homme s'inclina avec raideur devant le président, tourna les talons et sortit de la salle d'audience sous les applaudissements.

Le spectacle avait commencé. Freisler ordonna à un autre avocat présent de représenter Kurt Huber. L'homme de loi protesta qu'il ne connaissait pas l'affaire, et qu'il n'avait pas examiné les preuves. Freisler rejeta ses objections.

Kurt Huber était visiblement ébranlé par la tournure que prenaient les événements. C'était le deuxième coup dur qu'il recevait ce jour-là. Un éminent universitaire, bien considéré dans les cercles du parti en raison de ses études sur la race, aurait dû être son témoin de moralité, mais il avait informé le tribunal qu'il ne pourrait pas être présent ; il était « absent de la ville ».

Le premier des principaux accusés à faire face au tribunal fut Alexander Schmorell. Il tenta d'expliquer son attachement émotionnel à la Russie et à sa mère russe. « Ce sont des foutaises, s'écria Freisler, et que faisiez-vous sur le front ? »

« Je soignais les blessés, comme c'était mon devoir en tant que médecin en formation », répondit Alex. Il expliqua ensuite pourquoi il ne pouvait pas tirer sur les Russes et pourquoi il avait essayé de refuser de prêter serment au Führer.

Au début, Freisler tambourinait sur la table avec impatience, puis, en entendant Alex expliquer pourquoi il s'était senti « absous » du serment, il entra dans une colère noire. Il se mit à hurler « Traître ! » en pointant du doigt l'accusé. Il continua à hurler et à l'insulter, et finit par le renvoyer. Alex, hagard et pâle, retourna à sa place en poussant un profond soupir.

Ce fut au tour de Willi Graf d'être appelé à la barre. Il était grand, pâle, les traits fermés, les yeux bleus perdus dans le lointain. Freisler, pour une raison quelconque, avait choisi de ne pas s'acharner sur ce jeune homme stoïque et taciturne. Willi ne dit presque rien pour sa défense, mais Freisler remarqua avec une admiration réticente que Willi « s'en était presque tiré », qu'il avait efficacement éludé les questions de la Gestapo. Freisler sourit à Willi, puis lui dit d'un ton taquin : « Mais nous sommes quand même plus intelligents que vous ! » Et il le renvoya à sa place.

Willi s'assit, le regard vide, comme si son esprit avait quitté la salle.

Vint ensuite Kurt Huber. Il avait surmonté le choc causé par le retrait de son avocat, et maintenant, tremblant de tous ses membres, il s'avança et prépara les notes sur lesquelles il avait travaillé pendant des semaines pour assurer sa défense. Il se tint droit et commença à lire à haute voix. « Je peux affirmer que les accusations correspondent à l'esprit de mes actions. Je ne retire pas un mot. » Il tenta d'expliquer son sens des responsabilités en tant que professeur allemand : « Je considère que c'est non seulement mon droit, mais aussi mon devoir naturel de participer à la formation du destin allemand. Ce que j'avais à l'esprit, c'était l'éveil des étudiants, non pas par l'organisation, mais par le pouvoir de simples paroles ; non pas pour les inciter à des actes de violence, mais pour leur faire prendre conscience des dommages considérables causés à notre vie politique. »

Ses objectifs, précisa-t-il, étaient « de revenir à nos valeurs fondamentales, à un État fondé sur la légalité, de faire revivre la confiance entre l'homme et l'homme ».

Tout au long du discours, Freisler manifesta son ennui et son dégoût. Il lui coupa la parole à plusieurs reprises. À un moment donné, il cria : « Pas de tirades politiques ! » À un autre moment, il s'interposa : « Je ne connais aucun professeur Huber ni aucun docteur Huber. Je connais l'accusé Huber. Il n'a pas le droit d'être allemand. C'est un clochard ! »

Huber poursuivit son discours : « Je mets ma vie en jeu pour lancer cet avertissement, pour plaider en faveur d'un retour [aux valeurs allemandes]. Je demande que le peuple allemand retrouve sa liberté. Nous n'avons pas à vivre notre courte vie dans les chaînes de l'esclavage, même si ces chaînes sont forgées avec l'or de l'abondance matérielle. »

À ce moment, le ton du professeur changea, sa voix se fit plus calme. « Je laisse derrière moi une femme brisée et deux malheureux enfants dans la misère et le chagrin. » Il leva les yeux vers les juges. « N'accorderez-vous pas au moins à ma pauvre famille une petite allocation pour qu'elle puisse vivre d'une manière qui corresponde au rang d'un professeur allemand ? »

Ce fut ce qui se rapprocha le plus d'une demande de grâce. Ces mots furent accueillis par un silence glacial.

Kurt Huber fit une pause, puis reprit. « La valeur intérieure d'un professeur d'université, le fait de professer ouvertement et courageusement ses convictions et ses opinions sur l'État ne peuvent lui être retirés dans le cadre d'un procès pour haute trahison. » Sa voix était claire et résonnait dans la salle.

> J'ai agi comme une voix intérieure me le demandait. [...] J'en assume pleinement les conséquences, comme l'expriment les belles paroles de Johann Gottlieb Fichte :

Et vous devez agir, comme si
De vous et de vos actes seulement
Le destin de l'Allemagne dépendait
Et que la responsabilité vous en incombait.

Il tourna les talons et se dirigea vers son siège. Freisler s'ennuyait visiblement ; l'un des autres juges avait tendance à s'assoupir, mais les débats se poursuivirent. L'un après l'autre, les accusés se levèrent et s'entretinrent avec Freisler.

On aurait cru être au milieu de la nuit – il était plus de 10 heures – lorsque Freisler et les quatre juges assistants se retirèrent pour discuter des verdicts.

Dans la salle d'audience, la tension montait ; toute l'attention était à nouveau centrée sur Kurt Huber, Willi Graf et Alexander Schmorell.

Les juges revinrent. On procéda à la lecture des sentences des trois accusés principaux : la mort. Il y eut un silence, puis les autres accusés entendirent leur verdict : Eugen Grimminger écopa de dix ans de prison ; Heinz Bollinger et Helmut Bauer, de sept ans ; Hans Hirzel et Franz Müller, de cinq ans ; Heinrich Guter, de dix-huit mois ; Susanne Hirzel, de six mois ; Traute Lafrenz, Gisela Schertling et Katharina Shüddekopf, d'un an chacune. Falk Harnack fut libéré, Freisler expliquant que sa situation particulière et difficile en tant que « seul fils restant » constituait une circonstance atténuante.

Étourdis par la faim, la tension nerveuse et l'épuisement, les prisonniers remontèrent dans la fourgonnette verte et furent emmenés à Stadelheim. Ils étaient assommés, tiraient frénétiquement sur des cigarettes ; le procès était terminé. Kurt Huber avait sorti des photos de ses enfants et les regardait fixement.

Le fourgon arriva dans la cour de la prison. On les fit sortir par groupes : « Les condamnés à mort, à droite, cria un gardien. Les peines de prison, à gauche ! »

Harnack reçut l'ordre de suivre les trois hommes qui allaient être exécutés. Ils traversèrent le long couloir ; sur chaque cellule, un panneau portait l'inscription « Condamnation à mort » : Harnack remarqua à l'extérieur de chaque cellule des boîtes destinées à contenir les vêtements des condamnés. Ils devaient dormir nus, menottés.

Harnack reçut l'ordre de continuer. Il saisit la main de Kurt Huber et lui dit d'un ton désespéré : « Ce n'était pas en vain. » Il essaya d'atteindre Willi mais les gardes s'interposèrent. Alex l'appela : « Transmettez mes amitiés à Lilo, dites-lui que je pense souvent à elle... »

La porte claqua. Harnack resta seul dans sa cellule, avec pour instruction de se présenter au quartier général de la Gestapo le lendemain. Il fit les cent pas toute la nuit, interrompu une fois par l'ouverture du judas et l'apparition d'une bouche, qui lui demanda : « Condamné à mort ? »

« Non, répondit Harnack. Je me présente demain à la Gestapo. »

« Amuse-toi bien », répondit laconiquement la voix, et le couvercle du judas se referma. Il continua à faire les cent pas, torturé par l'incertitude quant à son propre sort et à celui de ses amis dans l'autre bloc.

Le lendemain matin, il sortait de Stadelheim ; pour l'instant, et pour quelques heures peut-être, sans pouvoir se l'expliquer, il était libre.

Alexander Schmorell, Kurt Huber et Willi Graf ne savaient pas, et ne sauraient jamais, que le 19 avril 1943, le jour même où ils avaient fait face aux juges, les derniers habitants juifs du ghetto de Varsovie s'étaient soulevés contre les assassins nazis. Cette nouvelle les aurait aidés à se tenir encore plus droits sous les sévices dégradants qu'ils endurèrent ce jour-là ; elle les aurait aidés à se réchauffer dans leurs cellules dans les jours qu'il leur restait à vivre. Lorsque les impuissants et les opprimés, même si leur situation est désespérée, refusent d'obéir à la volonté de leurs oppresseurs, nous sommes tous touchés par la grâce.

23

Les trois hommes attendaient dans leur cellule d'isolement à Stadelheim. Certains de leurs codétenus leur avaient dit que chaque jour qui passait était une petite victoire, mais ils ne croyaient guère aux demandes de grâce qui avaient été déposées en leur nom. Les lueurs d'espoir sont sans doute une souffrance encore plus terrible que l'attente de la mort.

Alexander Schmorell connaissait une transformation progressive ; assis seul dans sa cellule, son agitation, son besoin de passer d'un lieu à l'autre, d'une activité à l'autre, avaient disparu. Il était devenu calme, presque serein. Il avait accepté la mort.

« Ce "malheur" était nécessaire pour me mettre sur la bonne voie, écrivit-il à ses parents, et n'était donc pas un malheur du tout. [...] Que savais-je jusqu'à présent de la foi, d'une foi vraie et profonde, de la vérité, de la dernière et unique vérité, de Dieu ? »

Contrairement à tant d'autres, son avocat, Siegfried Diesinger, ne l'avait pas oublié après la fin du procès. Il lui rendait visite aussi souvent qu'il le pouvait, et son respect pour le jeune homme grandit à chaque rencontre. La première fois qu'il était venu, il était bouleversé et nerveux à l'idée de voir un jeune homme au bord d'une mort atroce, mais la sérénité d'Alex l'apaisa. Le prisonnier dégageait une paix intérieure qui toucha beaucoup cet homme plus âgé. Alex dit à l'avocat d'informer son père qu'il pardonnait tout à Marie-Luise, la jeune femme qui l'avait dénoncé à l'abri antiaérien. Il n'avait plus de rancœur, plus de colère, plus de haine.

Le dimanche 25 avril, une semaine seulement après son article sur les exécutions de la Rose blanche, le *New York Times* publia un autre papier sur le groupe. L'exécution de trois étudiants allemands « fournissait le premier signe certain que le moral des Allemands était affecté non seulement par les coups de massue militaires des adversaires de l'Allemagne sur le terrain, mais aussi par les méthodes impitoyables suivies par le régime nazi ».

En Allemagne, les appels à la clémence remontèrent jusqu'aux plus hautes sphères de l'armée. Mai céda la place à juin, et finalement un message arriva : « Je rejette toutes les demandes de clémence. » Il était signé par Adolf Hitler.

L'exécution de Kurt Huber et d'Alexander Schmorell était fixée au 13 juillet 1943. Le nom de Willi ne figurait pas sur le message.

Ce jour-là, Alex fut autorisé à écrire à ses parents :

> Je pars avec la conscience d'avoir suivi mes convictions les plus profondes et la vérité. Cela me permet d'affronter l'heure de la mort avec une conscience en paix. Pensez aux millions de jeunes hommes qui ont perdu la vie sur le terrain : leur sort est le même que le mien. Dans quelques heures, je serai dans une vie meilleure, avec ma mère, et je ne vous oublierai pas ; je demanderai à Dieu de vous accorder le réconfort et la paix. Bien à vous,
> Shurik.

Cet après-midi-là, l'avocat vint le voir, pour le soutenir dans ses dernières heures. Alex était calme et rassurant ; il lui dit que non seulement il acceptait la mort, mais qu'il s'en réjouissait, que si quelqu'un, le garde par exemple, pouvait mourir à sa place, il refuserait. « Je suis convaincu, expliqua-t-il à l'avocat désemparé, que ma vie doit se terminer maintenant, aussi tôt que cela puisse paraître, parce que j'ai accompli la mission de ma vie. Je ne saurais pas ce que j'aurais à faire d'autre sur cette terre. »

Kurt Huber travaillait frénétiquement, luttant contre le temps pour terminer son livre sur Leibniz. Après sa sortie de prison, Clara Huber avait reçu l'autorisation de lui rendre visite pendant dix minutes tous les quatorze jours ; elle le vit quatre fois avant son exécution. Lorsque la date fut fixée, il demanda au tribunal populaire un « court délai » afin de pouvoir terminer les deux derniers chapitres de son livre. Sa demande fut rejetée. Le 13 juillet, il écrivit une dernière lettre à Clara et aux enfants, les remerciant d'avoir rendu sa vie riche et belle. « Devant moi, dans la cellule, il y a les roses des Alpes que vous avez envoyées. [...] Dans deux heures, je partirai pour cette liberté des montagnes pour laquelle j'ai lutté toute ma vie. Que le Dieu tout-puissant vous bénisse et vous garde. Votre père qui vous aime. »

Comme celle des Scholl, l'exécution était programmée pour 17 heures. Alex Schmorell devait passer en premier.

Alors que les deux hommes se préparaient à la fin, on leur annonça un retard inattendu. Plusieurs officiers SS s'étaient présentés sans crier gare à Stadelheim, informant le personnel qu'ils allaient assister aux exécutions. Ils avaient reçu l'ordre d'observer la procédure et de voir combien de temps il fallait pour que chaque homme meure ; ils devaient faire des suggestions sur la façon dont le processus pouvait être allongé ou raccourci, si on le souhaitait. Lorsqu'ils apprirent que l'exécution ne se faisait pas par pendaison mais avec une guillotine, ils furent très mécontents. Pour s'assurer de n'avoir pas perdu leur temps, ils exigèrent des explications détaillées sur le fonctionnement du mécanisme qui libérait la lame. Il n'y aurait pas d'exécution avant la fin de la visite.

Finalement, les officiers partirent. Le bourreau était prêt : à un signal, Alexander Schmorell, la tête haute, traversa la cour et se dirigea vers le petit bâtiment.

Quelques minutes plus tard, Kurt Huber apparut et commença à traverser la cour, en boitillant. L'aumônier qui assistait à cette marche angoissante vers la mort crut voir Huber glisser brusquement de ses pantoufles de prisonnier, se rattraper, puis esquisser un léger sourire. Il disparut par la porte.

Après le terrible bruit sourd, le silence revint. Le prêtre, qui avait passé l'après-midi avec lui, fit le signe de croix.

Mais ce n'était pas fini pour Willi Graf. La Gestapo s'intéressait à ses voyages en Rhénanie et en Sarre, et à ses efforts pour recruter d'anciens camarades du mouvement de jeunesse catholique. Ils voulaient des noms, et Willi ne leur en donnait aucun. Pendant des mois, ils l'interrogèrent quotidiennement. Il n'y avait plus que lui. Ils jouèrent avec lui, lui promettant de transformer sa peine en travaux forcés, s'il coopérait ; ils proféraient aussi des menaces contre sa famille.

Willi tint bon. Entre deux séances avec la Gestapo, il lisait de la poésie et se débattait, comme il l'avait toujours fait, avec « l'ultime question », l'existence d'un Dieu juste. Il se disait que chaque jour de souffrance était un jour d'espoir ; chaque jour de vie était un jour de victoire – un jour de moins avant la libération par les Alliés. L'été se terminait, c'était à nouveau l'automne. Willi était à l'isolement depuis sept mois. Soudain, la fin arriva, sans prévenir.

Le 12 octobre 1943, juste avant de suivre à son tour ses amis à travers la cour jusqu'à la porte ouverte au-delà, il put écrire une lettre à sa famille.

> Aujourd'hui, je quitte cette vie pour entrer dans l'éternité. Ce qui me fait le plus mal, c'est la douleur que j'inflige à ceux qui continuent à vivre. Mais la force et le réconfort, vous les trouverez auprès de Dieu et c'est pour cela que je prie jusqu'au dernier moment. Je sais que ce sera plus difficile pour vous que pour moi. Je vous demande, Père et Mère, du fond du cœur, de me pardonner pour l'angoisse et la déception que je vous ai causées. J'ai souvent regretté ce que je vous ai fait subir, surtout ici en prison. Pardonnez-moi et priez toujours pour moi !

> Accrochez-vous aux bons souvenirs. Je n'ai jamais pu vous dire de mon vivant combien je vous aimais, mais maintenant, dans les dernières heures, je veux vous dire, malheureusement seulement sur ce papier sec, que je vous aime tous profondément et que je vous ai toujours respectés. Pour tout ce que vous m'avez donné et tout ce que vous avez rendu possible par vos soins et votre amour. Serrez-vous les uns les autres et restez unis dans l'amour et la confiance. Que Dieu nous bénisse, car c'est en lui que nous sommes et que nous vivons. Je reste, avec amour, toujours,
> Votre Willi

La famille Graf n'avait pas été informée que l'exécution aurait lieu ce jour-là. Elle apprit la nouvelle quand une lettre envoyée à Willi lui fut renvoyée avec la mention « décédé ».

Aujourd'hui, la tombe de Willi Graf se trouve dans un vieux cimetière au centre de Sarrebruck, sa ville natale, juste à côté – peut-être par simple coïncidence – des tombes de travailleurs forcés russes.

Coïncidence ou pas, Willi aurait aimé cela.

Épilogue

Le jour même de l'exécution d'Alexander Schmorell et de Kurt Huber, un nouveau procès s'ouvrit. Les accusés étaient tous des amis de la Rose blanche : Josef Söhngen, le libraire, Harald Dohrn, le beau-père de Christoph Probst, Wilhelm Geyer, un artiste d'Ulm qui séjournait temporairement dans l'atelier de Schwabing juste avant l'arrestation des Scholl, et Manfred Eickemeyer, l'architecte dont le studio avait joué un rôle essentiel dans l'opération de la Rose blanche.

Ils furent tous condamnés à des peines de trois à six mois de prison.

Après sa libération, Harald Dohrn prit part à l'opération « Action Liberté Bavière », une initiative de la dernière chance contre les nazis, juste avant que les Américains entrent dans Munich. Dohrn et son beau-frère furent pris par les SS et abattus dans les bois près de la prison de Stadelheim, le jour de l'arrivée des chars américains. Ils sont enterrés à quelques centaines de mètres de Christoph, Hans et Sophie.

À l'automne 1943, à peu près au moment de l'exécution de Willi Graf, une autre série d'arrestations eut lieu, cette fois à Hambourg ; les étudiants arrêtés formaient la branche hambourgeoise de la Rose blanche. Ils avaient repris le travail si brutalement interrompu à Munich, en réimprimant et en diffusant les tracts de la Rose blanche en Allemagne du Nord.

Hans Leipelt, pourtant étudiant à Munich, faisait partie de ce groupe. Il était « à moitié juif » et faisait partie des étudiants qui avaient trouvé refuge dans l'institut de chimie du professeur Wieland à Munich. Après l'exécution de Kurt Huber, Leipelt organisa une collecte à Hambourg et à Munich pour Clara Huber et ses enfants. Mme Huber ne le rencontrerait jamais ; l'argent lui fut remis secrètement par un prêtre de son quartier. Les agissements de Leipelt furent signalés à la Gestapo et on l'arrêta. Après un an de prison, il fut jugé et condamné à mort. Comme les membres de la Rose blanche qu'il n'avait jamais rencontrés, il fut décapité, à Stadelheim, le 29 janvier 1945.

Au total, sept membres du groupe de Hambourg furent exécutés. L'une des figures les plus actives de ce réseau, Heinz Kucharski, fut condamnée à mort en avril 1945, mais à ce moment-là, les Alliés avaient pénétré en Allemagne ; il put s'échapper du train qui l'amenait sur le lieu de son exécution, dans les tout derniers jours de la guerre.

Fritz Hartnagel apprit les événements de Munich en recevant, en Pologne, une lettre de Mme Scholl annonçant l'arrestation de Sophie ; il réussit à obtenir l'autorisation de rentrer en Allemagne. Mais lorsqu'il téléphona de Berlin pour se rendre à Ulm, il ne trouva à la maison que Werner, qui lui annonça que Sophie avait été exécutée et que le reste de la famille était en état d'arrestation.

Connaître Sophie avait transformé Hartnagel. Après la fin de la guerre, il épousa sa sœur Elisabeth ; il devint juge, conseilla de jeunes objecteurs de conscience et fut plus tard un membre actif du mouvement antinucléaire.

Robert Scholl fut libéré de prison deux ans après l'exécution de ses enfants ; il serait bientôt nommé maire de la ville d'Ulm, sous l'occupation américaine. Son fils Werner ne revint jamais de Russie et sa femme Magdalena, dont le cœur avait été mis à rude épreuve, décéda peu après la fin de la guerre.

Eugen Grimminger fut lui aussi libéré de prison par les Américains, pour découvrir que son épouse Jenny avait été emmenée à Auschwitz et assassinée en décembre 1943.

Inge Scholl, qui ouvrit après la guerre une école progressiste fondée sur des idéaux humanistes, a consacré sa vie à la préservation de la mémoire de la Rose blanche et, en particulier, du rôle de son frère et de sa sœur. Tous les parents survivants des jeunes membres du réseau – Anneliese, la sœur de Willi Graf, Clara Huber et sa fille Birgit (devenue psychologue), Erich, le frère d'Alexander Schmorell et sa femme, la famille Probst et les survivants de la Rose blanche de Hambourg – se sont efforcés toute leur vie de maintenir vivant l'esprit de la Rose blanche dans des publications, en accordant des interviews et par le biais de la cérémonie commémorative annuelle organisée à l'université de Munich chaque 22 février, date anniversaire des premières exécutions.

La place située devant le bâtiment principal de l'université porte aujourd'hui le nom de Hans et Sophie Scholl, et celle située de l'autre côté de la Ludwigstrasse s'appelle Professor-Huber-Platz. Dans la cour de l'université, une rose blanche est gravée dans le marbre, au-dessus de laquelle figurent les noms de ceux qui ont été exécutés.

Mais, longtemps après la fin de la guerre, le statut des personnes qui ont résisté au régime national-socialiste et qui ont été condamnées comme traîtres est resté ambigu. Les membres de la Rose blanche n'ont été innocentés formellement que dans les années 1980, et jusque dans les années 1960 d'anciens juges nazis étaient encore en fonction dans le système judiciaire – y compris l'un de ceux qui avaient contribué à faire condamner la Rose blanche.

Roland Freisler lui-même mourut lors d'un bombardement allié sur Berlin, alors que le tribunal du peuple était en train de siéger. Paul Giesler, le *Gauleiter* de Munich, se suicida avec sa femme et ses enfants alors que les troupes américaines approchaient de la ville. Jakob Schmid, le gardien zélé de l'université, fut arrêté par les Américains et condamné à une peine de prison. Il fit immédiatement appel. Il ne comprenait pas, dit-il, pourquoi il était puni pour avoir fait son devoir. Il aurait arrêté toute personne perturbant le bon fonctionnement des locaux de l'université, et avant 1933 il avait même arrêté des étudiants nazis qui avaient distribué des tracts et dégradé des murs. S'il n'avait pas arrêté les Scholl, affirmait-il, il aurait eu des ennuis et perdu son emploi. C'était un homme pauvre qui avait travaillé dur toute sa vie pour subvenir aux besoins de sa famille et qui devait donc faire son devoir. Il ne se doutait pas que la Gestapo serait appelée, il n'était pas au courant de la récompense, et il ne s'attendait pas à une promotion. De plus, il ne comprenait pas pourquoi il se trouvait dans un camp de prisonniers de guerre, alors que le recteur de l'université et d'autres hauts fonctionnaires se promenaient en toute liberté, et que certains étaient toujours en fonction. Il estimait sa punition injuste et inéquitable.

Le bourreau de Stadelheim s'appelait Johann Reichardt. Il exerçait son métier depuis 1924 et avait continué sous le nazisme ; au cours des douze années du Troisième Reich, il exécuta quelque 3 000 prisonniers politiques. Peu après la fin de la guerre, il fut réintégré dans ses fonctions. Il fut envoyé à la prison américaine de Landsberg, où il pendit les nazis reconnus coupables de crimes contre l'humanité et de crimes de guerre. Un peu plus tard, il prit sa retraite de fonctionnaire ; il est mort tranquillement, en paisible retraité.

Clara Huber, peu après l'exécution de son mari, reçut du gouvernement une facture de 3 000 marks – le coût de l'exécution, y compris les « frais d'amortissement de l'appareil ». Sans ressources, elle ne paya pas. Sa pension et les grades et titres de Kurt Huber furent rétablis sous l'occupation américaine.

Falk Harnack avait échappé au bourreau. Freisler et la Gestapo avaient, semble-t-il, conclu un accord spécial : Freisler le laisserait en liberté et la Gestapo le traquerait, dans l'espoir qu'il établisse des contacts avec d'autres groupes de résistance. Plusieurs mois après sa libération, Harnack fut transféré de Chemnitz vers les lignes de front en Grèce ; de violents combats se déroulaient entre les partisans et la Wehrmacht, qui était désormais sur la défensive. Une instruction personnelle de Heinrich Himmler exigea son arrestation. Prévenu par l'un de ses supérieurs, il réussit de justesse à s'échapper. Il rejoignit les partisans et se battit à leurs côtés jusqu'à l'effondrement de l'Allemagne.

Malgré les exécutions, les tragédies et les brutalités, les tracts de la Rose blanche firent leur chemin à travers l'Allemagne et l'Europe occupée, apportant de l'espoir dans les cellules des prisonniers condamnés et même dans la dernière arène de l'humanité, les camps de concentration. De Berlin, on les fit passer clandestinement en Suède et en Suisse, d'où ils furent envoyés à Londres.

Les nouvelles de la Rose blanche et l'esprit de leur résistance parvenaient également au public américain, malgré la chape de silence imposée par la Gestapo. Le 2 août 1943, trois semaines après qu'Alexander Schmorell et Kurt Huber eurent été guillotinés, et alors que Willi Graf attendait le même sort en prison, parut dans le *New York Times* un éditorial intitulé « Young German Martyrs » (« Jeunes martyrs allemands »). Il se terminait par les mots suivants : « Ces étudiants de Munich, nombreux ou pas, représentatifs ou non, se sont levés glorieusement [...] protestant au nom de principes qu'Hitler pensait avoir détruits à jamais. Dans les années à venir, nous pourrons nous aussi leur rendre hommage. »

Une fois parvenus à l'Ouest, les tracts de la Rose blanche furent réimprimés – désormais par dizaines de milliers – et largués par les avions alliés au-dessus des villes allemandes.

La Gestapo convoqua un jour Clara Huber au palais Wittelsbach pour lui en faire le reproche ; elle ignorait, jusqu'à ce qu'on le lui dît, que les tracts de Kurt Huber étaient dispersés par les avions alliés. Elle quitta le quartier général de la Gestapo secrètement (et profondément) fière ; elle aurait seulement souhaité que son mari sût que ses mots, au lieu de bombes, pleuvaient sur les villes qu'il aimait.

Les tracts firent pleurer des larmes de joie à des gens comme Thomas Mann, dans son exil. Pour ceux qui les lurent ou qui en entendirent parler, en Allemagne ou à l'étranger, ils apportaient un sentiment de joie difficile à exprimer. Ils témoignaient du fait que certains Allemands, enfermés dans la forteresse de la mort du Troisième Reich, se souciaient encore de leur sort, ne détournaient pas le regard, se levaient, se battaient.

L'ambassadeur Ulrich von Hassell, qui allait bientôt comparaître devant Freisler et être condamné à mort pour sa complicité dans la tentative d'assassinat d'Hitler du 20 juillet 1944, nota dans son journal : « J'ai lu l'appel simple, splendide et profondément éthique à la nation, qui les a conduits à la mort. [...] Il est important pour l'avenir qu'un tel appel ait vu le jour. [Ils] sont morts sur la potence, martyrs courageux et intègres. »

Friedrich Reck-Malleczewen, un membre de la noblesse qui allait être exécuté à Dachau pour n'avoir pas répondu, à l'âge de 60 ans, à un appel à la conscription pour la défense civile, réserva lui aussi une place spéciale à la Rose blanche dans son journal :

> Je n'ai jamais vu ces jeunes gens. Dans mon isolement rural, je n'ai entendu que des bribes de leur histoire, mais ce que j'ai entendu avait une telle importance que j'avais du mal à y croire. [...] Ils sont morts rayonnants de courage et d'esprit de sacrifice, atteignant ainsi le sommet d'une vie bien vécue. [...] Nous devrons tous, un jour, nous rendre en pèlerinage sur leurs tombes et nous tenir devant eux dans la honte.

La poétesse Ilse Aichinger était jeune à l'époque. Elle vivait à Vienne et était « à moitié juive ». Plus tard, après la guerre, elle a tenté de décrire sa réaction lorsqu'elle entendit parler pour la première fois de la Rose blanche. Un jour, elle vit un spectacle familier, une affiche proclamant les noms de condamnés à mort :

> J'ai lu les noms de la Rose blanche. Je n'avais jamais entendu parler d'aucun d'entre eux. Mais en lisant ces noms, un espoir inexprimable a surgi en moi et je n'étais

> pas la seule à ressentir cela. [...] Cet espoir, qui nous a permis de continuer à vivre, n'était pas seulement l'espoir de notre propre survie. [...] Il a aidé tant de personnes qui devaient encore mourir : même elles pouvaient mourir en gardant espoir. [...] C'était comme une lumière secrète qui s'étendait sur la Terre : c'était de la joie. Je me souviens d'un jour où je suis sortie dans la rue pour rencontrer un ami et il m'a dit : « N'aie pas l'air si radieuse, ils vont t'arrêter ! »
> Nous n'avions pas beaucoup de chances de survivre, mais ce n'était pas de cela qu'il s'agissait. Il ne s'agissait pas de survie. C'est la vie elle-même qui nous parlait à travers la mort des Scholl et de leurs compagnons. [...] On peut vivre sans rien posséder. Mais on ne peut pas vivre sans avoir quelque chose devant soi, devant soi dans le sens de quelque chose *à l'intérieur de soi*. On ne peut pas vivre sans espoir.

L'impact de la Rose blanche n'est pas affaire de tyrans détrônés, de régimes renversés, de justice rétablie. Il faut une échelle d'une autre dimension, et alors leur signification est plus profonde ; elle va bien au-delà du Troisième Reich, au-delà de l'Allemagne : si des gens comme ceux qui ont formé la Rose blanche peuvent exister, croire comme ils croyaient, agir comme ils ont agi, cela signifie peut-être que cette espèce fatiguée, corrompue et extrêmement menacée à laquelle nous appartenons a le droit de survivre, et de continuer à essayer.

Annexe I
Tracts de la Rose blanche

Traduction de Philippe Noble

Premier tract[6]

Rien n'est plus indigne d'un peuple civilisé que de se laisser « gouverner » sans résistance par une clique de despotes irresponsables et adonnés aux plus sombres instincts. N'est-il pas vrai que tout Allemand honnête a honte aujourd'hui de son gouvernement ? Et qui d'entre nous pressent l'étendue de l'infamie qui retombera sur nous et nos enfants, lorsque nous n'aurons plus les yeux bandés et qu'éclateront au grand jour des crimes dont l'atrocité infinie dépasse toute mesure ? Si le peuple allemand est déjà, au plus profond de son être, corrompu et dégradé au point d'abandonner passivement, avec une confiance irréfléchie en un déterminisme historique contestable, ce que l'homme possède de plus haut et qui l'élève au-dessus de toute autre créature : le libre arbitre, la liberté d'intervenir lui-même dans les rouages de l'Histoire pour les subordonner à sa volonté

6. Quatre tracts ont été publiés par la Rose blanche sous le titre « Tracts de la Rose blanche ». Les deux premiers ont été rédigés par Hans Scholl et Alexander Schmorell vers juin 1942, et deux autres ont rapidement suivi, pour lesquels Christoph Probst donna quelques conseils et Jürgen Wittenstein apporta une aide éditoriale. Le travail sur la deuxième série de tracts, intitulés « Tracts de la résistance », commença en novembre 1942. Willi Graf et Kurt Huber participèrent à la rédaction du cinquième, qui parut en janvier 1943. Kurt Huber rédigea le sixième et dernier tract, celui que Hans et Sophie Scholl distribuaient à l'université de Munich le 18 février quand ils furent arrêtés par la Gestapo. Le brouillon d'un septième tract, écrit de la main de Christoph Probst, était dans la poche de Hans lors de son arrestation, et il tenta de le détruire en l'ingérant.

raisonnable ; si les Allemands, renonçant à toute individualité, sont déjà devenus une masse dénuée d'esprit et de courage, alors, oui, alors ils méritent leur ruine.

Goethe parle des Allemands comme d'un peuple tragique, semblable en son essence à celui des juifs ou des Grecs, mais aujourd'hui ce peuple apparaît plutôt comme un troupeau insipide et moutonnier de gens sans personnalité, sans volonté, dépouillés de leur force vitale et de leur centre de gravité, prêts à se laisser mener à l'abîme. Mais ce n'est qu'une apparence ; la vérité est bien plutôt que, par une violation lente et systématique des consciences, on a abusé chaque individu et on l'a enfermé dans une prison mentale, et ce n'est qu'une fois enchaîné qu'il a pris conscience de son infortune. Bien peu ont su reconnaître la menace de l'anéantissement, et ont trouvé la mort pour seul salaire de leurs avertissements héroïques. Il faudra reparler du destin de ces hommes.

Si chacun attend qu'un autre commence, les signes annonciateurs de la Némésis vengeresse ne cesseront de se rapprocher, et la dernière victime aura été jetée pour rien dans la gueule de l'insatiable démon. C'est pourquoi chaque individu conscient de sa responsabilité en tant que membre de la civilisation chrétienne et occidentale, doit en cette heure ultime se défendre de toutes ses forces, travailler à combattre ce fléau de l'humanité, le fascisme, et tout autre système totalitaire semblable. Où que vous soyez, opposez une résistance passive – une **résistance** – et entravez le fonctionnement de cette machine de guerre athée, avant qu'il ne soit trop tard, avant que nos dernières villes ne soient devenues un amoncellement de ruines, comme Cologne, et avant que toute la jeunesse de notre peuple n'ait été saignée à blanc pour satisfaire l'hybris démentielle d'un sous-homme. N'oubliez pas que tout peuple mérite le gouvernement qu'il supporte !

Friedrich Schiller, *La Législation de Lycurgue et de Solon* :

« Considérée par rapport à son propre but, la législation de Lycurgue est un chef-d'œuvre de la politique et de la connaissance des hommes. Il voulait un État puissant, reposant sur sa propre base, indestructible ; la force politique et la durée étaient le but où il tendait, et ce but, il l'a atteint, autant que cela était possible dans les circonstances où il se trouvait. Mais, si l'on compare la fin que se proposait Lycurgue à la fin de l'humanité, une forte désapprobation succède à l'admiration que nous a inspirée un premier et rapide coup d'œil. Tout peut être sacrifié au bien de l'État, excepté ce à quoi l'État lui-même ne sert que comme moyen. L'État même n'est jamais le but ; il n'a d'importance que comme condition, comme voie, pour atteindre à la fin de l'humanité, et cette fin de l'humanité n'est autre chose que le développement de toutes les forces de l'homme, le progrès. Si une constitution politique empêche que toutes les forces qui sont dans l'homme se développent ; si elle empêche le progrès de l'esprit, elle est condamnable et nuisible, quelque bien conçue du reste, quelque parfaite qu'elle soit en son genre. Les qualités mêmes qui assurent sa durée deviennent en ce cas un sujet de blâme plutôt que de gloire, et elle n'est alors qu'un mal prolongé ; plus elle se maintient, plus elle est nuisible. »

« ... Le mérite politique s'acquérait, et l'aptitude à ce mérite se développait, aux dépens de tous les sentiments moraux. À Sparte, il n'y avait point d'amour conjugal, d'amour maternel, d'amour filial, d'amitié, il n'y avait que les citoyens, que la vertu civique. »

« ... Une loi de l'État faisait un devoir aux Spartiates de l'inhumanité envers leurs esclaves ; dans ces malheureuses victimes, l'humanité était outragée et maltraitée. Dans le code même de Lacédémone était prêché le dangereux principe de considérer les hommes comme moyen et non comme fin – par là, les bases du droit naturel et de la morale étaient légalement renversées. »

« ... Combien est plus beau le spectacle que nous offre le rude guerrier Gn. Marcius[7] dans son camp devant Rome, lorsqu'il sacrifie sa vengeance et sa victoire, parce qu'il ne peut voir couler les larmes de sa mère ! »

« ... L'État de Lycurgue ne pouvait durer qu'à cette seule condition que l'esprit du peuple demeurât stationnaire. Il ne pouvait donc se maintenir qu'en allant contre le but suprême, le but unique d'un État[8]. »

Goethe, *Le réveil d'Épiménide*, Acte II, scène 4 :

Les Génies

[...] Mais ce qui, téméraire, a surgi de l'abîme
Peut bien, par la loi d'airain du destin,
Conquérir la moitié de l'orbe,
À l'abîme il lui faut retourner.
Déjà gagne une immense panique,
C'est en vain qu'il résistera !
Et tous ceux qui s'entêtent à le suivre,
Ils devront avec lui périr.

L'Espérance

À présent, je viens rencontrer mes braves,
Qui se sont rassemblés dans la nuit
Pour se taire, non pour dormir,
Et le beau mot de liberté
Est chuchoté, est balbutié,
Jusqu'à ce qu'aux marches du temple,

7. Gnaius ou Gaius Marcius, plus connu sous son surnom de Coriolan, héros légendaire des premiers temps de Rome. Banni de la cité à la suite de luttes intestines, il revint l'assiéger avec l'armée des Volsques, ennemis héréditaires des Romains. Mais devant les supplications de sa mère Veturia et de son épouse Volumnia, il renonça à attaquer Rome et leva le camp. (N.d.T.)

8. Source : *Œuvres historiques de Schiller*, trad. fr. Ad. Régnier, Paris, Hachette, 1872, Bibliothèque nationale de France, Z-59870, gallica.bnf.fr.

En insolite nouveauté,
Nous le criions, retrouvant notre flamme :
(*Haut et fort, avec conviction*)
Liberté !
(*Plus mesuré*)
Liberté !
(*En écho, résonnant de toutes parts*)
Liberté[9] !

Nous vous prions de recopier cette feuille au carbone en autant d'exemplaires que possible, et de continuer à la distribuer !

9. Johann Wolfgang Goethe, « *Des Epimenides Erwachen* » (« Le réveil d'Épiménide »), 1815. Selon la légende, Épiménide le Crétois (VIe siècle av. J.-C.), poète et chaman, aurait dormi cinquante-sept ans dans une grotte et, durant ce long sommeil, reçu des dieux des connaissances occultes et notamment le don de divination. Le poème dramatique de Goethe est une allégorie sur la chute de Napoléon.

Deuxième tract

On ne peut pas entrer en débat intellectuel avec le nazisme, car il n'a rien d'intellectuel. Il est faux de parler d'une conception national-socialiste du monde, car si celle-ci existait, on devrait essayer de la soutenir ou de la combattre par des moyens intellectuels – alors que la réalité nous offre une image toute différente : dès l'origine, ce mouvement reposait uniquement sur la tromperie, dès le début il était pourri de l'intérieur et ne pouvait se maintenir que par le mensonge permanent. Hitler lui-même n'écrit-il pas, dans l'une des premières éditions de « son » livre (un livre écrit dans l'allemand le plus laid que j'aie jamais lu, ce qui n'a pas empêché un peuple de penseurs et de poètes de l'élever au rang de Bible) : « On n'imagine pas à quel point il faut tromper un peuple pour le gouverner » ? Si cette tumeur maligne rongeant le peuple allemand ne s'était pas fait trop remarquer dès son apparition, c'est uniquement parce que des forces positives étaient encore à l'œuvre pour la contenir. Mais au fur et à mesure qu'elle progressait pour finalement triompher au prix d'une ultime corruption, l'abcès crevant partout et souillant tout le corps, la plupart des anciens opposants sont allés se cacher, l'élite intellectuelle allemande s'est enterrée au fond d'une cave pour y étouffer peu à peu, telle une végétation nocturne privée de lumière et de soleil. Mais à présent, la fin est proche. À présent, ce qui importe, c'est de se reconnaître mutuellement, de s'expliquer clairement d'homme à homme, d'avoir ce seul impératif présent à l'esprit et de ne s'accorder aucun repos tant qu'il restera un seul homme à convaincre de l'absolue nécessité de la lutte contre ce système. Si une telle vague de révolte parcourt le pays, si « quelque chose est dans l'air », si un grand nombre rejoint le combat, alors, dans un ultime et formidable sursaut, l'on pourra mettre à bas ce système. Une fin, même dans la terreur, est toujours préférable à une terreur sans fin.

Il ne nous est pas donné de porter un jugement définitif sur le sens de notre Histoire. Mais si cette catastrophe peut servir à notre salut, c'est bien en cela, et seulement en cela : en nous purifiant par la souffrance, en nous tournant vers la lumière au sortir d'une nuit insondable, en rassemblant nos forces et en contribuant enfin à secouer le joug qui opprime le monde.

Nous n'avons pas l'intention d'étudier dans ces lignes la question juive, pas plus que de présenter un plaidoyer – non, nous voulons simplement, à titre d'exemple, rapporter brièvement un fait : le fait que, depuis la conquête de la Pologne, 300 000 juifs de ce pays ont été abattus comme des bêtes. Nous voyons là le crime le plus abominable perpétré contre la dignité humaine, un crime sans égal dans toute l'histoire de l'humanité. Les juifs aussi sont des êtres humains – quelque position que l'on prenne sur la question juive – et c'est sur des êtres humains que ce crime a été perpétré. D'aucuns diront peut-être que les juifs avaient mérité leur sort. Ce serait d'une monstrueuse arrogance, mais à supposer que tel ou tel le dise, que pensera la même personne du fait que toute la jeunesse de l'aristocratie polonaise a été anéantie (Dieu veuille qu'elle ne le soit pas entièrement !) ? Comment s'y est-on pris, me direz-vous ? Tous les descendants mâles de familles aristocratiques ont été déportés en Allemagne dans des camps de concentration et astreints aux travaux forcés, toutes les filles du même âge envoyées de force en Norvège dans les bordels des SS ! Pourquoi vous raconter tout cela, à vous qui le savez déjà, qui connaissez, sinon ces mêmes crimes, du moins d'autres aussi graves, commis par cette effroyable engeance de sous-hommes ? Parce que cela touche à une question qui nous concerne tous au tréfonds de nous-mêmes et qui doit absolument nous faire réfléchir. Pourquoi le peuple allemand reste-t-il aussi apathique face à de tels crimes, les plus abominables et les plus indignes qui soient ? Personne ou presque n'y accorde une pensée. Le fait est accepté comme tel, et c'est une affaire classée. Et le peuple allemand retombe dans son sommeil stupide et hébété, donnant aux criminels fascistes l'audace, mais aussi toute licence, de continuer à tuer – ce dont ils ne se privent pas.

Faut-il y voir le signe que les Allemands ont laissé s'endurcir en eux les sentiments humains les plus élémentaires, que plus aucune corde sensible ne hurle en eux face à de tels actes, qu'ils ont sombré dans un sommeil fatal dont il ne sera plus possible, jamais, de s'éveiller ? On le dirait, et ce sera bel et bien le cas si l'Allemand n'émerge pas enfin de cette torpeur, s'il ne proteste pas, partout où il le peut, contre cette clique de criminels, s'il ne compatit pas au sort de ces centaines de milliers de victimes. Mais il ne doit pas se contenter de compassion, non, il doit éprouver bien plus : un sentiment de culpabilité partagée. Car c'est bien son comportement apathique qui donne à ces êtres de ténèbres la possibilité d'agir comme ils le font, c'est lui qui tolère ce « gouvernement » qui s'est chargé d'une faute incommensurable, et plus encore : il est personnellement coupable de l'existence même de ce gouvernement ! Chacun voudrait se dédouaner de cette culpabilité collective, chacun s'en affranchit et se rendort du sommeil paisible de la bonne conscience. Mais on ne peut pas s'en affranchir, chacun est coupable, coupable, coupable ! Pourtant, il n'est pas trop tard pour faire disparaître de la surface du globe le plus répugnant, le plus monstrueusement difforme de tous les gouvernements, afin de ne pas se rendre plus coupable encore. Puisqu'au cours des dernières années nos yeux se sont complètement ouverts, puisque nous savons désormais à qui nous avons affaire, il est plus que temps d'éradiquer cette horde brune. Jusqu'à l'éclatement de la guerre, la majeure partie du peuple allemand était aveuglée, les nazis ne s'étaient pas encore montrés sous leur vrai jour, mais à présent qu'on les a démasqués, l'unique devoir, le devoir le plus élevé, le devoir le plus sacré de tout Allemand doit être l'extermination de ces bêtes brutes.

> « Tel administre son peuple sans faire sentir son autorité,
> et le rend heureux.
> Tel, dont la gestion est opprimante, le brise.
> Le malheur, voilà sur quoi se construit le bonheur. Au sein du bonheur, hélas, se cache le malheur. Où cela nous

mène-t-il ? On n'aperçoit pas la fin. Ce qui était ordre se change en désordre, le bien se change en mal. Le peuple se perd dans la confusion. N'est-ce pas ainsi, chaque jour, depuis longtemps ?
L'homme supérieur est rigide, mais ne heurte pas, il est tranchant, mais ne blesse pas, il est sincère, mais sans rudesse. Il est clarté, mais ne veut pas briller. »

Lao-tseu.

« Qui entreprend de dominer l'État et de le façonner selon son bon plaisir, je ne le vois pas atteindre son but ; c'est tout. »
« L'État est un organisme vivant ; il ne peut être fabriqué, en vérité ! Qui veut y introduire ses fabrications, le corrompt, qui veut s'en emparer, le perd. »
Par conséquent : « Parmi les êtres, certains montrent le chemin, d'autres les suivent, certains sont ardents, d'autres froids, certains sont forts, d'autres faibles, certains atteignent la plénitude, d'autres ont le dessous. »
« Aussi l'homme supérieur s'écarte-t-il de l'excès, de la domination, de l'inaccessible. »

Lao-tseu[10].

Nous vous prions de recopier cet écrit au carbone en autant d'exemplaires que possible, et de continuer à le distribuer.

10. D'après la traduction de Jacques Delpeyrou, *La Rose blanche*, Éditions de Minuit, Paris, 1955. (N.d.T.)

Troisième tract

« *Salus publica suprema lex*[11]. »
Toutes les formes idéales de l'État sont des utopies. Un État ne saurait se construire de façon purement théorique, il doit se développer et mûrir au même titre qu'un individu. Mais n'oublions pas qu'à l'origine de chaque civilisation existait une préfiguration de l'État. La famille est aussi vieille que l'espèce humaine et c'est en partant de cette forme initiale d'existence communautaire que l'homme doué de raison a constitué un État fondé sur la justice et ayant pour loi suprême le bien commun. L'ordre politique doit présenter une analogie avec l'ordre divin, et la plus élevée des utopies, la « *civitas dei* », est le modèle dont il doit, en définitive, se rapprocher. Nous ne voulons émettre ici aucun jugement sur les diverses formes possibles d'organisation de l'État, démocratie, monarchie constitutionnelle, royauté, etc. Une seule chose doit être soulignée clairement et sans équivoque : tout être humain peut prétendre à un État juste et adéquat, qui assure à la fois la liberté de l'individu et le bien de la communauté. Car l'homme, conformément à la volonté divine, doit poursuivre librement et en toute indépendance son but naturel et son bonheur terrestre dans l'autonomie et la liberté d'initiative, tout en vivant et en interagissant avec autrui au sein de la collectivité d'un État.
Mais notre « État » d'aujourd'hui n'est que la dictature du Mal. Je vous entends répliquer : « Nous le savons depuis longtemps, et nous n'avons pas besoin qu'on nous en fasse la remarque encore une fois. » Mais, je vous le demande, si vous le savez, pourquoi ne bougez-vous pas, pourquoi tolérez-vous que ces despotes vous ravissent pas à pas, ouvertement ou en secret, un domaine après l'autre de vos droits, jusqu'au jour où il ne restera plus rien,

11. « Le bien commun [doit être] la loi suprême. » Cicéron, *De Legibus*, Livre III, 3, 8. (N.d.T.)

absolument plus rien, qu'une mécanique étatique actionnée par des criminels et des débauchés ? Votre esprit est-il déjà vaincu par le viol au point de vous faire oublier que vous n'avez pas seulement le droit, mais le **devoir moral**, d'éliminer ce système ? Si un être humain ne trouve plus la force de revendiquer le droit qui est le sien, alors sa perte est absolument inévitable. Nous mériterions d'être dispersés sur toute la surface de la Terre comme la poussière sous le vent, si nous ne nous reprenions pas, en cette douzième et dernière heure, et ne retrouvions pas enfin le courage qui nous a fait défaut jusqu'à présent. Ne dissimulez pas votre lâcheté sous le manteau de l'intelligence. Car chaque jour que vous passez à hésiter, sans résister à cette engeance de l'enfer, votre culpabilité ne cesse de croître, aussi vertigineusement qu'une courbe parabolique.
Beaucoup de lecteurs de ces feuilles, et peut-être même la plupart d'entre eux, se demandent comment faire pour résister. Ils n'en voient pas la possibilité. Nous voulons essayer de leur montrer que tout un chacun est à même de contribuer au renversement de ce système. Ce n'est pas par l'opposition individuelle, à la façon d'ermites aigris, que l'on parviendra à préparer le terrain pour la chute de ce « gouvernement », encore moins à hâter sa fin, mais seulement par l'action collective d'un grand nombre de personnes convaincues et déterminées, des personnes qui se sont entendues sur les moyens à employer pour atteindre leur but. Or, nous n'avons guère le choix de ces moyens, nous n'en avons qu'un seul à notre disposition : la **résistance passive**.

La résistance passive a pour sens et pour fin d'abattre le national-socialisme, et dans ce combat il ne faut reculer devant aucun moyen, devant aucun acte, dans n'importe quel domaine. Le national-socialisme doit être attaqué **partout** où il y prête le flanc. Il faut mettre fin le plus tôt possible à ce « non-État » – une victoire de l'Allemagne fasciste dans cette guerre aurait des conséquences effroyables, incalculables. Ce n'est pas la victoire militaire sur le bolchevisme qui doit être la préoccupation majeure de tout Allemand, mais la défaite du national-socialisme. Celle-ci doit impérativement passer au premier plan. Dans une de nos prochaines feuilles, nous démontrerons la nécessité prééminente de cet impératif.

Et maintenant, tout adversaire déterminé du national-socialisme doit se poser la question : quelle est la façon la plus efficace de combattre l'« État » actuel, comment lui porter les coups les plus sensibles ? Par la résistance passive – sans aucun doute. Il est clair que nous ne pouvons donner à chacun des directives précises de comportement, nous ne pouvons donner que des indications générales, à chacun de trouver par lui-même les voies et moyens de les réaliser.

Sabotage dans les fabriques d'armement et les industries de guerre, sabotage dans tous les rassemblements, toutes les manifestations, les festivités, les organisations relevant du parti national-socialiste. Entraves au fonctionnement normal de la machine de guerre (machine qui tourne au profit d'une guerre dont le **seul** but est de préserver et de perpétuer le parti national-socialiste et sa dictature). **Sabotage** dans tous les domaines de l'activité scientifique et intellectuelle qui concourent à la prolongation de la guerre actuelle, que ce soit dans les universités, les écoles professionnelles supérieures, les laboratoires, les institutions de recherche, les bureaux techniques. Sabotage dans toutes les manifestations culturelles qui pourraient rehausser le « prestige » des fascistes aux yeux du peuple. **Sabotage** dans toutes les branches des beaux-arts qui sont, peu ou prou, en rapport avec le national-socialisme et qui le servent. **Sabotage** dans toute forme d'imprimé, tous les journaux qui sont à la solde du « gouvernement » et qui militent pour ses idées, pour la propagation du mensonge brun. Ne sacrifiez pas un centime dans les collectes sur la voie publique (même si elles s'effectuent sous couvert de bienfaisance). Car ce n'est là qu'un camouflage. En réalité, le produit de ces quêtes ne va ni à la Croix-Rouge ni aux nécessiteux. Le gouvernement n'a pas besoin de cet argent, il n'est pas dépendant financièrement de ces collectes – les rotatives tournent à plein régime et fabriquent du papier-monnaie à volonté. Mais il faut maintenir le peuple en haleine, ne jamais lui lâcher la bride ! Ne donnez rien aux collectes de métal, de textile ou d'autres matières. Cherchez à convaincre toutes les personnes de votre connaissance, même dans les couches populaires, de l'inanité d'une prolongation de cette guerre, de son absence totale de perspectives, de l'asservissement intellectuel et économique, de la destruction de toutes les valeurs morales et religieuses par le national-socialisme, et de les amener à la **résistance passive**.

Aristote, dans la *Politique* : « ... en outre, il appartient [à la nature de la tyrannie] de faire en sorte que rien ne demeure caché des paroles et des actes de quelque citoyen que ce soit, mais de mettre partout des délateurs pour l'espionner, [...] semer la discorde et la calomnie parmi les citoyens ; mettre aux prises les amis entre eux ; irriter le peuple contre les hautes classes, qu'on désunit entre elles. Un autre principe du tyran est d'appauvrir les sujets, pour que, d'une part, sa garde ne lui coûte rien à entretenir, et que, de l'autre, occupés à gagner leur vie de chaque jour, les sujets ne trouvent pas le temps de conspirer... On peut voir un moyen analogue dans un système d'impôts établis comme ils l'étaient à Syracuse : en cinq ans, Denys absorbait par l'impôt la valeur de toutes les propriétés. Le tyran fait aussi continuellement la guerre pour occuper l'activité de ses sujets[12]... »

Prière de multiplier et de transmettre ceci !

12. Aristote, *Politique*, Livre VIII, trad. fr. J. Barthélemy Saint-Hilaire, Paris, 1874. Cité d'après le site « L'Antiquité grecque et latine du Moyen Âge », www.remacle.org. (N.d.T.)

Quatrième tract[13]

« Qui ne veut pas écouter doit sentir » : c'est une vérité ancestrale, qu'on ne cesse d'enseigner aux enfants. Mais un enfant intelligent ne se brûlera pas deux fois les doigts en touchant le poêle.

Au cours des semaines écoulées, Hitler a enregistré des succès, tant en Afrique qu'en Russie. En conséquence, l'optimisme a augmenté dans une partie de la population, l'abattement et le pessimisme dans l'autre, avec une rapidité peu compatible avec la traditionnelle « lenteur » allemande. De tous côtés, parmi les adversaires d'Hitler, c'est-à-dire dans la meilleure part du peuple, on n'entendait que lamentations, paroles de déception et de découragement, qui se terminaient bien souvent par cette exclamation : « Et si jamais Hitler allait tout de même finir par... ? »

Entre-temps, l'offensive allemande en Égypte a été stoppée, Rommel est obligé de tenir une position dangereusement exposée, mais la progression continue à l'Est. Ce succès apparent a été obtenu au prix de sacrifices effroyables, de sorte qu'on ne peut déjà plus le qualifier d'avantageux. Aussi mettons-nous en garde contre toute forme d'optimisme.

Qui a compté les morts, Hitler ou bien Goebbels ? Sans doute aucun des deux. Chaque jour, en Russie, des milliers d'hommes tombent. C'est le temps des moissons, et chaque jour la Faucheuse

13. Ce tract fut rédigé après la terrible défaite de la 6ᵉ armée allemande à Stalingrad (31 janvier 1943). Ce serait le dernier publié par la Rose blanche. Hans et Sophie Scholl furent aperçus en train de le distribuer à l'université de Munich le 18 février 1943 et furent immédiatement arrêtés par la Gestapo. Peu après leur exécution, Hans Leipelt, membre de la Rose blanche et étudiant en chimie à l'université, ainsi que sa future fiancée Marie-Luise Jahn, commencèrent à le reproduire sur une machine à écrire portative avec un nouveau titre : « Malgré tout, leur esprit survit ! » Ils les distribuèrent à Munich et à Hambourg, et s'arrangèrent pour faire sortir clandestinement quelques copies d'Allemagne, ce qui permit à la Royal Air Force de les reproduire et de les larguer par milliers au-dessus de l'Allemagne. Hans et Marie-Luise furent arrêtés en octobre de la même année, et Hans Leipelt fut plus tard exécuté.

passe à grands traits dans les blés mûrs. Le deuil entre dans les chaumières de la patrie et personne n'est là pour sécher les larmes des mères ; Hitler, au contraire, ment à celles à qui l'on a ravi leur bien le plus précieux pour l'entraîner dans une mort absurde.

Chaque mot qui sort de la bouche d'Hitler est mensonger. Quand il dit « paix », il pense « guerre », quand il prononce, de façon blasphématoire, le nom du Tout-Puissant, il veut parler de la puissance du Mal, de l'ange déchu, de Satan. Sa bouche est la gueule nauséabonde de l'Enfer, et son pouvoir est fondamentalement celui d'un réprouvé. Certes, l'on doit mener le combat contre la terreur d'État national-socialiste par des moyens rationnels ; mais celui qui doute encore aujourd'hui de l'existence réelle des forces démoniaques est loin d'avoir compris l'arrière-plan métaphysique de cette guerre. Derrière le concret, derrière le perceptible, derrière toutes les considérations pragmatiques et logiques, il y a l'irrationnel, c'est-à-dire le combat contre le démon, contre le messager de l'Antéchrist. Partout et à toutes époques, les démons ont guetté dans les ténèbres le moment où l'homme est pris de faiblesse, où il abandonne de son plein gré la position fondée sur la liberté, que Dieu lui a assignée dans l'ordre sacré, où il cède à la pression du Mal, se détache des puissances de l'ordre supérieur et de ce fait, après avoir accompli volontairement le premier pas, est poussé au deuxième, au troisième et aux suivants avec une accélération vertigineuse ; mais partout et à toutes époques d'extrême détresse, des hommes se sont levés, des prophètes, des saints, qui avaient préservé leur liberté, qui en appelaient au seul vrai Dieu et, avec son aide, exhortaient le peuple à revenir de ses erreurs. Certes, l'homme est libre, mais sans le vrai Dieu il est impuissant face au Mal, il est comme un navire sans gouvernail, livré à la tempête, comme un nourrisson sans mère, comme une nuée qui se dissipe.

Y a-t-il, je te le demande, à toi qui es chrétien, y a-t-il, dans cette lutte pour la sauvegarde de tes biens les plus élevés, place pour l'hésitation, pour le jeu des intrigues, pour l'ajournement des décisions, dans l'espoir qu'un autre prendra les armes pour te défendre ? Dieu lui-même ne t'a-t-il pas donné la force et le courage de combattre ? Nous avons l'obligation de nous attaquer au Mal là où il est le plus puissant, et il n'est nulle part plus puissant que dans le pouvoir d'Hitler.

> « J'ai considéré ensuite toutes les oppressions qui se commettent sous le soleil ; et voici, les opprimés sont dans les larmes, et personne qui les console ! ils sont en butte à la violence de leurs oppresseurs, et personne qui les console !
> Et j'ai trouvé les morts qui sont déjà morts plus heureux que les vivants qui sont encore vivants... » (*Proverbes*)[14]

« La véritable anarchie est l'élément générateur de la religion. Surgissant de l'anéantissement de toutes institutions, elle lève son chef glorieux, nouvelle fondatrice du monde... Si seulement l'Europe voulait se réveiller, si un État des États, une doctrine politique scientifique se profilait devant nous ! La hiérarchie pourrait-elle être... le principe de l'union des États ? [...] Le sang coulera à flots en Europe jusqu'à ce que les nations prennent conscience de la redoutable folie qui les fait tourner en rond, jusqu'à ce que, touchées et adoucies par une sainte musique, elles s'avancent en mêlant leur bigarrure jusqu'aux autels d'antan, s'attellent à des œuvres de paix et qu'une grande fête de la paix soit célébrée dans des larmes de joie sur les lieux des carnages encore fumants. Seule la religion peut réveiller l'Europe et assurer le droit des peuples, et installer visiblement sur Terre la chrétienté dans sa neuve splendeur, en lui restituant sa mission pacificatrice[15]. » Novalis

---

14. En réalité : *L'Ecclésiaste*, IV, 1-2. Texte français : Bible de Louis Segond, 1910.
15. Novalis, *L'Europe* ou *La Chrétienté* (1799), in *Petits Écrits*, Paris, Éditions Montaigne-Aubier, 1947. Cité librement d'après la traduction française de Geneviève Bianquis.

Nous soulignons expressément que la Rose blanche n'est à la solde d'aucune puissance étrangère. Nous savons qu'il faudra briser le pouvoir national-socialiste par la force militaire, mais ce que nous cherchons, c'est à susciter de l'intérieur un renouveau de cet esprit allemand qui a subi de graves blessures. Mais cette renaissance devra être précédée d'une prise de conscience sans équivoque de l'énormité de la faute qui pèse sur le peuple allemand, et d'une lutte sans merci contre Hitler et ses trop nombreux acolytes à tous les niveaux, membres du parti, traîtres à leur pays, et ainsi de suite. Il faut creuser avec la dernière brutalité le fossé entre la meilleure part du peuple, et l'autre, celle qui a partie liée avec le national-socialisme. Pour Hitler et ses partisans, il n'y a sur cette Terre aucun châtiment qui soit au niveau de leurs actes. Mais, par amour pour les générations futures, il faudra bien, après la fin de la guerre, faire un exemple qui ôte à toute personne la moindre envie de renouveler l'expérience. N'oubliez pas non plus les petites crapules qui profitent de ce système, retenez bien leurs noms, afin qu'aucun d'eux n'en réchappe ! Après toutes les atrocités commises, nous ne les laisserons pas retourner leur veste à la dernière minute et faire comme si de rien n'était !
Enfin, pour vous tranquilliser, nous tenons à préciser que nous ne tenons aucune liste écrite d'adresses des lecteurs de la Rose blanche. Les adresses sont relevées aux hasard dans des annuaires.

Nous ne nous tairons pas, nous sommes votre mauvaise conscience ; la Rose blanche ne vous laissera pas en paix !

Cinquième et sixième tracts

Tracts du mouvement de résistance en Allemagne

Appel à tous les Allemands !

La guerre approche d'une fin inéluctable. Comme en 1918, le gouvernement allemand tente de détourner toute l'attention du public vers la capacité croissante de destruction des sous-marins, tandis qu'à l'Est les armées ne cessent de refluer, et qu'à l'Ouest on s'attend au débarquement. L'effort de guerre américain n'a pas encore atteint son point culminant, mais dès maintenant il dépasse tout ce que l'on a vu dans l'Histoire. Hitler conduit le peuple allemand à l'abîme, c'est une certitude mathématique. **Hitler ne peut gagner la guerre, il ne peut plus que la prolonger** ! Sa culpabilité et celle de ses complices est incommensurable, elle a dépassé toute limite. Leur juste châtiment ne cesse de se rapprocher !

Mais que fait le peuple allemand ? Il ne voit pas, il n'entend pas. Il suit aveuglément ceux qui l'égarent et le mènent à sa perte. « La victoire à tout prix ! », c'est ce qu'ils ont écrit sur leurs drapeaux. « Je combattrai jusqu'au dernier homme », dit Hitler – entre-temps, la guerre est déjà perdue.

Allemands ! Voulez-vous subir, vous et vos enfants, le même sort qui a été réservé aux juifs ? Voulez-vous être mesurés à la même aune que ceux qui vous égarent ? Devons-nous être pour l'éternité un peuple haï et réprouvé par le reste du monde ? Non ! Alors, séparez-vous de la sous-humanité national-socialiste ! Montrez par des actes que vous ne pensez pas comme eux ! Une nouvelle guerre de libération est sur le point d'éclater. La meilleure part du peuple combat à nos côtés. Déchirez le manteau d'indifférence dont vous avez enveloppé votre cœur ! Décidez-vous, **avant qu'il ne soit trop tard !**

Ne croyez pas la propagande national-socialiste, qui vous a insufflé la peur du bolchevisme ! Ne croyez pas que le salut de l'Allemagne soit lié à la vie et à la mort à la victoire du national-socialisme ! Un ramassis de criminels ne saurait forcer une victoire allemande. Séparez-vous **à temps** de tout ce qui a partie liée au national-socialisme ! Plus tard, un jugement terrible, mais mérité, sera porté sur ceux qui se seront ainsi lâchement réfugiés dans l'indécision.

Que nous apprend l'issue de cette guerre, qui n'a jamais eu de caractère national ?

L'idéologie de la puissance impérialiste, d'où qu'elle vienne, doit être mise définitivement hors d'état de nuire. Jamais plus le militarisme prussien ne devra s'emparer unilatéralement du pouvoir. Seule une généreuse coopération des peuples européens entre eux peut créer les fondements sur lesquels une reconstruction sera possible. Il faudra étouffer dans l'œuf toute forme de pouvoir centraliste, tel que l'État prussien a tenté d'en exercer en Allemagne et en Europe. L'Allemagne future ne saurait être que fédérale. Seule une saine organisation fédérale des États-nations peut aujourd'hui encore infuser une nouvelle vie dans le corps affaibli de l'Europe. Un socialisme raisonnable devra libérer la classe ouvrière de l'humiliante situation d'esclavage où elle se trouve. Le leurre de l'autarcie économique doit disparaître de l'Europe. Chaque peuple, chaque individu a le droit de profiter des biens du monde entier !

Liberté d'expression, liberté d'opinion et de confession, protection des droits individuels du citoyen contre l'arbitraire d'États terroristes criminels, tels sont les principes fondateurs de la nouvelle Europe.

Soutenez le mouvement de résistance, **faites circuler** les tracts !

Étudiantes ! Étudiants !

Notre peuple est bouleversé par la perte des hommes de Stalingrad. La géniale stratégie d'un caporal de la Grande Guerre a précipité 330 000 soldats allemands dans une mort absurde, injustifiable. Führer, nous te remercions ! Le peuple allemand murmure : allons-nous continuer à remettre le sort de nos armées entre les mains d'un dilettante ? Allons-nous sacrifier le reste de notre jeunesse allemande aux plus bas instincts de domination d'une clique partisane ? Plus jamais !

Il est arrivé, le jour du règlement de comptes, le jour où la jeunesse allemande va régler ses comptes avec la tyrannie la plus répugnante que notre peuple ait jamais eu à endurer. Au nom de l'ensemble de la jeunesse allemande, nous exigeons de l'État d'Adolf Hitler qu'il nous rende notre liberté individuelle, le bien le plus précieux d'un Allemand, qu'il nous a dérobé par la ruse de la façon la plus misérable qui soit.

Nous avons grandi dans un état de répression de toute liberté d'expression. Durant les années les plus fructueuses pour notre formation, les « Jeunesses hitlériennes », les SA et les SS ont tenté de nous uniformiser, de nous enrôler dans leur « révolution », d'anesthésier notre esprit. Sous le nom d'« éducation à la vision du monde », une méthode méprisable a étouffé dans un brouillard de formules creuses l'éveil d'une pensée et d'une échelle de valeurs personnelles. Une « élite » du Führer, dont le caractère à la fois diabolique et borné dépasse l'entendement, élève les futurs cadres du parti dans des forteresses pour en faire des exploiteurs et des tueurs sans conscience, sans vergogne et sans dieu, une troupe aveugle et stupide de suiveurs[16]. Et ce serait justement à nous, « travailleurs

16. Allusion aux « Napolas » (*Nationalpolitische Lehranstalten*), ces écoles spéciales fondées par les nazis pour y former l'élite future du parti et des SS. De 1933 à 1945, il y en eut quarante-trois au total, dont 3 pour filles. Ces internats étaient souvent installés dans des lieux isolés et fortifiés, châteaux ou anciens couvents. À la fin de la guerre, les élèves furent utilisés comme enfants-soldats. (N.d.T.)

intellectuels », de fournir des matraques à cette classe de seigneurs d'un nouveau genre ! Des combattants, retour du front, sont brimés comme des écoliers par des chefs de sections étudiantes et des apprentis *Gauleiter*, des *Gauleiter* s'en prennent par des plaisanteries salaces à l'honneur des étudiantes[17]. À l'université de Munich, des étudiantes allemandes ont riposté dignement à cette souillure infligée à leur honneur, des étudiants allemands se sont mobilisés en faveur de leurs camarades féminines et ont tenu bon. C'est le début de la reconquête de la libre disposition de nous-mêmes, sans laquelle on ne peut atteindre de valeurs intellectuelles. Notre gratitude va à nos courageuses et courageux condisciples, qui nous ont ouvert la voie par cet exemple éclatant !

Nous n'avons qu'un seul mot d'ordre : combattre le parti ! Quittons les sections du parti, où l'on veut continuer à nous museler politiquement ! Quittons les amphithéâtres où officient des SS de tout grade, et des laquais du parti ! Ce que nous voulons, c'est une science véritable et une authentique liberté d'esprit ! Aucune menace de représailles ne nous fera reculer, pas même la fermeture de nos établissements. Il s'agit du combat de chacun d'entre nous pour notre avenir, notre liberté et notre honneur, dans un État conscient de sa responsabilité morale.

Liberté et honneur ! Ces deux mots magnifiques de la langue allemande, Hitler et ses acolytes les ont remâchés, rebattus et dénaturés à satiété, dix longues années durant, comme seuls en sont capables des dilettantes qui jettent aux pourceaux les plus hautes valeurs d'une nation. Ce que valent à leurs yeux liberté et honneur, ils l'ont montré à suffisance en dix années de destruction de toute liberté

17. Allusion à un incident survenu le 13 janvier 1943, lors du discours du *Gauleiter* Paul Giesler, ministre-président de Bavière, devant la communauté universitaire de Munich : ce haut dignitaire nazi avait reproché aux jeunes filles présentes de se consacrer à leurs études au lieu « d'accomplir leur devoir envers la société en donnant un enfant au Führer ». Les protestations véhémentes des étudiants avaient dégénéré en émeute. (N.d.T.)

matérielle et intellectuelle, de toute la substance morale du peuple allemand. Même le plus sot des Allemands n'a pu rester aveugle au terrible bain de sang qu'ils ont perpétré et continuent à perpétrer chaque jour en Europe au nom de l'honneur et de la liberté de la nation allemande. Le nom de l'Allemagne restera déshonoré à jamais, si la jeunesse allemande ne se lève pas enfin, pour venger et réconcilier à la fois, pour tailler en pièces ses tourmenteurs et fonder une nouvelle Europe de l'esprit !

Étudiantes ! Étudiants ! Le peuple allemand a l'œil fixé sur nous ! Ce qu'il attend de nous, c'est que, comme le fut en 1813 la terreur napoléonienne, 1943 voie la terreur national-socialiste brisée par la seule force de l'esprit. Les flammes de la Bérézina et de Stalingrad montent au ciel de l'Est, les morts de Stalingrad nous implorent !

« Lève-toi, mon peuple, les flambeaux fument[18] ! »

Notre peuple se dresse contre l'asservissement de l'Europe par le national-socialisme, dans un nouvel élan de foi en la liberté et l'honneur !

18. Citation de Theodor Körner (1791-1813), poète, dramaturge et patriote, chantre (et héros) de la lutte contre Napoléon.

Carte de l'Allemagne montrant les principales villes
où furent distribués les tracts

Brouillon du septième tract[19]

Stalingrad ! 200 000 frères allemands ont été sacrifiés pour l'honneur et la gloire d'une fausse valeur militaire. Les conditions de la capitulation fixées par les Russes n'ont pas été communiquées aux soldats qui furent sacrifiés. Pour ce meurtre de masse, le général Paulus a reçu la médaille de la feuille de chêne. Des officiers de haut rang ont échappé au massacre en quittant Stalingrad par avion. Hitler a refusé de permettre à ceux qui étaient pris au piège et encerclés de se replier vers l'arrière. Aujourd'hui, le sang de 200 000 soldats condamnés à mort accuse le meurtrier nommé Hitler.

Tripoli ! Ils se sont rendus sans condition à la 8e armée britannique. Et qu'ont fait les Anglais ? Ils ont permis aux citoyens de continuer à vivre leur vie comme à l'accoutumée. Ils ont même laissé la police et les fonctionnaires en place. Ils n'ont entrepris qu'une seule chose de manière systématique : débarrasser la grande ville coloniale italienne de tout chef barbare. La superpuissance, irrésistible et capable de tout anéantir, s'approche de tous côtés avec une certitude absolue. Hitler est moins susceptible que Paulus de capituler, car il ne pourra pas s'échapper. Et vous, serez-vous trompés comme les 200 000 qui ont défendu Stalingrad, une cause désespérée, pour être

19. Ce projet de septième tract (vraisemblablement écrit après l'intervention à la radio du président Roosevelt annonçant le 12 février l'accord des Alliés, à la conférence de Casablanca, pour exiger la « reddition inconditionnelle » de l'Allemagne) ne fut jamais achevé, et il ne fut pas distribué. Lorsque Hans et Sophie Scholl furent arrêtés par la Gestapo, le matin du 18 février 1943, Hans avait dans sa poche un brouillon de ce tract, qu'il déchira en morceaux dans l'espoir de détruire des preuves qui l'incrimineraient. Interrogé par la Gestapo, Hans prétendit que le tract lui avait été remis par un étudiant inconnu dans la foule. Mais la Gestapo découvrit que l'écriture de ce manuscrit correspondait à celle d'un texte de Christoph Probst trouvé dans l'appartement de Hans, et il fut immédiatement arrêté. Pendant le week-end, la Gestapo reconstitua le manuscrit et, la veille de l'exécution de Christoph, les agents lui montrèrent le tract soigneusement transcrit, en lui demandant de confirmer ce qu'ils avaient reconstitué et de combler les éventuelles lacunes. La transcription de la Gestapo, avec les ajouts de Christoph, fut découverte dans les archives d'Allemagne de l'Est après la chute du mur de Berlin, et elle fut publiée pour la première fois intégralement dans l'édition originale (en anglais) du livre que vous tenez entre les mains.

massacrés, stérilisés ou privés de vos enfants ? Roosevelt, l'homme le plus puissant du monde, a déclaré à Casablanca le 24 janvier 1943 : « Notre guerre d'extermination n'est pas dirigée contre les gens, mais contre les systèmes politiques. » Nous nous battrons également pour une capitulation sans condition. Il sera peut-être nécessaire de réfléchir davantage avant qu'une décision ne soit prise. Il s'agit de la vie de millions de personnes. L'Allemagne connaîtra-t-elle le même sort que Tripoli ?

Aujourd'hui, l'Allemagne est complètement encerclée, tout comme l'était Stalingrad. Tous les Allemands seront-ils sacrifiés aux forces de la haine et de la destruction ? Sacrifiés à l'homme qui a persécuté les juifs, qui a éradiqué la moitié des Polonais, qui a voulu anéantir la Russie ? Sacrifiés à l'homme qui vous a privés de liberté, de paix, de bonheur domestique, d'espoir et de joie, et qui, à la place, vous a donné une inflation galopante ? Cela n'arrivera pas, cela ne doit pas arriver ! Hitler et son régime doivent tomber pour que l'Allemagne puisse vivre. Décidez-vous : Stalingrad et la défaite, ou Tripoli et un avenir plein d'espoir ? Et une fois que vous aurez pris votre décision : agissez !

La ronéo à manivelle utilisée pour reproduire les tracts.

Annexe II
Personnes liées à la Rose blanche qui passèrent en procès

Premier procès
22 février 1943, Munich

Christoph Probst
Hans Scholl
Sophie Scholl

Deuxième procès
19 avril 1943, Munich

Helmut Bauer
Heinrich Bollinger
Willi Graf
Eugen Grimminger
Heinrich Guter
Falk Harnack
Hans Hirzel
Susanne Hirzel
Kurt Huber
Traute Lafrenz
Franz Josef Müller
Gisela Schertling
Alexander Schmorell
Katharina Schüddekopf

Troisième procès
13 juillet 1943, Munich

Harald Dohrn
Manfred Eickemeyer
Wilhelm Geyer
Josef Söhngen

Quatrième procès
3 avril 1944, Sarrebruck

Willi Bollinger

Cinquième procès
13 octobre 1944, Donauwörth

Lieselotte Dreyfeldt
Wolfgang Erlenbach
Valentin Freise
Marie-Luise Jahn
Hans Liepelt
Hedwig Schulz
Franz Treppesch

Annexe III
L'acte d'accusation de Hans Scholl, Sophie Scholl et Christoph Probst, le 21 février 1943 (rédigé à Berlin)

Le procureur général du Reich au tribunal du peuple

Acte d'accusation

1. *Hans Fritz Scholl*, de Munich, né le 22 septembre 1918 à Ingersheim, célibataire, sans antécédents judiciaires, placé en détention provisoire le 18 février 1943 ;

2. *Sophia Magdalena Scholl*, de Munich, née le 9 mai 1921 à Forchtenberg, célibataire, sans antécédents judiciaires, placée en détention provisoire le 18 février 1943 ; et

3. *Christoph Hermann Probst*, d'Aldrans bei Innsbruck, né le 6 novembre 1919 à Murnau, marié, sans antécédents judiciaires, placé en détention provisoire le 20 février 1943 ;

tous actuellement détenus dans la prison du quartier général de la police d'État (Gestapo), Munich ;

tous actuellement non représentés par un avocat ;

sont accusés :

d'avoir commis ensemble, à Munich, Augsbourg, Salzbourg, Vienne, Stuttgart et Linz en 1942 et 1943, les actes suivants :

I. Tentative de haute trahison, à savoir de changer la constitution du Reich par la force, et d'avoir agi dans l'intention :

1. d'organiser une conspiration pour la préparation de la haute trahison,

2. de rendre les forces armées inaptes à l'accomplissement de leur devoir de protection du Reich allemand contre les attaques intérieures et extérieures,

3. d'influencer les masses par la préparation et la distribution d'écrits ; et

II. Tentative, dans la zone intérieure du Reich et en temps de guerre, d'aider l'ennemi contre le Reich, en portant atteinte au potentiel de guerre du Reich ; et

III. Tentative visant à affaiblir gravement la volonté du peuple allemand de prendre des mesures en vue de sa défense et de son autodétermination.

Crimes selon les paragr. 80, section 2 ; paragr. 83, sections 2 et 3, n°s 1, 2, 3 ; paragr. 91b, 47, 73 du Code pénal du Reich (StGB), et du paragr. 5 du décret pénal spécial sur la guerre.

Au cours de l'été 1942 et en janvier et février 1943, l'accusé Hans *Scholl* a préparé et distribué des tracts exigeant un règlement de comptes avec le national-socialisme, une rupture avec le « gangstérisme » national-socialiste, ainsi que la résistance passive et le sabotage. En outre, à Munich, il peint sur les murs le slogan diffamatoire « À bas Hitler » et des svastikas barrés. L'accusée Sophia *Scholl* a participé à la préparation et à la distribution du matériel séditieux. L'accusé *Probst* a rédigé la première version d'un tract.

I

Résumé des conclusions de l'enquête

1. Jusqu'en 1930, le père des accusés Hans et Sophia Scholl était maire de Forchtenberg. Plus tard, il a été consultant économique à Ulm, sur le Danube. Les accusés Scholl ont deux sœurs et un frère, qui sert actuellement sous les drapeaux. Hans Scholl, son frère Werner et sa sœur Inge ont déjà été accusés par la direction de la police du Reich à Stuttgart d'avoir participé à un complot, ce qui a conduit à l'arrestation temporaire des personnes susmentionnées. Hans Scholl a fréquenté le lycée local et s'est engagé dans l'armée en 1937. En 1939, il a commencé ses études de médecine, qu'il a poursuivies pendant son service actif dans l'armée en avril 1941. Sa dernière affectation était à la compagnie d'étudiants de Munich, où il a servi avec le grade de sergent. Il a payé ses frais de scolarité avec sa solde et une allocation de son père. En 1933, Scholl a adhéré au *Hitler Jungvolk* et il a ensuite été transféré aux Jeunesses hitlériennes.

2. L'accusée Sophia Scholl a d'abord travaillé comme institutrice dans une maternelle et, depuis l'été 1942, elle étudie les sciences et la philosophie à l'université de Munich. Jusqu'en 1941, elle a appartenu à la *Bund deutscher Mädel*, où elle a occupé le poste de chef de groupe.

3. L'accusé Probst a fréquenté le lycée de Nuremberg et, après avoir terminé son service militaire, s'est engagé comme volontaire dans l'armée. Il a ensuite entamé des études de médecine et, en dernier lieu, il a appartenu à la compagnie d'étudiants d'Innsbruck avec le grade de sergent dans le service médical.

II

Au cours de l'été 1942, les « tracts de la Rose blanche » ont été distribués par la poste. Ces pamphlets séditieux contiennent des attaques contre le national-socialisme et plus particulièrement ses politiques politico-culturelles ; en outre, ils contiennent des déclarations concernant les prétendues atrocités du national-socialisme, à savoir le prétendu meurtre des juifs et la prétendue déportation forcée des Polonais. En outre, les tracts comportent un appel à « entraver le bon fonctionnement de la machine de guerre athée par une résistance passive, avant qu'il ne soit trop tard et avant que les dernières villes allemandes, comme Cologne, ne deviennent des monceaux de ruines et que la jeunesse allemande n'ait été saignée à mort pour "l'hybris d'un sous-homme" ». Selon le tract n° 2, une vague d'agitation doit se répandre dans le pays. Si « c'est dans l'air », si beaucoup participent, alors dans un grand effort final on peut se débarrasser de ce système. En finir avec la terreur, dit le tract, est préférable à une terreur sans fin. Dans le tract n° 3 est développée l'idée que l'intention et le but de la résistance passive sont d'abattre le national-socialisme. Dans cette lutte, il ne faut pas hésiter à prendre n'importe quelle mesure, à entreprendre n'importe quelle action si nécessaire. Le national-socialisme doit être attaqué en tout lieu, partout où il est vulnérable. Plutôt que la victoire militaire, le premier souci de chaque Allemand devrait être la défaite du national-socialisme. Tout opposant convaincu au national-socialisme doit donc se demander comment il peut lutter le plus efficacement possible contre l'« État » actuel et lui porter les coups les plus significatifs. À cette fin, il est impératif de saboter les usines d'armement et l'industrie de guerre, d'entraver le bon fonctionnement de la machine de guerre et de saboter toutes les fonctions national-socialistes, ainsi que tous les domaines de la vie scientifique et intellectuelle. Au total, quatre de ces tracts ont été distribués à Munich à l'époque.

En janvier et février 1943, deux nouveaux tracts séditieux ont été distribués au hasard, par la poste. L'un d'eux porte le titre « Tracts du mouvement de résistance en Allemagne » et l'autre « Camarades de lutte » ou « Étudiants allemands ». Le premier tract indique que la guerre approche d'une fin sûre et certaine. Cependant, le gouvernement allemand tente d'attirer toute l'attention sur la menace sous-marine montante, tandis qu'à l'Est les armées reculent sans cesse, qu'à l'Ouest on attend l'invasion, et que l'armement de l'Amérique dépasserait tout ce que l'histoire a pu connaître jusqu'à présent. Hitler (dit le tract) ne peut pas gagner la guerre, il ne peut que la prolonger. Les Allemands, qui ont suivi aveuglément leurs séducteurs jusqu'à la ruine, devraient maintenant se dissocier de la sous-humanité national-socialiste et démontrer par leurs actes qu'ils ne sont pas d'accord. La propagande national-socialiste, qui a terrorisé le peuple en entretenant la peur du bolchevisme, ne doit pas être prise au sérieux et les gens auraient tort de croire que l'avenir de l'Allemagne dépend de la victoire du national-socialisme, pour le meilleur et pour le pire.

Le deuxième tract, qui fait référence à la bataille de la 6e armée à Stalingrad, déclare que le peuple allemand est en plein doute et que la question se pose de savoir si le destin de nos armées doit être confié à un dilettante. La rupture de la terreur national-socialiste, espère le tract, sera l'œuvre des étudiants – vers lesquels le peuple allemand se tourne pour être guidé et qui atteindront leur but grâce à la puissance de l'intellect.

III

1. L'accusé Hans Scholl a longuement réfléchi à la situation politique. Il est arrivé à la conclusion qu'en 1918, et après la prise du pouvoir par les nationaux-socialistes en 1933, ce ne sont pas les masses allemandes mais plutôt les intellectuels qui ont échoué politiquement. C'est la seule explication, selon lui, au fait que des mouvements de masse aux slogans simplistes ont réussi à noyer toute pensée rationnelle. En conséquence, il a jugé de son devoir de rappeler aux intellectuels et aux professions libérales leurs obligations politiques, dont l'une était de lutter contre le national-socialisme. Il a donc décidé de préparer et de distribuer des tracts destinés à transmettre ses idées aux masses populaires. Il a acheté une ronéo et, avec l'aide d'un ami, Alexander *Schmorell*, avec qui il a souvent discuté de ses opinions politiques, il s'est procuré une machine à

écrire. Il a alors rédigé le premier tract de la « Rose blanche » et affirme avoir préparé à lui seul une centaine d'exemplaires et les avoir postés à des adresses choisies dans l'annuaire téléphonique de Munich. Il a sélectionné des personnes appartenant notamment aux milieux universitaires, mais aussi des restaurateurs qui, espérait-il, diffuseraient de bouche à oreille le contenu des tracts. Par la suite, il a préparé trois autres tracts de la « Rose blanche », également rédigés par ses soins. Le contenu de ces tracts est reproduit ci-dessus, dans la partie II de l'acte d'accusation. Là encore, ces tracts ont été distribués par courrier.

Il a été empêché de publier de nouveaux tracts par son affectation au service actif sur le front de l'Est, en juillet 1942. Il affirme avoir payé lui-même en partie le matériel utilisé pour la préparation des tracts ; une partie des fonds lui a été donnée, selon lui, par son ami Schmorell.

Le nom « La Rose blanche », selon les déclarations de l'accusé Hans Scholl, a été choisi arbitrairement, et il vient du titre d'un roman espagnol. L'accusé affirme qu'au début, il n'avait pas prévu d'organisation ; ce n'est que plus tard, au début 1943, qu'il a élaboré le plan d'une organisation destinée à propager ses idées. Il affirme qu'il n'a pas encore tenté de réunir un groupe de personnes partageant ses idées.

Au début de l'année 1943, l'accusé Hans Scholl, qui avait entretemps été libéré du service actif pour reprendre ses études à l'université de Munich, est arrivé à la conclusion, comme il le raconte, qu'il n'y avait qu'un seul moyen de sauver l'Europe : abréger la guerre. Pour diffuser cette idée, il a rédigé deux autres tracts, tirés à environ 7 000 exemplaires et portant les titres mentionnés dans la deuxième section de l'acte d'accusation, ci-dessus. Il en a dispersé environ 5 000 exemplaires dans le centre de Munich et envoyé de nombreux autres par la poste. À la fin du mois de janvier, il s'est rendu à Salzbourg et a posté, à partir du bureau de poste de la gare, entre 100 et 150 lettres contenant les tracts qu'il avait préparés. En outre, environ 1 500 de ces documents séditieux sont distribués par la poste à Linz et à Vienne par Schmorell, qui s'est rendu dans ces villes à la demande de Scholl. Scholl a contribué à payer les billets de train. Enfin, Scholl a demandé à sa sœur Sophia d'apporter environ 1 000 lettres contenant des tracts séditieux à Augsbourg et à Stuttgart, où elle les a postées. Après avoir appris les revers de nos troupes à l'Est, Hans Scholl a préparé un nouveau tract, dans lequel il reproduit le texte du tract destiné aux étudiants, sous un nouveau titre. Il en a envoyé plusieurs centaines par la poste. Les adresses ont été tirées de l'annuaire de l'université de Munich. Le 18 février 1943, Scholl et sa sœur ont dispersé d'autres documents séditieux. À cette occasion, il a été aperçu par le témoin *Schmid* et placé en état d'arrestation.

Au début de l'année 1943, l'accusé Hans Scholl a demandé à son ami l'accusé Probst (avec lequel il échangeait depuis longtemps sur la situation politique), de rédiger ses idées sur les développements politiques actuels. Probst lui a alors envoyé un projet, qui devait sans aucun doute être reproduit et distribué, bien qu'il n'ait pas eu le temps de le faire. Ce projet a été retrouvé dans la poche de Scholl au moment de son arrestation. Fin janvier 1943, l'accusé Hans Scholl, sur la suggestion de Schmorell, a décidé de faire de la propagande en peignant des slogans diffamatoires sur les murs. Schmorell lui a préparé un pochoir avec le texte « À bas Hitler » et un svastika barré, et il lui a fourni de la peinture et un pinceau. Au début du mois de février 1943, Hans Scholl et Schmorell ont peint ces slogans au goudron sur plusieurs maisons de Munich, sur les colonnes de l'université, sur les bâtiments du Théâtre national et du ministère de l'Économie, sur le théâtre Schauspielhaus et ailleurs.

2. Dès l'été 1942, l'accusée Sophia *Scholl* a pris part à des discussions politiques au cours desquelles son frère Hans Scholl et elle sont arrivés à la conclusion que l'Allemagne avait perdu la guerre. Elle partageait donc avec son frère l'opinion selon laquelle il fallait mener une action contre la guerre par le biais de tracts. Elle affirme ne pas se rappeler qui, d'elle ou son frère, a eu l'idée de préparer des tracts. Elle affirme qu'elle n'a pas participé à la préparation et à la

distribution des tracts intitulés « La Rose blanche » et qu'elle n'en a eu connaissance que lorsqu'un ami lui en a montré un exemplaire. En revanche, elle reconnaît avoir participé à la préparation et à la distribution des tracts en 1943. Elle a rédigé avec son frère le texte séditieux des « Tracts de la Résistance en Allemagne ». En outre, elle a participé à l'achat de papier, d'enveloppes et de carbones, et elle a activement participé, avec son frère, à la préparation des copies de ce tract. Elle a également aidé son frère à écrire les adresses des destinataires. En outre, à la demande de son frère, elle s'est rendue en train express à Augsbourg et à Stuttgart où elle a déposé les enveloppes dans diverses boîtes aux lettres, et elle a participé à la distribution des tracts à Munich en les déposant dans des cabines téléphoniques et sur des voitures en stationnement.

L'accusée Sophia Scholl a également été impliquée dans la préparation et la distribution des tracts destinés aux étudiants. Elle a accompagné son frère à l'université, a été aperçue en train de disperser les tracts et a été arrêtée lorsqu'il a été placé en garde à vue.

L'accusée Sophia Scholl n'a pas participé aux dégradations des bâtiments, mais lorsqu'elle en a eu connaissance, elle a proposé d'aider à l'avenir. Elle a même dit à son frère que ce serait une bonne couverture d'avoir une femme avec eux.

L'accusée Sophia Scholl savait que son frère dépensait des sommes considérables pour préparer les documents séditieux. En fait, elle s'occupait des finances de son frère, qui se souciait peu des questions d'argent ; elle tenait des registres financiers et lui remettait les sommes dont il avait besoin pour ses activités.

3. L'accusé *Probst*, qui était souvent en compagnie du frère et de la sœur Scholl et qui partageait leurs idées, a rédigé, à la demande de l'accusé Hans Scholl, le projet susmentionné formulant sa compréhension de la situation politique. Il affirme certes qu'il ne savait pas que Scholl avait l'intention d'utiliser ce projet pour un tract, mais il admet qu'il était conscient qu'il pouvait être utilisé à des fins de propagande illégale.

IV

Dans l'ensemble, les accusés étaient prêts à admettre leurs actes.

Témoignages et preuves

I. Les déclarations des accusés dans les volumes supplémentaires I-III ;

II. Le juge du praesidium de police de Munich : H 9 R ;

III. Les témoins :

1. gardien Jakob Schmid, Munich, Türkenstrasse 33/I,

et

2. responsables de la police pas encore nommés ;

IV. Preuves :

1. les machines à écrire, la ronéo, les originaux, la peinture et les pinceaux confisqués ;

2. les tracts et les photographies figurant dans le volume de pièces à conviction en annexe.

Avec l'accord du chef d'état-major du commandement suprême des forces armées et du ministre de la Justice du Reich, l'affaire est transférée au tribunal du peuple pour action et décision.

Annexe IV
Transcription des sentences de Hans Scholl, Sophie Scholl et de Christoph Probst

Le 22 février 1943
Transcript I H 47/43

Au nom du peuple allemand

Dans le procès intenté à l'encontre de

1. *Hans* Fritz *Scholl*, de Munich, né à Ingersheim le 22 septembre 1918,
2. *Sophia* Magdalena *Scholl*, de Munich, née à Forchtenberg le 9 mai 1921, et
3. *Christoph* Hermann *Probst*, d'Aldrans bei Innsbruck, né à Murnau le 6 novembre 1919, actuellement détenus pour les besoins d'une enquête concernant l'assistance à l'ennemi, la préparation d'une action de haute trahison et une atteinte à la sécurité de la nation,

le tribunal du peuple, première chambre, suite au procès tenu le 22 février 1943 devant les juges suivants :

Le président du tribunal du peuple, Dr Freisler, président,
Le directeur de la magistrature régionale (bavaroise), Stier,
L'officier SS Breithaupt,
L'officier SA Bunge,
Le secrétaire d'État et officier SA Köglmaier, et
représentant le procureur général auprès de la Cour suprême du Reich, le procureur du Reich Weyersberg,

jugent :

que les accusés ont, par des tracts, en temps de guerre, appelé au sabotage de l'effort de guerre et des armements et au renversement du mode de vie national-socialiste de notre peuple, ont propagé des idées défaitistes et ont diffamé le Führer de la façon la plus vulgaire, aidant ainsi l'ennemi du Reich et affaiblissant la sécurité de la nation.

À ce titre, ils seront punis par

la mort.

Ils sont déchus à jamais de leur honneur et de leurs droits de citoyens.

Exposé des motifs

L'accusé Hans Scholl est étudiant en médecine depuis le printemps 1939 et, grâce à la sollicitude du gouvernement national-socialiste, il a entamé son huitième semestre d'études. Entre-temps, il a effectué un service temporaire dans un hôpital de campagne lors de la campagne de France et, de juillet à novembre 1942, sur le front de l'Est en tant qu'auxiliaire médical.

En tant qu'étudiant, il est tenu par le devoir de rendre un service exemplaire à la cause commune. En sa qualité de soldat – affecté aux études médicales –, il a un devoir particulier de loyauté envers le Führer. Ce devoir et l'aide qui lui a expressément été accordée par le Reich ne l'ont pas dissuadé, dans la première moitié de l'été 1942, de rédiger, reproduire et distribuer les tracts de la « Rose blanche ». Ces tracts défaitistes prédisent la défaite de l'Allemagne et appellent à la résistance passive sous forme de sabotage dans les industries de guerre et de sabotage en général, afin que le peuple allemand soit privé du mode de vie national-socialiste et donc de son gouvernement.

Tout cela parce qu'il imaginait que ce n'était qu'ainsi que le peuple allemand pourrait survivre à la fin de la guerre !

À son retour de Russie, en novembre 1942, Scholl a demandé à son ami, l'accusé Probst, de lui fournir un article qui ouvrirait les yeux du peuple allemand ! Probst a effectivement fourni à Scholl un projet de tract, comme demandé, à la fin du mois de janvier 1943.

Lors de conversations avec sa sœur Sophia, ils ont décidé de faire de la propagande sous la forme d'une campagne de tracts contre la guerre et en faveur de la collaboration avec les ennemis ploutocratiques du national-socialisme. Le frère et la sœur, qui logeaient dans la pension, ont collaboré à la rédaction d'un tract intitulé « À tous les Allemands ». Ils y prédisent la défaite de l'Allemagne, appellent à une guerre de libération contre le « gangstérisme national-socialiste » et réclament l'instauration d'une démocratie libérale. En outre, ils ont rédigé un tract intitulé « Étudiants allemands » (dans des versions ultérieures, « Compagnons de lutte dans la résistance »), dans lequel ils appellent à la lutte contre le parti. Ils écrivent que l'heure des comptes a sonné et osent comparer leur appel au combat contre le Führer et le mode de vie national-socialiste à la guerre de libération contre Napoléon (1813). En référence à leur projet, ils ont cité le chant militaire « Debout, debout, mon peuple, que la fumée et la flamme soient notre signe ! »

Les accusés Scholl, en partie avec l'aide de l'accusé Schmorell, ont reproduit les tracts et, d'un commun accord, les ont distribués comme suit :

1. Schmorell s'est rendu à Salzbourg, Linz et Vienne et a posté 200, 200 et 1 200 tracts destinés à ces villes ; de Vienne, 400 tracts supplémentaires ont été envoyés à Francfort-sur-le-Main.

2. Sophia Scholl a posté 200 tracts à Augsbourg et, une autre fois, 600 à Stuttgart.

3. Hans Scholl, avec l'aide de Schmorell, a dispersé des milliers de tracts dans les rues de Munich pendant la nuit.

4. Le 18 février, les Scholl ont déposé 1 500 à 1 800 exemplaires en liasses à l'université de Munich, et Sophia Scholl en a dispersé un grand nombre depuis le troisième étage dans la cour couverte du bâtiment.

Hans Scholl et Schmorell ont également, dans les nuits du 8 août 1942 et du 14 février 1943, dégradé des murs dans de nombreux endroits de Munich, et en particulier à l'université, avec les mots « À bas Hitler », « Hitler le massacreur » et « Liberté ». Après le premier incident, Sophia Scholl a pris connaissance de cette action, l'a approuvée et a demandé – en vain – à ce qu'il lui soit permis d'aider à l'avenir !

Les frais, soit environ 1 000 marks, ont été couverts par les accusés eux-mêmes.

Probst a également commencé ses études de médecine au printemps 1939 et il en est maintenant à son huitième semestre, en tant que soldat en service étudiant. Il est marié et père de trois enfants âgés respectivement de 2 ans et demi, 1 an et 3 mois, et 4 semaines. C'est un « homme apolitique » – donc pas un homme du tout ! Ni la sollicitude du Reich national-socialiste pour sa formation professionnelle, ni le fait que seule la politique démographique national-socialiste lui a permis d'avoir une famille, ne l'ont empêché d'écrire, sur l'ordre de Scholl, dans un lâche défaitisme, un « manuscrit » qui profite de la lutte héroïque de Stalingrad pour diffamer le Führer comme une « fausse valeur militaire » et qui, passant ensuite à l'exhortation, appelle à l'opposition au national-socialisme et à l'action qui conduirait, comme il le prétend, à une capitulation honorable. À l'appui des promesses de ce tract, il cite – Roosevelt ! Et ses connaissances sur ces questions, il les a acquises en écoutant des émissions britanniques !

Tous les accusés ont reconnu les faits exposés ci-dessus. Probst invoque comme excuse son « extrême dépression » au moment où il a rédigé le tract, une dépression qui, selon lui, est due à Stalingrad et à la maladie de sa femme après son accouchement. Mais de telles explications n'excusent pas une réaction *d'une telle ampleur*.

Quiconque a commis, comme les trois accusés, des actes de haute trahison, affaiblissant le front intérieur et donc, en temps de guerre, la sécurité de la nation, et qui, par là même, a aidé l'ennemi (article 5 du décret spécial sur la guerre et article 91b du Code pénal), brandit le poignard pour poignarder dans le dos les hommes du front ! Cela s'applique également à Probst, même s'il prétend que son manuscrit n'était pas destiné à être utilisé comme tract – puisque son ton et son style prouvent le contraire. Quiconque agit de la sorte – et particulièrement en ce moment où nous devons resserrer les rangs – tente de provoquer la première brèche dans l'unité du front de bataille. Et ce sont des étudiants allemands, dont l'honneur traditionnel a toujours appelé au sacrifice de soi pour le *Volk* et la patrie, qui ont agi ainsi !

Si un tel acte devait être puni autrement que par la mort, nous forgerions les premiers maillons d'une chaîne qui – à une époque antérieure – a conduit à 1918. C'est pourquoi, pour la protection du *Volk* et du Reich en guerre, le tribunal du peuple n'a trouvé qu'un seul juste châtiment : la mort. Le tribunal populaire sait qu'il est en plein accord avec nos soldats dans cette décision.

Par leur trahison envers notre *Volk*, les accusés ont perdu à jamais leur citoyenneté.

En tant que criminels reconnus coupables, les accusés devront payer les frais de justice.

Stier

Dr Freisler (signature)

Copie certifiée conforme, Landesarchiv Berlin
Berlin-Charlottenburg
22 décembre 1960
(sceau)
(signature illisible)

Annexe V
Article du *Münchner Neueste Nachrichten* annonçant la condamnation et l'exécution de Hans Scholl, Sophie Scholl et de Christoph Probst

22 février 1943

Condamnations à mort

Pour préparatifs de trahison

Le 22 février 1943, le tribunal du peuple, réuni dans la chambre de la cour d'assises du palais de justice, a condamné à mort (avec perte des droits et privilèges de la citoyenneté) les personnes suivantes : Hans Scholl, 24 ans, et Sophia Scholl, 21 ans, tous deux de Munich, et Christoph Probst, 23 ans, d'Aldrans bei Innsbruck, pour des actes de trahison et d'aide à l'ennemi. La sentence a été exécutée le jour même.

Les condamnés, des marginaux, ont commis sans vergogne des offenses à la sécurité de la nation et à la volonté de combattre du *Volk* allemand en dégradant des maisons avec des slogans attaquant l'État et en distribuant des tracts écrits dans un esprit de trahison. En cette période de lutte héroïque du peuple allemand, ces criminels méprisables ont mérité une mort rapide et déshonorante.

Annexe VI
Article du *Völkischer Beobachter*, édition de Munich, annonçant la condamnation d'Alexander Schmorell, Kurt Huber, Wilhelm Graf, et d'autres personnes

21 avril 1943

Juste châtiment des traîtres à la nation en guerre

Le tribunal du peuple du Reich allemand, siégeant à Munich, a jugé un certain nombre d'accusés impliqués dans la haute trahison des frère et sœur Scholl condamnés le 22 février 1943.

En 1942-1943, à une époque où notre peuple était engagé dans une lutte ardue, Alexander Schmorell, Kurt Huber et Wilhelm Graf de Munich ont collaboré avec les Scholl en appelant au sabotage de nos usines de guerre et en diffusant des idées défaitistes. Ils ont aidé l'ennemi du Reich et tenté d'affaiblir notre sécurité. Par la violence de leurs attaques contre la communauté du peuple allemand, ces accusés se sont volontairement exclus de cette communauté et ont été punis de *mort*. Ils ont perdu à jamais leurs droits de citoyens.

Eugen Grimminger, de Stuttgart, a fourni des fonds pour soutenir cette action, même s'il n'en connaissait pas tous les détails. La Cour n'a pas pu établir qu'il ait consciemment aidé l'ennemi du Reich. En outre, il a apporté une aide considérable à ses employés qui servaient dans les forces armées, tout en étant conscient que l'argent pouvait être utilisé à des fins préjudiciables à l'État. Il a été condamné à dix ans de prison. Heinrich Bollinger et Helmut Bauer, de Fribourg, avaient connaissance des actes de trahison des accusés susmentionnés, mais ne les ont pas signalés, en dépit du fait qu'ils sont des adultes, majeurs, et en violation de l'obligation de tout Allemand de signaler de tels projets. En outre, ils ont écouté des émissions de l'ennemi. Ils ont été condamnés à sept ans de prison et ont perdu leur honneur de citoyen pour la même durée.

Hans Hirzel et Franz Müller d'Ulm, mineurs, ont aidé à la distribution des tracts de trahison. En raison de leur âge, ils ont été condamnés à cinq ans de prison.

L'accusé Heinrich Guter, d'Ulm, également mineur, qui avait connaissance des actes de trahison mais ne les a pas signalés, a été condamné à dix-huit mois d'emprisonnement. Trois jeunes filles, coupables du même acte, ont été condamnées à un an de prison.

Une autre accusée, qui a participé à la distribution des tracts sans en connaître le contenu, a été condamnée à une peine de six mois de prison pour avoir manqué à son obligation de s'informer du contenu des tracts.

Annexe VII
Extrait de l'émission radiophonique *Deutsche Hörer* (« Auditeurs allemands ») de Thomas Mann

27 juin 1943

Je vous le dis : respectez les peuples d'Europe ! Permettez-moi d'ajouter, même si cela peut paraître étrange à beaucoup d'entre vous qui nous écoutez, respectez le peuple allemand et faites preuve de compassion à son égard ! On soutient parfois passionnément, dans les pays alliés, qu'il est impossible de faire la distinction entre le *Volk* allemand et le nazisme : être allemand et national-socialiste serait une seule et même chose. Mais cette idée ne tient pas et elle ne prévaudra pas. Trop de faits témoignent du contraire. L'Allemagne a mis en place ses défenses et continue à résister, exactement comme les autres nations. [...]

Le monde entier s'est ému des événements survenus récemment à l'université de Munich, dont nous avons été informés par les journaux suisses et suédois : de simples rumeurs d'abord, puis des faits précis qui suscitent une admiration de plus en plus vive. Nous connaissons maintenant Hans Scholl, survivant de la bataille de Stalingrad, et sa sœur. Nous connaissons Probst, le professeur Huber et tous les autres ; nous avons appris la manifestation des étudiants, à Pâques, contre le discours obscène d'un gros bonnet nazi dans l'auditorium ; nous savons qu'ils ont subi le martyre ; nous connaissons le tract qu'ils avaient distribué, et ses mots compensent largement les nombreux péchés contre l'esprit allemand de la liberté qui ont été commis dans les universités allemandes, dans ces tristes années. Oui, l'adhésion de la jeunesse allemande, de la jeunesse en particulier, à la révolution mensongère du national-socialisme fut une bien triste chose. Mais à présent, leurs yeux sont ouverts et ils mettent leurs jeunes têtes sur le billot, mourant pour avoir compris, et pour l'honneur de l'Allemagne. Ils vont à la mort après avoir dit en face au président du tribunal : « Bientôt, vous vous tiendrez ici, où je me tiens maintenant », et après avoir témoigné, la mort en face, qu'une nouvelle foi dans la liberté et l'honneur est en train de naître.

Jeunes gens, magnifiques jeunes gens ! Vous n'êtes pas morts en vain : nous ne vous oublierons pas. Les nazis ont élevé des monuments à des voyous indécents et à de vulgaires assassins, mais la révolution allemande, la vraie, les démolira et, à leur place, elle rendra hommage à ceux qui, à l'époque où l'Allemagne et l'Europe étaient encore noyées dans les ténèbres de la nuit, savaient, et disaient haut et fort, qu'aujourd'hui s'élève une foi nouvelle dans la liberté et dans l'honneur.

Annexe VIII
Tract publié par le Comité national pour une Allemagne libre

Aux forces allemandes combattant sur le front de l'Est :

Abaissez les drapeaux
sur les tombes fraîchement creusées
des combattants allemands de la liberté !

Nous avons appris récemment la terrible nouvelle de l'exécution, fin février, de trois jeunes Allemands, Hans Scholl et sa sœur Sophie, et Christoph Probst.

Tous trois appartenaient à un groupe de nobles et courageux porte-parole de la jeunesse allemande qui refusaient de rester passifs et silencieux devant les terribles souffrances de leur patrie.

Ils étaient étudiants à l'université de Munich. Hans Scholl était revenu quelques mois plus tôt du front de l'Est, pour un congé d'études. Il avait été un soldat courageux et avait reçu l'insigne des blessés, la croix de fer de 2e classe et la médaille du front de l'Est.

Sous la direction de Hans Scholl, les étudiants de Munich ont été les premiers à brandir le drapeau de la liberté. Ils distribuaient des tracts et organisaient d'impressionnantes manifestations

contre la terreur de la Gestapo et la trahison des masses ;

contre la mobilisation totale qui réduit le peuple allemand à la misère totale ;

contre la débauche et le gaspillage des SS, des SA et des gros bonnets hitlériens ;

contre les bellicistes et les prolongateurs de la guerre qui, par leur insatiable appât du gain ou leur fanatisme obstiné, condamnent des millions d'Allemands à mourir ;

contre l'arbitraire systématique du régime d'Hitler, qui vise à la domination du monde et à l'asservissement des peuples, qui a infligé à l'Allemagne les souffrances infinies de la guerre totale, des raids aériens, de la ruine et de la misère ;

contre Hitler, le traître des peuples, le fou, le général autoproclamé qui, par sa chimérique politique de conquête, par son incitation à la haine raciale et par la terreur sanglante qu'il fait régner dans les régions occupées, a suscité la haine des nations contre l'Allemagne ; qui a ruiné et décimé la famille allemande, le paysan allemand et les classes moyennes ; qui a fait en sorte que l'Allemagne soit envahie par des ressortissants étrangers ; qui a écrasé et sapé les fondements de notre existence et stoppé les processus de notre développement.

Tels étaient les slogans des jeunes manifestants à Munich en février 1943.

Les manifestations ont été dispersées par les SS. Plusieurs étudiants ont été arrêtés, brutalement maltraités et traduits devant le tribunal militaire.

On les a traités de « menace et de danger pour le *Volk* allemand » et de « communistes ».

« Je ne suis pas un communiste, je suis un Allemand », a déclaré Hans Scholl devant le tribunal.

Et en tant qu'Allemand, en tant que soldat au front, en tant qu'homme soucieux du sort de sa patrie et de son peuple, ce jeune et courageux combattant de la liberté a défié ses juges.

« Vous pouvez m'exécuter, mais le jour viendra où vous serez jugé. Le peuple, notre patrie allemande, vous jugera ! »

La hache du bourreau hitlérien s'est levée trois fois, et trois fois elle s'est abaissée ; et trois jeunes têtes ont roulé.

Les trois héros sont morts, mais leur esprit, leur amour et leur haine, leur lutte pour la paix et la liberté allemande vivent dans le cœur de centaines de milliers et de millions de jeunes Allemands.

La gloire des braves est éternelle.

Ulm, la ville natale des Scholl, et Munich, où ils ont combattu et sont morts, consacreront un jour des monuments à la reconnaissance et au respect de ces héros.

« L'Allemagne place ses espoirs dans sa jeunesse », a déclaré Scholl dans son dernier discours.

« Comme lors des guerres de libération de 1813-1814, la jeunesse allemande doit à nouveau sauver la patrie du déshonneur de la tyrannie, de la honte, de la misère et de l'exploitation de la guerre », a ajouté sa sœur.

Jeunes Allemands en uniforme ! Écoutez le cri d'alarme lancé par les héros de la liberté depuis le lointain Munich. C'est la voix de votre malheureuse patrie qui s'adresse à vous.

Les ennemis les plus malfaisants et les destructeurs de l'Allemagne se tiennent derrière vous. Oui, ce sont eux qui vous donnent des ordres et vous incitent à une guerre insensée qui nous met tous en péril.

Apprenez la vérité. Identifiez le véritable ennemi !

Vous seuls pouvez sauver notre peuple, notre patrie, de la ruine et de la misère.

Officiers et soldats ! Ne vous laissez pas tromper par des slogans mensongers qui cherchent à vous enflammer. Suivez votre raison, votre conscience et votre amour de la patrie.

Pour une Allemagne libre et pacifique !

Pour la préservation et la sécurité du peuple allemand, de la famille allemande !

Luttez contre la guerre d'Hitler et la terreur d'Himmler !

Luttez contre les profits de guerre de Göring-Krupp et les mensonges de Goebbels-Ley !

Luttez contre l'hostilité entre les nations et la guerre totale ! Mettez fin à la guerre. Faites tomber Hitler !

Jeunesse allemande, réveille-toi !

Annexe IX

La poignante lettre d'adieu de Willi Graf à sa famille, envoyée peu avant son exécution, et datée du 12 octobre 1943

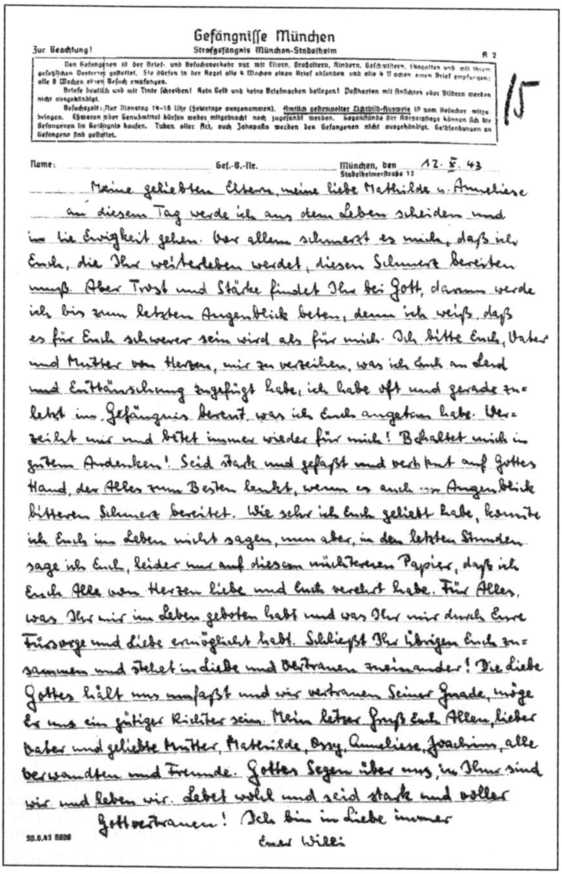

Gefängnisse München

Zur Beachtung! Strafgefängnis München-Stadelheim A 2

15

Name: Gef.-B.-Nr. München, den 12. X. 43
Stadelheimerstraße 12

Meine geliebten Eltern, meine liebe Mathilde u. Anneliese

an diesem Tag werde ich aus dem Leben scheiden und in die Ewigkeit gehen. Vor allem schmerzt es mich, daß ich Euch, die Ihr weiterleben werdet, diesen Schmerz bereiten muß. Aber Trost und Stärke findet Ihr bei Gott, darum werde ich bis zum letzten Augenblick beten, denn ich weiß, daß es für Euch schwerer sein wird als für mich. Ich bitte Euch, Vater und Mutter von Herzen, mir zu verzeihen, was ich Euch an Leid und Enttäuschung zugefügt habe, ich habe oft und gerade zuletzt im Gefängnis bereut, was ich Euch angetan habe. Verzeiht mir und betet immer wieder für mich! Behaltet mich in gutem Andenken! Seid stark und gefaßt und vertraut auf Gottes Hand, der Alles zum Besten lenkt, wenn es auch im Augenblick bitteren Schmerz bereitet. Wie sehr ich Euch geliebt habe, konnte ich Euch im Leben nicht sagen, nun aber, in den letzten Stunden sage ich Euch, leider nur auf diesem nüchternen Papier, daß ich Euch Alle von Herzen liebe und Euch verehrt habe. Für Alles, was Ihr mir im Leben geboten habt und was Ihr mir durch Eure Fürsorge und Liebe ermöglicht habt. Schließt Ihr übrigen Euch zusammen und stehet in Liebe und Vertrauen zueinander! Die Liebe Gottes hält uns umfaßt und wir vertrauen Seiner Gnade, möge Er uns ein gütiger Richter sein. Mein letzer Gruß Euch Allen, lieber Vater und geliebte Mutter, Mathilde, Ossy, Anneliese, Joachim, alle Verwandten und Freunde. Gottes Segen über uns, in Ihm sind wir und leben wir. Lebet wohl und seid stark und voller Gottvertrauen! Ich bin in Liebe immer

Euer Willi

30.6.43 5000

Un extrait : « Je n'ai pas pu vous dire combien je vous ai aimés de mon vivant, mais en ces dernières heures, je vous dis, sur ce papier sec, que je vous ai aimés et respectés de tout mon cœur. »

Sources

Bibliographie

Asgodom, Sabine (éd.), "*Halts Maul—sonst kommst nach Dachau!*": *Frauen und Männer aus der Arbeiterbewegung berichten über Widerstand und Verfolgung unter dem Nationalsozialismus* (« "Fermez-la ou vous finirez à Dachau !" Femmes et hommes du mouvement ouvrier témoignent de la résistance et de la persécution sous le national-socialisme »), Cologne, 1983.

Axelrod, Toby, *In the Camps: Teens Who Survived the Nazi Concentration Camps*, New York, 1999.

Bonhoeffer, Dietrich, *Letters and Papers from Prison*, Londres, 2001 (trad. fr. *Résistance et soumission. Lettres et notes de captivité*, Evergreen, 2006).

Bracher, Karl Dietrich, *The German Dictatorship,* New York, 1970.

Brysac, Shareen Blair, *Resisting Hitler: Mildred Harnack and the Red Orchestra*, Oxford et New York, 2002.

Burden, Hamilton T., *The Nuremberg Party Rallies: 1923-1939,* New York, 1967.

Burleigh, Michael, *The Racial State: Germany 1933-1945*, New York, 1991.

Burleigh, Michael, *The Third Reich: A New History*, New York, 2000.

Campt, Tina, *Other Germans: Black Germans and the Politics of Race, Gender, and Memory in the Third Reich*, Ann Arbor, 2003.

Die deutsche Universität im Dritten Reich: 8 Beiträge (« L'université allemande sous le Troisième Reich : huit contributions »), Munich, 1966.

Donohoe, James, *Hitler's Conservative Opponents in Bavaria, 1930-1945,* Leiden, 1961.

Drobisch, Klaus (éd.), *Wir schweigen nicht!: Eine Dokumentation über den anti-faschistischen Kampf Münchener Studenten, 1942-43* (« Nous ne nous tairons pas ! Documents sur la lutte antifasciste des étudiants de Munich, 1942-1943 »), Berlin Est, 1968.

Dumbach, Annette E., « "Without Love There is No Fatherland": German Youth and the German Resistance: A Neglected Legacy in the Struggle Against Right-Wing Extremism », article présenté dans les Sunday Scholars Series de la Washington Hebrew Congregation, Washington DC, mars 1995.

Focke, Harald, Reimer, Uwe, *Alltag unterm Hakenkreuz: Wie die Nazis das Leben der Deutschen veränderten* (« La vie quotidienne sous le svastika : comment les nazis ont changé la vie des Allemands »), Hambourg, 1979.

Frankenberg, Günter, Müller, Franz J., « Juristische Vergangenheitsbewältigung: Der Volksgerichtshof vorm BGH » (« Le dépassement juridique du passé : le tribunal du peuple devant la Cour suprême de la République fédérale »), *Kritische Justiz,* 16, n° 2, 1983, p. 145-163.

Fürst-Ramdohr, Lilo, *Freundschaften in der Weissen Rose*, Munich, 1995.

Gamm, Hans-Jochen, *Der Braune Kult: Das Dritte Reich und seine Ersatz-religion* (« La religion brune : le Troisième Reich et sa religion de substitution »), Hambourg, 1962.

Giesecke, Hermann, *Vom Wandervögel bis zur Hitlerjugend* (« Du *Wandervögel* aux Jeunesses hitlériennes »), Munich, 1981.

Glaser, Hermann, *Das Dritte Reich: Anspruch und Wirklichkeit* (« Le Troisième Reich : attentes et réalité »), Friburg, 1961.

Green, Martin, *The von Richthofen Sisters,* New York, 1974.

Grunberger, Richard, *The 12-Year Reich: A Social History of Nazi Germany, 1933-1945,* New York, 1971.

Haecker, Theodor, *Journal in the Night,* New York, 1950 (trad. fr. Plon, 1951).

Hassell, Ulrich von, *The Von Hassell Diaries, 1938-1944: The Story of the Forces against Hitler inside Germany,* Garden City, NY, 1947.

Heyer, G. W., *Die Fahne ist mehr als der Tod* (« Le drapeau est plus que la mort »), Munich, 1980.

Hoffmann, Peter, *German Resistance to Hitler*, Harvard, 2005.

Hohoff, Curt, *Woina-Woina: Russisches Tagebuch, 1941-1944* (« Guerre et guerre : un journal russe, 1941-1944 »), Düsseldorf, 1951.

Holler, Eckard, *Hans Scholl zwischen Hitlerjugend und dj.1.11—Die Ulmer Trabanten*, Puls 22, Verlag der Jugendbewegung, Stuttgart, 1999.

Huber, Clara (éd.), *Kurt Huber, zum Gedächtnis: Bildnis eines Menschen, Denker und Forscher, dargestellt von seinen Freunden* (« En souvenir de Kurt Huber, portrait d'un homme, d'un penseur et d'un chercheur, présenté par ses amis »), Regensburg, 1946.

Hirzel, Susanne, *Vom Ja zum Nein: Eine schäbische Jugend, 1933-1945*, Tübingen, 1998.

Insdorf, Annette, *Indelible Shadows: Film and the Holocaust*, Cambridge et New York, 2002.

Jens, Inge (éd.), *At the Heart of the White Rose: Letters and Diaries of Hans and Sophie Scholl*, New York, 1987.

Kardoff, Ursula von, *Berlin: Diary of a Nightmare, 1942-1945*, 1960.

Kirchberger, Günther, *Die Weisse Rose*, Munich, 1980.

Klee, Ernst. *« Euthanasie » im NS-Staat: Die « Vernichtung lebensunwerten Lebens »* (« "Euthanasie" dans l'État national-socialiste :

“extermination de la vie indigne de vivre” »), Francfort-sur-le-Main, 1983.

Klönne, Arno, *Jugendbewegung Jugend im Dritten Reich: Die Hitler-Jugend und ihre Gegner* (« La jeunesse des mouvements de jeunesse sous le Troisième Reich : Les Jeunesses hitlériennes et leurs opposants »), Cologne, 1984.

Knoop-Graf, Anneliese (éd.), *Willi Graf: Briefe und Aufzeichnungen,* Francfort-sur-le-Main, 1988.

Kohn, Hans, *The Mind of Germany,* New York, 1960.

Koch, H. W., *The Rise of Nationalism,* New York, 1962.

Koch, H. W., *Hitler Youth: The Duped Generation,* New York, 1972.

Koch, H. W., *The Hitler Youth: Origin and Development,* New York, 1975.

Köllmayr, Friedrich, *Unser München: Antifaschistischer Stadtführer* (« Notre Munich : un guide antifasciste »), Francfort-sur-le-Main, 1983.

Kulturamt der Reichsjugendführung [Bureau de la culture de la direction de la jeunesse du Reich], *Freude, Zucht, Glaube: Handbuch für die kulturelle Arbeit im Lager* (« Joie, sélection raciale, croyance : manuel pour le travail culturel dans les camps »), Potsdam, 1937.

Leibholz-Bonhoeffer, Sabine, *Vergangen, erlebt, überwunden* (« Choses passées, vécues, surmontées »), Gütersloh, 1976.

Leiser, Erwin, *Nazi Cinema,* New York, 1975.

Leisner, Barbara, *Sophie Scholl: « Ich würde es genauso wiedermachen »*, Munich, 2000.

Lusane, Clarence, *Hitler's Black Victims: The Historical Experiences of Afro-Germans*, Londres, 2002.

Malvezzi, Piero, Pirelli, Giovanni, *Letzte Briefe zum Tode Verurteilter aus dem europäischen Widerstand* (« Dernières lettres des condamnés à mort de la Résistance européenne »), Munich, 1962.

Maschmann, Melitta, *Account Rendered: A Dossier on my Former Self,* Londres, New York, Toronto, 1965.

Matties, Kurt, *Ich hörte die Lerchen singen: Tagebuch aus dem Osten, 1941-1945* (« J'ai entendu le chant des alouettes. Journal de l'Est, 1941-1945 »), Munich, 1956.

Moll, Christiane, « Acts of Resistance: The White Rose in the Light of New Archival Evidence », *in* Michael Geyer et John W. Boyer (éd.), *Resistance Against the Third Reich, 1933-1990*, Chicago, 1992, p. 172-200.

Mosse, George, *Nazi Culture,* New York, 1966.

Mosse, George, *Nationalism and Sexuality*, Madison, 1985.

Müller, Franz (éd.), *The White Rose: The Resistance by Students Against Hitler, Munich, 1942/43*, Fondation de la Rose blanche, Munich, 1991.

Newborn, Jud, « The Ghostly Cries of the White Rose Echo in Germany », *Newsday*, 3 mai 1985.

Newborn, Jud, « Work Makes Free: The Hidden Cultural Meanings of the Holocaust », thèse, Université de Chicago, 1994.

Newborn, Jud, « Will We Carry the White Rose Into the Next Millennium? », *Daily Press*, Virginie, 1999.

Pabst, Helmut, *Der Ruf der aussersten Grenze: Tagebuch eines Frontsoldaten* (« L'appel des grands espaces. Journal d'un soldat de première ligne »), Munich, 1953.

Petry, Christian, *Studenten aufs Schafott: Die Weisse Rose und ihr Scheitern* (« Des étudiants sur l'échafaud : la Rose blanche et son échec »), Munich, 1968.

Peukart, Detlev, *Inside Nazi Germany: Conformity, Opposition and Racism in Everyday Life,* New Haven, 1989.

Preis, Kurt, *München unterm Hakenkreuz* (« Munich sous le svastika »), Munich, 1980.

Reck-Malleczewen, Friedrich Percyval, *Diary of a Man in Despair,* New York, 1945.

Rothfels, Hans, *Die deutsche Opposition gegen Hitler* (« L'opposition allemande contre Hitler »), Francfort-sur-le-Main, 1958.

Scholl, Inge, *The White Rose: Munich 1942-1943,* New York, 1983 (trad. fr. *La Rose blanche. Six Allemands contre le nazisme*, Éditions de Minuit, 1955).

Schüddekopf, Charles (éd.), *Der Alltägliche Faschismus: Frauen im Dritten Reich* (« Le fascisme du quotidien : les femmes sous le Troisième Reich »), Berlin, 1982.

Seydewitz, Max, *Civil Life in Wartime Germany: The Story of the Home Front,* New York, 1945.

Shirer, William L., *The Rise and Fall of the Third Reich,* New York, 1960.

Steinert, Marlis G., *Hitler's War and the Germans: Public Mood and Attitude during the Second World War,* Athens, Ohio, 1977.

Terkel, Studs, *The Good War: An Oral History of World War II,* New York, 1985.

Toller, Ernst, *Eine Jugend in Deutschland* (« Une jeunesse en Allemagne »), Hambourg, 1983 (édition originale en 1933).

Traven, B., *The White Rose,* Westport, 1976 (édition originale Die Weisse Rose, Berlin, 1929), trad. fr. *Rosa Blanca*, La Découverte, 2010.

Université de Munich, *Die Weisse Rose: Studentische Widerstand im Dritten Reich, 1943, Gedenkausstellung Universitätsbibliothek München, 1983* (« La Rose blanche : la résistance étudiante dans le Troisième Reich, 1943. Exposition commémorative à la bibliothèque de l'université de Munich, 1983 »), Munich, 1983.

Verhoeven, Michael, Krebs, Mario, *Der Film « Die Weisse Rose » : Das Drehbuch* (scénario de leur film sur la Rose blanche), Karlsruhe, sans date.

Verhoeven, Michael, Krebs, Mario, *Die Weisse Rose: Der Widerstand Münchener Studenten gegen Hitler. Information zum Film,* Francfort-sur-le-Main, 1982.

Vielhaber, Klaus, Hanisch, Hubert, Knoop-Graf, Anneliese, *Gewalt und Gewissen: Willi Graf und die Weisse Rose. Eine Dokumentation* (« Force et conscience : Willi Graf et la Rose blanche. Documents »), Fribourg, 1964.

Vinke, Hermann, *The Short Life of Sophie Scholl,* New York, 1984.

Weisenborn, Günther, *Der lautlose Aufstand: Bericht über die Widerstands-bewegung des deutschen Volkes, 1933-1945* (« Le soulèvement silencieux : rapport sur le mouvement de résistance du peuple allemand, 1933-1945 »), Hambourg, 1962.

Wünsche, Frederic, Schultz-Jahn, Marie-Luise, Haspa-Schul Service, divers documents, Hambourg, 1999-2002.

Archives consultées

Transcriptions d'interrogatoires de la Gestapo.

Bundesarchiv Potsdam (Archives fédérales, Postdam).

Hauptstaatsarchiv Düsseldorf (Archives centrales de l'État, Düsseldorf).

Staatsarchiv München (Archives d'État, Munich).

Staatsarchiv Ludwigsburg (Archives d'État, Ludwigsburg).

Principaux articles de journaux et magazines

Münchener Abendzeitung, 25 février 1968.

New York Times, 18 avril, 25 avril, 2 août et 21 août 1943.

Stern, février 1968.

Süddeutsche Zeitung, 1er novembre 1946.

Entretiens

Clara Huber.

Birgit Weiss-Huber.

Franz Müller.

Dr Leo Samberger.

Dr et Mme Erich Schmorell.

Katharina Schüddekopf.

Michael Verhoeven.

Déclarations, rapports, souvenirs et lettres de la collection de la Rose blanche, Institut für Zeitgeschichte, Munich

Josef Fürtmeier.

Hubert Furtwängler.

Else Gebel.

Wilhelm Geyer.

Günther Groll.

Lisa Grote.

Heinrich Guter.

Falk Harnack.

Helmut Hartert.

Karl Hepperle.

Traute Lafrenz.

Robert Mohr.

Angelika Probst.

Officier de la Gestapo Rechtsteiner.

Gisela Schertling.

Jakob Schmid.

Inge Scholl.

Herta Siebler Probst.

Josef Söhngen.

Jürgen Wittenstein.

Remerciements

L'histoire de la Rose blanche a toujours exigé un certain degré d'interprétation éclairée. Il ne pouvait en être autrement : ses membres opéraient dans la clandestinité. Mais surtout, leur décision de s'engager dans la résistance n'était pas écrite ; à bien des égards, ils ont transcendé leur époque, leur lieu et leur classe sociale. Le processus par lequel ils se sont réunis, passant ensemble de « l'émigration intérieure » à la résistance active, a été délicat, et il reste à certains égards énigmatique. C'est là que réside le défi pour l'écrivain et l'historien.

Des années de vie en Allemagne nous ont tous deux aidés à comprendre les personnalités et les événements décrits ici, mais rien ne pouvait remplacer les recherches historiques minutieuses sur lesquelles ce livre est fondé. Nous avons interrogé des amis survivants et des parents des membres de la Rose blanche, travaillé avec des sources écrites primaires dans les archives, y compris les procès-verbaux d'interrogatoire de la Gestapo, étudié la littérature secondaire et assisté à des événements officiels commémorant leur action. Il a parfois été nécessaire de faire le tri parmi des témoignages qui pouvaient être contradictoires, et d'évaluer diverses interprétations secondaires, ainsi que de prendre nos propres décisions en matière d'accentuation et de style littéraire ; nous avons fait de notre mieux pour créer un compte rendu que nous espérons responsable et fiable.

Nous souhaitons exprimer notre gratitude à tous ceux qui ont eu la gentillesse d'être interviewés, rouvrant ainsi un chapitre douloureux de leur vie – et un chapitre qui porte son lot de controverses – afin de nous aider à comprendre les actions et les motivations de ceux qui ont résisté à une époque où il fallait un énorme courage pour le faire. L'éclairage de Mme Birgit Weiss-Huber a été particulièrement important pour donner vie aux membres de la Rose blanche. Nous remercions également Anneliese Knoop-Graf de nous avoir fourni des photocopies des brochures originales de la Rose blanche.

Nous souhaitons remercier la Bayerische Staatsbibliothek, et en particulier le Dr Hellmuth Auerbach de l'Institut für Zeitgeschichte de Munich, pour avoir facilité l'utilisation de documents d'archives spéciaux sur la Rose blanche et pour avoir pris le temps de discuter avec nous d'un sujet qui l'intéresse depuis longtemps. L'Institut für Zeitgeschichte a autorisé les auteurs à utiliser des citations tirées des mémoires et des témoignages de première main conservés dans la collection de la Rose blanche de l'Institut, et plus récemment Frau Kaufmann et la Weisse-Rose-Stiftung pour leur coopération dans l'obtention de documents importants.

Nous souhaitons remercier Inge Aicher-Scholl et les éditions Harper & Row, qui nous ont autorisés à citer les lettres et les journaux intimes de Hans et Sophie Scholl ; Anneliese Knoop-Graf et Klaus Vielhaber, qui nous ont autorisés à citer les journaux intimes et les lettres de Willi Graf ; le Dr Michael Probst, pour l'autorisation de citer les lettres de Christoph Probst ; Erich Schmorell, pour l'autorisation de citer les lettres et journaux d'Alex Schmorell ; et Mme Clara Huber et le Dr Birgit Weiss-Huber, pour l'autorisation de citer la lettre d'adieu du professeur Kurt Huber.

Nous nous sommes appuyés sur les travaux des nombreux auteurs qui ont déjà écrit sur la Rose blanche et sur le Troisième Reich en général, notamment ceux de Hamilton T. Burden, Klaus Drobisch, Hubert Hanisch, Richard Hanser, Inge Jens, Günther Kirchberger, Anneliese Knoop-Graf, H. W. Koch, Mario Krebs, Melita Maschmann, Christian Petry, Inge Scholl, Michael Verhoeven, Hermann Vinke et Klaus Vielhaber.

Nous souhaitons également remercier Ingrid Schick et Arthur Thornhill Jr. pour leur foi dans ce projet, ainsi que Robert Berkvist et Ken Emerson du *New York Times* pour leur disponibilité.

De nombreux amis, parents, collègues et professeurs sont à remercier pour leur aide, leur inspiration et leur soutien, notamment Sheila Abrams, Ariela Baranov, le rabbin Moshe Birnbaum, Lenore Brooks, Nelson Chipchin, Horst Conrad, Dan et Nan, Arthur Flug, Rose Gatens, Lillian Gorfinkle, Nick Grillo, Eckard Holler, Ken Kleinberg, Hans Kohn, Robert Morgenthau, Eva Newborn, Ira Newborn et Kym Newborn, et plus particulièrement Susan Peirez, Walter Rennell et Kym Newborn ; Susan Peirez, Walter Renn, Susan Rubinowitz, Barbara Saidel et Liz Smith.

Charlotte Sky, Vic Skolnick et Dylan Skolnick du Cinema Arts Centre de Long Island ont soutenu cette entreprise avec générosité et conviction, reconnaissant dans leur propre mission une parenté avec l'esprit de la Rose blanche. Ruth Silverman partage elle aussi cet esprit ; elle n'a pas compté ses heures ni ses efforts pour nous faire profiter de ses compétences. Quant à Karen Frankel, son soutien est sans prix. Elle use de sa sagesse pour sauver le monde, chaque jour, une personne à la fois.

Et notre plus profonde gratitude va à ceux qui nous sont les plus proches. Annette Dumbach souhaite remercier Julius et Tatiana Chipchin Epstein qui ont fait en sorte que les sons, les odeurs et les voix de la Russie, ainsi que les revendications politiques et historiques, soient l'héritage de leur fille, et plus que tout, son mari, Otto Dumbach, qui a partagé les souvenirs d'une enfance vécue à une époque terrible. Jud Newborn souhaite remercier Solomon et Rita Newborn pour le don de leur foi et de leur amour, et pour avoir montré à leur fils, avec sagesse et compassion, comment vivre les valeurs du judaïsme.

Crédits photographiques

Malgré des recherches approfondies, nous n'avons pas été en mesure d'identifier certains auteurs ou ayants droit de documents reproduits dans l'ouvrage. Si vous êtes l'un de ces titulaires, nous vous remercions de bien vouloir contacter l'éditeur.

Les éditeurs remercient George Jürgen Wittenstein pour la photographie de Hans Scholl, Sophie Scholl et Christoph Probst en page 1, ainsi que pour les photographies en pages 2, 3 et 4. Nous sommes reconnaissants au Musée Mémorial de l'Holocauste des États-Unis qui nous a donné la permission de reproduire le tract de la Rose blanche en page 1 avec l'aimable autorisation de William Kaczynski. Les Archives de la ville de Munich (Stadtarchiv München) nous ont autorisé à reproduire les photographies d'identité judiciaire de Sophie Scholl (DE-1992-FS-PER-S-0008-01), Hans Scholl (DE-1992-FS-PER-S-0007-01), et de Christoph Probst (DE-1992-FS-PER-P-0003-01) en page 6. Nous remercions également les Archives fédérales allemandes de la ville de Berlin (BundesArchives) de nous avoir donné l'autorisation de reproduire les photographies d'identité judiciaire de Willi Graf (BArch, R 3018/18413), Alexander Schmorell (BArch, R 3018/18411), et de Kurt Huber (BArch, R 3018/18412), en page 7. Merci à Ursula Kaufmann, de Die Weiße Rose Stiftung (La Fondation de la Rose blanche) pour la photographie des tracts en bronze en page 8. Le timbre de la page 8 est issu de la collection personnelle de Jud Newborn. La photographie de la lettre de Willi Graf dans l'annexe IX a été gracieusement mise à notre disposition par le Gruppe Willi Graf im Bund Neudeutschlan et Annelise Knop Graf.

Table

Cet ouvrage a été imprimé en utilisant des papiers
composés de fibres naturelles, renouvelables, recyclables
et fabriquées à partir de bois issus de forêts
qui adoptent un système d'aménagement durable.
En outre, les fournisseurs de papier s'inscrivent dans
une démarche de certification environnementale reconnue.

MIXTE
Papier | Pour une gestion forestière responsable
FSC® C022829
FSC
www.fsc.org

IMPRIM'VERT®

Achevé d'imprimer en août 2024
sur les presses de la Nouvelle Imprimerie Laballery
58500 Clamecy
Dépôt légal : septembre 2024
N° d'impression : 406462

Imprimé en France

La Nouvelle Imprimerie Laballery est titulaire
de la marque Imprim'Vert.

Alisio s'engage
pour une fabrication écoresponsable !

« Des livres pour mieux vivre », c'est la devise de notre maison.
Et vivre mieux, c'est vivre en impactant positivement
le monde qui nous entoure ! C'est pourquoi nous avons fait
le choix de l'écoresponsabilité.

Pour en savoir plus, rendez-vous sur notre site
www.alisio.fr.